U0664497

全国革命老区县发展史丛书·广东卷

连山壮族瑶族自治县革命老区发展史

连山壮族瑶族自治县革命老区发展史编委会　编

SPM 南方出版传媒、广东人民出版社
·广州·

图书在版编目（CIP）数据

连山壮族瑶族自治县革命老区发展史 / 连山壮族瑶族自治县革命老区发展史编委会编. —广州：广东人民出版社，2020.10

（全国革命老区县发展史丛书·广东卷）

ISBN 978-7-218-14497-9

Ⅰ. ①连… Ⅱ. ①连… Ⅲ. ①连山壮族瑶族自治县—地方史 Ⅳ. ①K296.54

中国版本图书馆CIP数据核字（2020）第183243号

LIANSHAN ZHUANGZU YAOZU ZIZHIXIAN GEMING LAOQU FAZHANSHI

连山壮族瑶族自治县革命老区发展史

连山壮族瑶族自治县革命老区发展史编委会 编　　版权所有　翻印必究

出　版　人：肖风华

责任编辑：黎　捷　王智欣
装帧设计：张力平等
责任技编：吴彦斌　周星奎

出版发行：广东人民出版社
地　　址：广州市海珠区新港西路 204 号 2 号楼（邮政编码：510300）
电　　话：（020）85716809（总编室）
传　　真：（020）85716872
网　　址：http://www.gdpph.com
印　　刷：广州市浩诚印刷有限公司
开　　本：715mm×995mm　1/16
印　　张：19　　　插　页：16　　　字　数：230 千
版　　次：2020 年 10 月第 1 版
印　　次：2020 年 10 月第 1 次印刷
定　　价：85.00 元

如发现印装质量问题，影响阅读，请与出版社（020-85716849）联系调换。
售书热线：（020）85716826

微信扫描二维码 ◀◀◀
您立即获得**本书主要内容**/
丛书介绍。

广东省编纂《革命老区县发展史》丛书
指导小组

组　　长：陈开枝（广东省老区建设促进会会长）

副组长：林华景（广东省老区建设促进会常务副会长）

　　　　宋宗约（广东省农业农村厅二级巡视员、广东省老
　　　　　　　　区建设促进会副会长）

　　　　刘文炎（广东省老区建设促进会副会长）

　　　　郑木胜（广东省老区建设促进会副会长）

　　　　姚泽源（广东省老区建设促进会副会长兼秘书长）

　　　　谭世勋（广东省老区建设促进会副会长）

　　　　廖纪坤（广东省农业农村厅总经济师）

办公室

主　　任：姚泽源（兼）

副主任：韦　　浩（广东省农业农村厅扶贫协作与老区建设处
　　　　　　　　　处长）

　　　　柯绍华（广东省老区建设促进会副秘书长）

　　　　伍依丽（广东省老区建设促进会副秘书长）

微信扫描二维码
您立即获得**本书作者的**
相关资料。

《连山壮族瑶族自治县革命老区发展史》
编纂委员会

顾　　问：吴耿淡（连山壮族瑶族自治县委书记）

　　　　　冯红云（连山壮族瑶族自治县委副书记、县长）

主　　任：唐庆卫（连山壮族瑶族自治县委副书记）

副 主 任：董儒坚（连山壮族瑶族自治县委常委、宣传部部长）

　　　　　林树乔（连山壮族瑶族自治县委常委、组织部部长）

委　　员：金荣富（连山壮族瑶族自治县老区建设促进会会长）

　　　　　植成业（连山壮族瑶族自治县史志办主任）

　　　　　莫祖胜（连山壮族瑶族自治县扶贫办主任）

　　　　　覃　杰（连山壮族瑶族自治县禾洞镇党委书记）

　　　　　李福永（连山壮族瑶族自治县上帅镇党委书记）

办公室

主　　任：金荣富（连山壮族瑶族自治县老区建设促进会会长）

副 主 任：植成业（连山壮族瑶族自治县史志办主任）

　　　　　莫祖胜（连山壮族瑶族自治县扶贫办主任）

　　　　　覃　杰（连山壮族瑶族自治县禾洞镇党委书记）

　　　　　李福永（连山壮族瑶族自治县上帅镇党委书记）

成　　员：蒋振坤（连山壮族瑶族自治县老区建设促进会副会长）

陈承群（连山壮族瑶族自治县老区建设促进会副会长）

林起望（连山壮族瑶族自治县扶贫办副主任）

李秀红（连山壮族瑶族自治县扶贫办老区建设股股长）

李　凯（连山壮族瑶族自治县史志办史志年鉴股负责人）

谭智杰（连山壮族瑶族自治县禾洞镇人大主席）

陈代州（连山壮族瑶族自治县上帅镇党委副书记）

编辑部

主　　编：唐庆卫

副 主 编：金荣富　植成业

编　　辑：植成业　蒋振坤　李　凯

在举国欢庆新中国成立 70 周年前夕，中国老区建设促进会王健会长请我为《全国革命老区县发展史》丛书作序，作为一名在老区战斗过并得到老区人民生死相助的老兵，回首往事，心潮澎湃，感慨万千，深感义不容辞，欣然应允。

中国革命老区，是以毛泽东为代表的中国共产党人在领导人民推翻帝国主义、封建主义和官僚资本主义三座大山，争取民族独立和人民解放伟大斗争中建立的革命根据地，在这片红色的土地上，诞生了无数可歌可泣的革命英雄儿女，为后人树起了一座不朽的丰碑，她是新中国的摇篮，是党和军队的根。

在艰苦卓绝的战争年代，老区人民把自己的命运与中华民族的命运紧紧地联系在一起，与中国共产党和人民军队的命运紧紧地联系在一起，他们生死相依，患难与共。我曾亲历过战争年代，并得到过老区红哥红嫂的救助，切身感受到发生在身边的一幕幕撼天动地的革命故事，在那极其艰难的条件下，老区人民倾其所有、破家支前，不怕艰难困苦，不怕流血牺牲。"最后一碗米送去做军粮，最后一尺布送去做军装，最后一件老棉袄盖在担架上，最后一个亲骨肉送去上战场"，这是当时伟大的老区人民为建立新中国做出巨大牺牲的真实写照，它将永远镌刻在中国共产党、中国人民解放军、中华人民共和国的历史丰碑上。他们的光辉业绩永载史册，他们的革命精神必将影响一代又一代的革命新人，造就一代又一代的民族脊梁。

在社会主义革命和建设时期，革命老区和老区人民响应党的号召，面对落后的面貌、脆弱的经济、恶劣的生态环境，他们本色不变，精神不丢，自力更生，艰苦奋斗，干一行爱一行。始终坚持"革命理想高于天"，自觉做共产主义远大理想的坚定信仰者和忠实实践者，勇于向恶劣的自然环境和贫穷落后宣战，他们在各条战线上为国建功立业，用平凡的双手创造了一个又一个不平凡的奇迹，彰显了老区人的崇高精神和人格力量。

在改革开放的伟大进程中，老区人民解放思想，勇于创新，发奋图强，攻坚克难，老区的经济社会建设取得了辉煌成就。特别是在改变中国的面貌、中华民族的面貌、中国人民的面貌、中国共产党的面貌的伟大实践中发挥了至关重要的作用。老区人民既是改革开放的参与者，也是改革开放的推动者。

艰苦练意志，危难见精神。老区人民在近百年的革命战争、社会主义建设和改革开放的伟大实践中，孕育形成了伟大的老区精神：爱党信党、坚定不移的理想信念；舍生忘死、无私奉献的博大胸怀；不屈不挠、敢于胜利的英雄气概；自强不息、艰苦奋斗的顽强斗志；求真务实、开拓创新的科学态度；鱼水情深、生死相依的光荣传统。这是党和人民宝贵的精神财富、丰厚的政治资源，是凝心聚力、振奋民族精神的重要法宝，也是社会主义核心价值观的重要内容。

中国老区建设促进会怀着强烈的政治责任感和历史使命感，组织全国各地老促会人员克服困难，尽心竭力编纂《全国革命老区县发展史》丛书，记录老区的光辉历史和辉煌成就，传承红色基因，弘扬老区精神，是功在当代，利及千秋的一件大事。手捧这部丛书的部分书稿，读着书中的故事，倍感亲切，深感这部丛书具有资政、育人、存史的社会功能，有着重要的时代和历史价值。它是不忘初心、牢记使命的源头活水，是赞颂共产党、讴歌老区人民的一部精品力作，是弘扬老区精神、传承红色记忆的丰厚载体，是一项继承优秀传统文化、弘扬革命文化、发展社会主义先进文化，坚定"四个自信"的宏大文化工程。它必将成为一种文化品牌，为各界人士了解老区宣传老区支持老区提供一部有价值的研究史料。希望读者朋友们能从中了解并牢记这些为党和民族的利益不断奉献的老区人民，从中得到教益，汲取人生奋斗的精神动力。

新时代赋予新使命，新起点开启新征程。让我们更加紧密地团结在以习近平同志为核心的党中央周围，坚持以习近平新时代中国特色社会主义思想为指导，增强"四个意识"，坚定"四个自信"，做到"两个维护"，弘扬老区精神，铭记苦难辉煌。为实现"两个一百年"奋斗目标，实现中华民族伟大复兴的中国梦作出新的更大的贡献！

2019 年 4 月 11 日

　　2017年6月，中国老区建设促进会组织全国各地老促会启动编纂《全国革命老区县发展史》丛书，按照"建立中国共产党、成立中华人民共和国、推进改革开放和中国特色社会主义事业"三大里程碑的历史脉络，系统书写革命老区百年历史，深入挖掘革命老区红色文化资源，这对于充实丰富中国革命史籍宝库、在新时代传承红色基因、弘扬革命精神、强固根本，对于激励人们在新的历史条件下夺取中国特色社会主义伟大胜利，实现中华民族伟大复兴的中国梦具有重要意义。

　　丛书编纂以习近平新时代中国特色社会主义思想为指导，以《中国共产党历史》《中国共产党的九十年》等重要文献为基本依据，以党的领导为核心，以老区人民为主体，以老区发展为主线，体现历史进程特征，突出时代发展特色，坚持辩证唯物主义和历史唯物主义相统一、历史真实性与内容可读性相统一的原则，书写革命老区从站起来、富起来到强起来的光辉革命史、不懈奋斗史、辉煌成就史，把老区人民的伟大贡献、伟大创造、伟大成就、伟大精神充分展示出来，形成一部具有厚重历史特征和鲜明时代特色的精品力作。这是一部培根铸魂、守正创新，既为历史立言，又为时代服务，字里行间流淌着红色血脉、催生着革命激情的传世之作。丛书的编纂出版将成为讴歌党讴歌人民讴歌时代、传播红色文化、为革命老区和老区人民树碑立传的重要载体。

丛书按照编年体与纪事本末体相结合、以编年体为主的编写体例确定框架结构；运用时经事纬、点面结合的方式记述史实；坚持人事结合、以事带人的原则处理人与事的关系；采取夹叙夹议、叙论结合以叙为主的方法展开内容。做到了史料与史论、历史与现实、政治与学术统一，文献性、学术性、知识性相兼容。

为编纂好《全国革命老区县发展史》丛书，打造红色文化品牌，中国老区建设促进会认真组织积极协调，提出政治立场鲜明、史料真实准确、思想论述深刻、历史维度厚重、时代特色突出、编写体例规范、篇目布局合理、审读把关严格、出版制作精良的编纂出版总要求，力求达到革命史籍精品的精神高度、思想深度、知识广度、语言力度，增强丛书的权威性和社会影响力。各省（区、市）、市（州、盟）、县（市、区、旗）老促会的同志，以强烈的使命感、责任感和紧迫感，勇于担当，积极作为，认真实施，组织由老促会成员、专家学者等参加的十余万人编纂队伍。编纂工作主体责任在县，省、市组织协调、有力指导、审读把关。各方面人员以高度负责的精神和科学严谨的态度，满腔热情地投入工作，为丛书编纂出版作出了重要贡献。丛书编纂工作还得到了党和国家有关部委、地方各级党委政府及有关部门的大力支持和积极参与，社会各界也给予了热情帮助。中共中央政治局原委员、中央军委原副主席、原国务委员兼国防部长迟浩田上将，对老区人民怀有深厚感情，对革命老区建设发展十分关注，欣然为《全国革命老区县发展史》丛书作总序。

丛书由总册和1599部分册（每个革命老区县编纂1部分册）组成，共1600册。鉴于丛书所记述的史实内容多、时间跨度长和编纂时间紧，不妥之处，敬请批评指正。

中国老区建设促进会

● 发展历程 ●

1931年1月17日，红七军经鹰扬关进入广东连山，是最早进入连山的中共革命武装部队，图为鹰扬关一角（李凯2010年摄）

1931—1934年间，红军战士由白石关进出桂东湘南等地，图为白石关一角（李凯2010年摄）

1944年10月，日本侵略者对连山进行轰炸时掷下的炸弹，现存连山县博物馆（李凯摄）

"新中华暴动"策
源地加田圩远眺
（李凯2018年摄）

1962年的县城永和街道
（县史志办供）

1962年的壮乡公路抛石界路段（县史志办供）

20世纪70年代末，瑶区小学师生在上课（县史志办供）

20世纪80年代初的连山百货商店（县史志办供）

县人大三届一次会议代表投票（县史志办供）

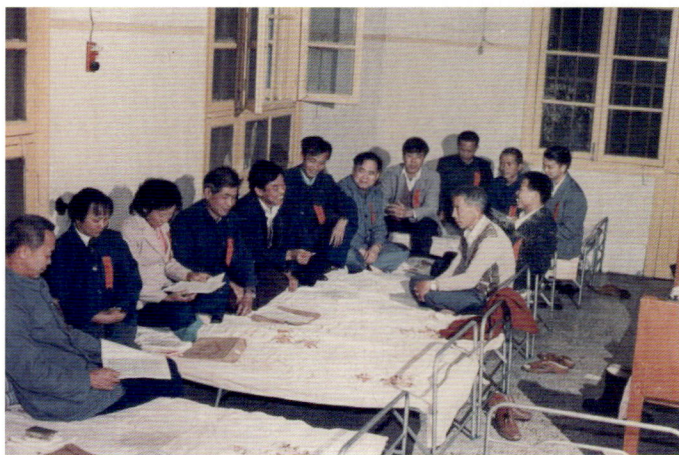

县第六次党员代表大会，党代表在分组讨论（县史志办供）

20世纪80年代，松香生产车间（邱仕坚摄）

20世纪80年代末，时任县委书记周裕光（右）、县长莫新银深入林区调研造林绿化工作（邱仕坚摄）

20世纪90年代，县人民医院医生向各族群众宣传医药知识（县史志办供）

20世纪90年代末，旅游业方兴未艾，图为瑶山竹排游（邱仕坚摄）

2003年3月19日，全国发展民族基础教育交流现场会在连山举行（县教育局供）

2006年9月23日，广东（连山）首届壮家戏水节在县城举办，该节发展成为连山盛大的节庆、民族旅游的品牌（李先觉摄）

2008年11月13日，中国第十届瑶族盘王节在连山举办（李先觉摄）

2009年3月11日，召开深入学习实践科学发展观活动动员大会（李先觉摄）

2011年12月22
日，召开县长
约见政协委员
议政座谈会
（陈承奇摄）

县城建设实现东拓南扩战略，图为2011年鹿鸣东路一景（周学飞2011年摄）

党风廉政建设工作扎
实开展，图为2013年
各级干部群众到县人
民法院廉政警示教育
基地接受教育（县人
民法院2013年供）

2013年10月26日，省老促会荣誉会长肖耀堂（左五）率省市老促会领导到县思源室参观（邓裕礼摄）

2014年8月12日，省社科联党组书记王晓（右二）到老区禾洞镇禾坪村调研扶贫工作（禾洞镇政府供）

2015年9月26日，总投资3.3亿元的连山民生水利工程——德建水库开工建设（李土洲摄）

连山创建省级全域旅游示范县工作全面启动，图为2017年5月18日举行的万人誓师兼签名活动（易亮摄）

连山加快生态农业发展，图为永和镇雷古村油菜花种植基地（虞日胜2017年摄）

2017年9月14日，时任县委书记吴耿淡（左三）率队到上帅镇调研河长制等工作（李明曦摄）

2017年12月7日，连山举办科级领导干部学习贯彻党的十九大精神专题培训班（县委组织部供）

2017年12月26日，广东省推动民族地区加快发展现场办公会在连山召开（易亮摄）

2019年1月18日，《革命老区县发展史》连山卷审稿会召开，唐庆卫、董儒坚、林树乔等县领导及编委会成员对书稿进行审定（李凯摄）

● 发展成果 ●

1962年9月26日，在县城永和举行自治县成立庆典活动（县史志办供）

1982年9月，县内第一座公园广山公园建成（县史志办供）

1999年，县内装机容量最大的淘金坪水电站建成运行（邱仕坚摄）

2003年，连山抢花炮队代表广东省参加全国第七届少数民族传统体育运动会（县文体局供）

2005年，新建成的连山高级中学远眺（县教育局供）

2007年，升级改造的县城一河两岸景色（王流军摄）

2007年1月30日，连山举办置县1500周年暨第二届壮瑶民族民间旅游文化艺术节（李先觉摄）

文化事业蓬勃发展，图为国家级非遗项目小长鼓舞表演（胡小勤2008年摄）

2009年6月10日，县城开通城市巴士（李先觉摄）

2009年12月25日，县城污水处理厂建成（李先觉摄）

太保保城220千伏变电站的建成，使全县的电力输送能力全面提高（孔庆勇2011年摄）

2012年9月26日，连山举行自治县成立50周年纪念暨民族团结进步表彰大会（李先觉摄）

东风春桔形成生产基地化、规模化种植，并建成省级农业标准化示范区（虞日胜2012年摄）

文体设施建设不断加强，改建的影剧院彰显民族特色（李凯2013年摄）

城乡居住环境日益改善，如画乡村随处可见，图为2013年永和镇大富洞全景（陈承奇2013年摄）

2014年5月，连山大米获得国家地理标志产品保护，图为太保镇种植基地（李凯摄）

2014年12月31日，二广高速公路连山路段建成通车，连山融入"珠三角3小时经济圈"（虞日胜摄）

2015年初，民生实事项目之一县城福安公园绿道建成（李凯摄）

2015年8月30日，广州市市长陈建华（左二）、清远市市长郭锋（右二）、省民族宗教委副主任李秀英（左一）、连山县县长冯红云（右一）出席民族小学揭幕仪式（县史志办供）

广清帮扶成果之一——民族小学一景（李凯2015年摄）

连山生态良好，森林覆盖率名列全省前茅，连年入选"全国百佳深呼吸小城"前十位（李土州2016年摄）

中小河流治理基本完成，图为流经上帅镇东君村的清澈河水（陈承奇2016年摄）

连山治安环境良好，群众安全感、政法工作满意度连年名列省市前茅，图为2016年12月建成启用的广山法制文化主题公园（李凯摄）

观赏梯田发展成为连山旅游的一张名片，图为2016年太保镇黑山梯田（左）及举行稻香节（右）情景（陈承奇2016年摄）

金子山的云海雪景成为连山旅游一大亮点（陈承奇2017年摄）

2017年10月21日，举行县人民医院易址新建启用仪式（易亮摄）

图A

图B

图C

县城民族特色改造初现成效，图A为鹿鸣路段房屋外观（虞日胜2018年摄）
图B、C为县城道路斑马线（李凯2017年摄）

人民安居乐业，形成"一镇一节庆"，图为2017年12月6日太保镇旧城村举办连山解放节庆祝活动（李凯摄）

美丽乡村建设取得显著成绩——永和镇蒙洞村一角（虞日胜2017年摄）

美丽乡村建设取得显著成绩——上帅镇七里村一角（李凯2018年摄）

绿水青山就是金山银山的发展理念在连山落地生根，图为禾洞镇政岐村一景（李凯2018年摄）

● 镇村建设 ●

革命老区美景无所不在，图为上帅八景之一龙爽飞瀑（陈承奇2011年摄）

1982年的上帅营林队造林现场（县史志办供）

2012年6月25日，时任县长蒙家林（前左三）到禾洞镇了解农房建设情况（禾洞镇政府供）

2012年7月5日，禾洞镇正式开通公共汽车（禾洞镇政府供）

2013年1月27日，禾洞镇东坑移民新村举行落成搬迁仪式（禾洞镇政府供）

老有所乐——2013年上帅镇举行三八妇女节游园活动（上帅镇政府供）

2013年6月25日，中国人民解放军粤桂湘边纵队上帅特编连纪念馆开馆仪式在上帅中心学校举行（上帅镇政府供）

2014年春节期间，县老促会领导赵文兵、金荣富、陈承群慰问禾洞镇老游击队员（邓裕礼摄）

壮族"四月八"牛王诞发展成为弘扬传统文化、寻觅乡愁的节庆（县史志办2015年供）

2015年5月25日，连山壮瑶文化教学科研点在上帅镇挂牌（上帅镇政府供）

2015年11月4日，中共清远市委副书记黄兆芬（右四）、中共连山县委副书记唐庆卫（右五）到上帅镇调研（梁坚华摄）

革命老区村庄医疗卫生条件有效改善，图为禾洞镇禾坪卫生站（李凯2015年摄）

禾洞镇绿色经济快速发展，2016年4月18日，时任镇委书记蓝明建设、镇长覃杰等到茶叶种植基地调研（禾洞镇政府供）

美丽如画的禾洞镇铺庄村全景（李土州2016年戤）

省级"美丽乡村"班翁村一角（李凯2016年摄）

2017年2月14日，县委副书记唐庆卫（前左三）率队到上帅镇调研，镇委书记李福永（前左二）、镇长韦秀梅（前右一）等汇报工作（上帅镇政府供）

2017年4月25日，广东连山第一届春茶节暨皇后山茶庄园开园庆典在景园生态实业有限公司举办（虞日胜摄）

2017年9月8日，禾洞镇举行迎接党的十九大召开暨原生态乡村歌曲展演活动（禾洞镇政府供）

上帅镇中心学校一览（李凯2018年摄）

禾洞镇中心学校一览（李凯2018年摄）

2018年7月16日，广东技术师范学院到上帅镇开展党的十九大宣传活动（谢承晔摄）

禾洞镇大力发扬红色精神，全面促进经济社会发展，图为完成河流治理的河堤一景（李凯2018年摄）

革命老区村庄文体设施日益完善，图为禾洞镇铺庄村文体广场（李凯2018年摄）

美丽乡村建设示范点——上帅镇陆屋村一角（李凯2018年摄）

● 设施建设 ●

2014年7月，禾洞城镇供水工程建设现场（禾洞镇政府供）

2014年12月，禾洞镇街道改造建设现场（禾洞镇政府供）

上帅镇陆屋村美丽乡村建设现场（李凯2016年摄）

上帅镇七里村美丽乡村建设现场（李凯2016年摄）

禾洞镇大坪村建设情景
（李凯2017年摄）

县道411线上帅路段
（李凯2018年摄）

上帅镇香寮村水利设施
一角（李凯2018年摄）

升级改造后的禾黄公
路（李凯2018年摄）

● 特色物产 ●

上帅镇南药种植基地（上帅镇政府2007年供）

上帅镇产业化白鸽养殖（李凯2018年摄）

上帅镇七里村百香果种植基地（左）及产品（右）（李凯2018年摄）

上帅镇砂糖橘种植基地（李凯2018年摄）

禾洞镇厘竹（李凯2017年摄）

禾洞镇茶叶种植基地（左）及产品（右）（李凯摄）　　　　　　　　　（李土州摄）

政岐村竹酒（李凯2018年摄）

禾洞镇政岐村竹酒示范园（李凯2018年摄）

● 主要荣誉 ●

全国民族体育先进集体（1991年）

全国造林绿化先进单位（1991年）

普及九年义务教育和扫除青壮年文
盲县（1995年）

沙田柚获全国第六次
优质柚类评比金杯奖
（1999年11月）

全国体育先进县
（2000年）

广东省林业生态县
（2005年）

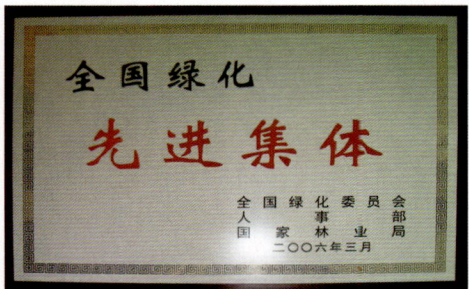

全国绿化先进集体
（2006年）

全国"六五"普法中期先进县
（2014年）

国家卫生县城
（2014—2016年）

全国生态文明建设典范城市
（2017年）

微信扫描二维码
您立即开展本书的
延伸阅读。

连山壮族瑶族自治县（以下简称连山），地处粤、湘、桂三省（区）交界处，自古以来常有兵患匪乱祸害，壮、瑶、汉各族人民过着闭塞、贫穷而动荡的生活。中华人民共和国成立以后，人民才得以翻身当家做主。

"星星之火，可以燎原。"早在大革命时期，就有一批连山热血青年在粤北接受革命教育。土地革命战争时期，邓小平领导百色起义之后，红七军战略转移路过连山，其间向沿途的上草、禾洞等村庄群众宣传革命道理，播下了大量的革命种子。全面抗日战争时期，连山人民积极参军，捐钱捐物，支持前方，开展抗日救亡运动，并创建了连山首个党组织。壮区人民在抗战后期开展了反对国民党反动当局横征暴敛的抗争。解放战争时期，更多仁人志士前赴后继投身到革命的洪流之中，后期随着节节胜利的解放形势，先后组建了禾洞中队和上帅特编连，组织了永丰农民协会，迎接和协助人民军队解放连山。中华人民共和国成立后，在中国共产党的领导下，广大人民群众踊跃参加到社会主义建设热潮当中。党的十一届三中全会作出改革开放的伟大决策，连山人民解放思想，以经济建设为中心，建设中国特色社会主义，逐步摆脱贫困富裕起来。

不忘初心，牢记使命，砥砺前行。党的十八大以来，中国共产党带领全国各族人民走上了为全面建成小康社会而努力，进而决胜全面建成小康社会，实现中华民族伟大复兴的中国梦的新征程。尽管连山在省、市的发展中排名靠后，但不甘落后的各族干部群众始终保持奋发图强的革命斗志，县委、县政府正带领着全县各族人民，积极践行县第十三次党代会提出的"4483"发展思路，大力实施全域旅游、特色农业、生态建设、基础设施、城乡面貌、民生改善、文化产业、创新驱动等八大发展计划，为建成"小而美、小而富、小而强的美丽边城、小康连山"而努力奋斗。

伴随着中华人民共和国的发展步伐，连山还先后被评为全国造林绿化百佳县、全国体育先进县、全国水电农村电气化县、中国民间文化艺术（抢花炮）之乡、国家级中草药种植基地、全国义务教育发展基本均衡县、广东省林业生态县、广东省森林生态旅游示范基地、广东省教育强县、广东省推进教育现代化先进县等，有沙田柚之乡、生姜之乡、有机稻之乡的美称。县城创建为国家级卫生县城、国家 3A 级旅游景区、广东省文明县城。

连山和连山人民的革命和发展历程，是中国共产党带领连山人民用鲜血、汗水、泪水写就的，充满着苦难和辉煌、曲折和胜利、付出和收获。这是连山发展史上不能忘却、不容否定的壮丽篇章，也是连山人民继往开来、奋勇前进的历史基础。习近平总书记指出："对一切为国家、为民族、为和平付出宝贵生命的人们，不管时代怎样变化，我们都要永远铭记他们的牺牲和奉献。"县委按照中国老区建设促进会、省老促会和省老区建设办公室要求编纂《全国革命老区县发展史丛书》的部署，认真组织《连山壮族瑶族自治县革命老区发展史》的编纂工作。

习近平总书记指出："发扬红色资源优势，深入进行党史、军史、老区革命史优良传统教育，把红色基因代代传下去。"中国革命历史是最好的营养剂，多重温这些伟大历史，心中就会增加更多的正能量，更加坚定文化自信。本书的编成出版，为当代提供了连山革命史资料读本，留下了宝贵的革命史文献。中国共产党在领导革命、建设、改革的进程中，一贯重视学习和总结历史，一贯重视借鉴和运用历史经验。全县各级党组织、广大共产党员特别是党员领导干部，要以习近平新时代中国特色社会主义思想作为行动指南，加强对党史、革命史的学习和宣传教育工作，用革命的伟大成就激励人，用革命的优良传统教育人，用革命的成功经验启迪人，用革命的历史教训警示人，发挥好党史、革命史"鉴今、资政、育人"的作用。

连山壮族瑶族自治县革命老区发展史编委会
2019 年 1 月

1

第一章
区域和革命老区概况

第一节 区域建置

连山行政区划设置，据文献记载，始于明代嘉靖十一年（1532年），在县境北部汉区设永福、诸莺二乡。隆庆六年（1572年），设安福、大富、上吉三乡。万历十一年（1583年），在县境中南部壮族聚居区设宜善乡。天启三年（1623年），在瑶族聚居区设永善乡。崇祯六年（1633年），在县境南部设文昌乡。

清康熙二十六年（1687年），全县设民村8个，乡1个，领小村212个；瑶排大排5个，小排10个。

1915年（民国四年），全县设6区17村辖463里，瑶排5大排3小排，领126小冲。

1927年（民国十六年），广东省设置连阳化瑶局（1935年改称安化管理局），管理连县、连山、阳山三县瑶务。1946年3月，改安化局为连南县，连山县境之瑶排析归连南县管辖。

1949年12月，全县设3区8乡。一区辖永和乡、吉田乡，二区辖连城（茅铺）乡、禾洞乡、共和乡，三区辖福善乡、省嘉乡、上帅乡。

1950年4月，三区分为三、四区，全县辖4区14乡450个村。一区辖永和乡、吉田乡、大富乡、上草乡，二区辖连城乡、茅铺乡、禾洞乡、共和乡，三区辖福堂乡、永丰乡，四区辖省三乡、嘉田乡、高乡乡、上帅乡。

1951年7月，共和乡从二区划出归连县管辖，撤销高乡乡，全县为4区12乡。

1953年1月，与连南县合并成立连南瑶族自治区，连山县的一、二、三区改称连南瑶族自治区的六、五、七区，四区划为怀集县第十三区。4月17日，因四区民众不服，划归连南，改为连南第八区。

1954年1月，按原县域恢复连山县建制，全县设置4区40乡。

1955年9月，将数字序列区名改为地名区名，一、二、三、四区依次改为永和、太保、福堂、小三江区。

1956年3月7日，小乡并大乡，并将县城单列为永和镇（乡级），全县设4区1镇16乡。永和区辖5乡1镇：附城乡、吉田乡、上草乡、大富乡、联合（瑶族）乡和永和镇。太保区辖3乡：太保乡、莲塘乡、禾洞乡。福堂区辖5乡：新溪乡、梅洞乡、良善乡、太平乡、永丰乡。小三江区辖3乡：省三乡、加田乡、上帅乡。

1957年6月，全县辖4区1镇22乡。永和、太保、福堂3个区所辖乡镇不变，小三江区的3个乡分为9个乡。

1958年2月，裁区并大乡，全县并为附城、吉田、太保、禾洞、福堂、永丰、小三江、加田8个乡和永和镇。

1958年10月，实行人民公社化，政社合一。永和镇和附城、吉田、太保、禾洞乡成立连山第一人民公社（后改为永和人民公社），福堂、永丰、小三江、加田乡成立红十月人民公社（后改为福堂人民公社）。12月下旬，连山地域并入连阳各族自治县，县域内设2个公社、46个生产大队。

1960年10月，恢复阳山县，连阳各族自治县改称连州各族自治县。原连山境域的永和公社分设为永和公社、太保公社，福堂公社分设为福堂公社、小三江公社，共47个大队。

1979年,全县设镇1个、公社12个、生产大队72个。

1980年3月,设置吉田镇。

1983年11月,政社分设,人民公社改区,生产大队改乡,全县设区12个、乡70个。

1985年1月,吉田区与吉田镇合并为吉田镇,下辖乡改为管理区。

1986年11月,撤区,大区改镇,小区改乡,小乡改村,村下设若干村民小组。全县设镇5个、乡7个,下辖居民区15个、行政村70个。

1989年8月,农村进行"两改三建一完善",即改村委会为管理区办事处、改村民小组为村民委员会,全县辖镇5个、乡7个、场3个,下设管理区72个、工(农)区7个。

1997年,上草、大富、禾洞、三水、永丰、加田、上帅7个乡改为镇。

1999年5月,撤销管理区,改设行政村,全县12个镇辖72个行政村。

2002年4月,大富镇并入永和镇。

2003年12月,上草镇并入永和镇,永丰镇并入福堂镇,加田镇并入小三江镇,三水镇并入吉田镇。

2004年,将72个行政村撤并为46个,全县共有7个镇、1个农林场和46个行政村、4个社区。

2017年,辖吉田、永和、太保、福堂、小三江、禾洞、上帅7个镇及48个行政村、4个社区。

连山概况

连山位于广东省西北部，东连连南瑶族自治县，西接广西壮族自治区贺州市八步区，南毗怀集县，北邻湖南省江华瑶族自治县。总面积1265平方千米，其中山地占86.6%，河流、耕地共占13.4%，有"九山半水半分田"之称。

连山历史悠久，周属楚，秦属长沙郡，汉属桂阳郡，晋属始兴郡。南朝梁国天监五年（506年）置县，先后称广德、广泽、连山、程山县。南宋绍兴六年（1136年），连山县降为镇，十八年（1148年）复置县，自此连山作为县名沿用至今。分别在古县坪、程山、小水坪、永和圩为县治地。1949年12月20日，成立连山县人民政府。1962年9月26日，正式成立连山壮族瑶族自治县。1967年1月，县城由永和搬迁到吉田。先后隶属粤北行署、韶关地区、韶关市，1988年1月隶属新成立的清远市。2017年，连山辖吉田、永和、小三江、太保、福堂、禾洞、上帅7个镇及48个行政村、4个社区，省属广东连山林场位于县内；全县户籍总人口123383人，其中乡村人口96419人、城镇人口26964人，全县少数民族人口79470人，占总人口64.41%，主要有壮族、瑶族、苗族等22个少数民族。

2017年，连山实现地区生产总值31.45亿元，其中第一产业7.90亿元、第二产业8.30亿元、第三产业15.25亿元，三大产业结构比为25.12：26.39：48.49，人均生产总值33351元；固定资产投资5.57亿元；社会消费品零售总额6.78亿元；地方一般公共预算收入1.001亿元，公共财政预算支出100418万元；城镇常住居民人均可支配收入22051元，农村常住居民人均可支配收入12005元；金融机构存款余额38.63亿元，各项贷款余额13.61亿元。

连山地处南岭山脉西南麓，五岭之一的萌渚岭余脉绵延其中，构成开门见山、崇山峻岭、溪谷纵横、山地与丘陵交错的环境。地势由北向南和由东向西倾斜。海拔千米以上高山49座，最高山峰为东北边缘海拔1659.3米的大雾山。属低纬度亚热带季风气候区，雨量充沛。累年平均气温18.9℃，1月平均气温9.3℃，7月平均气温26.8℃。累年平均降雨量1758.1毫米，平均湿度为82%。全年无霜期317天。夏长冬短，有较大的月较差和日较差，山区立体气候明显。

连山山高林茂，是广东省重点林业县，林地面积103629.14公顷，森林覆盖率86.4%，被划入国家重点生态功能区。建成笔架山省级自然保护区，天堂岭、大风坑、芙蓉山、大旭山、犁头山5个市级自然保护区。动植物资源丰富，植物种类有1223种，其中伯乐树、南方红豆杉、银杏、苏铁、穗花杉、桫椤、金毛狗、花桐木、伞花木、凹叶厚朴、篦子三尖杉等是国家重点保护植物；动物种类236种，有云豹、黄腹角雉、蟒蛇、穿山甲、小灵猫、白鹇、斑林狸等国家重点保护动物。

连山河流纵横，河床落差大，水流湍急，大小河流共有194条，主要有大滩河、吉田河、永丰河等，其中集雨面积超过100平方千米的河流有9条，总长274千米，呈放射状流向四方，分属珠江的西江、北江水系和长江的湘江水系。水力资源蕴藏量15.80万千瓦，可选点开发13.33万千瓦。投入运行小水电站255宗404台，装机容量13.67万千瓦。主要矿藏有金、银、铜、铁、铀、水晶石、花岗岩、高岭土等。

　　连山气候温和，土壤肥沃，植被良好，适宜农、林、牧业的发展。建成民族食品、瘦肉型猪、东山羊和以沙田柚为主的水果等农业龙头企业。连山是有机稻、大肉姜、淮山、水果、莲藕、甜竹笋、南药等特色农产品基地，其中大肉姜种植创建为国家级农业标准化生产示范区，有机稻农业（水稻）创建为全国示范基地。主要土特产有连山大米、蜜糖、沙田柚、冬菇、灵芝、木耳、茶油、笋干、高山茶等，其中连山大米成为国家地理标志保护产品。

　　连山交通通信等基础设施日臻完善。国道323线自东向西贯穿县境太保、吉田、永和，东进连南与清连高速公路连接，西出鹰扬关直达广西壮族自治区贺州、桂林；二广高速公路（G55线）自东北向南行走直达广州、佛山，设有太保、吉田、福堂、小三江出入口；县道399线从禾洞直通湖南省江华、长沙。镇通行政村公路实现硬底化，形成便利的公路交通体系。数据通信、移动通信、宽带互联网长足进展，现代通信网络覆盖壮乡瑶寨。供电、供水网络配备完善，供应充足。

　　连山山青翠，水秀美，生态环境优越，空气负离子含量极高，被誉为"氧吧之城"，连年入选"全国百佳深呼吸小城榜"前10名。山川毓秀、风光绮丽、风土人情淳厚、壮瑶风情浓郁，是休闲养生的首选地。主要旅游景区景点有大旭山、鹰扬关、金子山、福林苑、雾山梯田、皇后山茶庄园生态旅游度假区、鹅湖秀色、茅田云海、鹿鸣拥翠等。

　　连山文化底蕴深厚，有吉田龟背山等4处新石器时代遗址，县博物馆馆藏文物达1700件，有太保西门楼、马头山摩崖石刻及城堡遗址、鹰扬关革命遗址等28个县级文物保护单位。民间传统艺术和文化习俗丰富多彩，其中以壮族"封脚印"、瑶族"串亲"婚俗和壮家"七月香"戏水节、炸火狮、抢花炮等闻名；拥有48项非物质文化遗产，其中被列入国家级1项（小长鼓舞），省级3项（瑶族八音、过山瑶婚礼、牛王诞），市级11项。

连山是全国唯一集壮瑶两个少数民族聚居的自治县，先后获得全国造林绿化百佳县、全国体育先进县、全国水电农村电气化县、中国民间文化艺术（抢花炮）之乡、国家级中草药种植基地、国家卫生县城、全匡生态文明建设典范城市、广东省林业生态县、广东省森林生态旅游示范基地、广东省教育强县、广东省文明县城等荣誉称号。

老区概况

一、禾洞镇

禾洞镇位于连山北部，东与太保镇接壤，南接永和镇，西接湖南省江华瑶族自治县码市镇，北与禾洞农林场相连。镇政府驻禾洞圩，距县城33.7千米。县道399线东至太保镇连接国道323线，县道400线南通永和镇连接国道323线，两条县道在镇内交接向西通往湖南省江华县，村村实现通公路。2017年，全镇总面积127.67平方千米（含禾洞农林场），耕地面积9585亩（1亩≈0.067公顷），其中水田面积5126亩。下辖满昌、禾坪、禾联、铺庄4个行政村，27个自然村，39个村民小组，总人口8546人，其中城镇人口618人，乡村人口7928人。

禾洞古时称"春和二洞"，即现在禾坪、禾联一带地段称"和洞"，现在满昌、铺庄一带地段称"春洞"。后人为了方便，总称"禾洞"。

据史籍记载，明嘉靖年间，禾洞属连山县永福乡。万历十一年（1583年），属连山县安福乡。万历三十年（1602年），属连山县永福乡。清康熙二十六年（1687年），属连山县，设禾洞村，领24个小村。嘉庆二十一年（1816年），属广东省连山绥瑶直隶厅。1915年，属连山县第一区，设禾洞村，辖22里。1927年，属连阳化瑶局。1938年，属连山县第一区，设禾洞乡。1940

年，属连山县第一区，禾洞乡辖6保49甲。1947年，属连山县第一区，禾洞乡辖6保53甲。1949年12月，属连山县第二区，设禾洞乡。1950年4月，属连山县第二区，禾洞乡领22村。1953年1月，连山与连南两县合并，属连南瑶族自治区第五区。1954年1月，恢复连山县建制，属第二区，设禾洞乡。1956年3月，属连山县太保区。1958年2月，从太保区分出，设禾洞乡。10月，与附城（永和）、太保、言田等乡合并，属第一人民公社（永和人民公社）。1960年10月，属连州各族自治县，设禾洞公社，辖直岭、李屋、满昌、铺庄4个大队。1961年10月，恢复连山县建制，设禾洞公社。1962年9月至今，属连山壮族瑶族自治县，禾洞公社辖直岭、李屋、满昌、铺庄、禾坪5个大队44个生产队。1965年9月，在禾洞公社成立国营禾洞农场，实行场社合一体制。1969年7月，禾洞农场划归县属。10月，禾洞农场场社分开，国营禾洞农场改称国营禾洞农林场，场部迁大龙山。1983年设区建乡前，禾洞公社辖满昌、铺庄、禾坪、禾联4个大队40个生产队，禾洞农林场辖鸡公山、黄连水、龟皮水3个农林小组。1983年11月，政社分设，人民公社改区，生产大队改乡，禾洞区辖满昌、铺庄、禾坪、禾联4个乡及国营禾洞农林场。1986年11月，撤区，大区改镇，小区改乡，小乡改村，乡以下为村民小组，禾洞乡辖禾洞圩居委会和满昌、铺庄、禾坪、禾联4个村委会。1989年8月，村委会改管理区办事处，村民小组改村委会，禾洞乡辖满昌、铺庄、禾坪、禾联4个管理区29个自然村。1997年，禾洞乡改为镇。1999年5月至今，撤销管理区，改设行政村，禾洞镇辖满昌、铺庄、禾坪、禾联4个行政村29个自然村。

禾洞世居村民有胡、李、林、谭、邵、张、黄、罗、陈、梁、覃、陶、莫、肖、何、黎、刘、单、孙、吴、蒋、周、贾、朱、彭、尹、文、祝、苏、甘、廖、雷等姓，其中胡、林、蒋、李姓迁入较早。拥有壮、瑶、汉等民族成份，分属广府民系、客家民系，通用粤方言连山话。

禾洞历史悠久，地理位置重要。粤湘边界上的白石关，曾是古代从中原到岭南的重要古道之一。南宋绍兴元年（1131年），岳飞经鹰扬关入县境越大龙山出连州追击叛将曹成。1925年，川军将领熊克武率大军取道禾洞南下。1931年1月，邓小平、张云逸率领的红七军经镇内越白石关进入湘南。1949年连山解放前夕，禾洞与江华黄石的进步青年组织贺连解放大队连山中队，开展革命武装斗争。2000年，全镇有19个村寨被清远市人民政府批准评划为解放战争时期游击根据地村庄。

禾洞镇属高寒山区气候，夏冬两季温差大，年均降雨量为2000毫米，集中在3至9月。全年霜期约120天，分布在11月中旬至次年2月下旬。冬春两季常有霜冻、冰冻和降雪，累年平均气温为全省最低地区之一。山高林密，林地面积12.5万亩，野生厘竹面积5.5万亩，森林覆盖率89.7%。盛产松脂、厘竹、茶叶，其中厘竹在清朝时期已成为县的主要出口商品，民国时期南海县商人曾长期在此开设竹厂收购厘竹加工，产量一贯为全县之首。村民擅长编织竹类物品，"禾洞箩"因美观耐用、质量上乘而闻名于县内外。禾洞是县内主要的松脂生产基地，高峰时松脂基地面积达3.2万亩，年产松脂800多吨。2017年，茶叶种植面积3000亩，其中高山有机茶种植面积2000亩，进驻茶叶种植加工企业3家，成立茶叶种植专业合作社7家。探明的矿产资源有钨、锌、铅、银、铀和石墨等，其中铀蕴藏量居全县之首。镇内植被良好，溪河众多且落差大，蕴藏着丰富的水力资源，可开发量为15000千瓦。建成运行小水电站29座，装机容量14410千瓦，其中装机容量800千瓦以上的有正冲、龟皮水、龟皮水一级、鱼跳、石峡、大龙山共6座。

2000年以来，禾洞镇的经济、社会事业取得了长足发展，基础设施不断完善，通往县城吉田镇、太保镇和湖南江华县码市镇的3条出口公路全面完成升级改造。建成大坪、贺冲、东坑、黄柏等村道，镇至自然村道路实现硬底化，4个村委会实现通信通邮。建成黄柏等村饮水工程，农村居民饮用上自来水。镇圩街道两旁人行道铺上彩砖，排水系统进行了升级改造，安装路灯一批。小型农田水利灌区和高标准基本农田等项目有序推进，建成林屋、李屋、贺冲、鲤鱼尾、茶洞等水渠，修建蒋屋、政岐等村桥梁、机耕路一批。完成中小河流治理工程建设13.612千米，基本实现"河畅、水清、堤固、岸绿、景美"的总目标。形成以种养优质水稻、莲藕、茶叶、麻鸭、竹鼠为主的农村农业经济，"一乡一品"项目柰李种植面积最高年份达1000多亩，以果实硕大、味道醇正、口感清脆名声远扬。

禾洞镇农村综合改革"三个整合"工作走在全县前列，美丽乡村建设热火朝天。2017年，创建美丽乡村"整洁村"15个；蒋屋村、新阳村升级创建为"示范村"，涌现出政岐、大坪等村村民积极主动参与建设、成效显著的亮点。全面开展镇村环境整治，完善镇村垃圾收集点建设，配备垃圾清运设施一批，直岭、梁屋、鲤鱼尾、鸡啼岭等村获得"广东省卫生村"荣誉称号。禾洞镇创建为广东省教育强镇，新建成2000多平方米中心幼儿园学校教学楼，适龄儿童入学率保持100%，升学率100%。文体活动蓬勃发展，春节游园会、庆祝三八妇女节活动、村歌嘹亮歌唱比赛和山歌会等每年层出不穷。

2017年，禾洞镇农林牧渔业总产值7474.18万元，农民人均纯收入12417元，较2000年有大幅度提高。全年粮食作物播种面积6365亩，粮食总产量2195吨。开办从事茶叶种植、家禽饲养及销售的家庭农场9家；从事茶叶生产、加工、销售的农民专业合作社9家。建成大果山楂种植基地面积80亩，药材种植基地面积160亩，鹰嘴桃种植基地面积130亩。竹鼠出栏量达1万余头。

2017年，禾洞镇设立九年一贯制中心学校1所，总建筑面积7667平方米，开办15个教学班（小学部12个，中学部3个），另有满昌教学点2个教学班；全镇在校学生563人，在职专任教师59人。设立镇卫生院1所，建筑面积1700平方米，开设门诊、内儿科、妇产科、公卫科、B超室、心电图室、检验室和治疗室等科室，医务人员12人；设立乡村卫生站4所，从业医生5人。

禾洞镇有千年古道、大龙山、鸡公山、芙蓉山、金子山和皇后山等自然生态景点，有唱山歌、哭嫁歌、舞香火龙、舞狮子等民间传统艺术，有黄巢殿、黄巢冲等极具旅游开发价值的历史遗迹。建成集有机茶种植、加工、销售和休闲农业观光旅游为一体的皇后山茶庄园生态旅游度假区。

二、上帅镇

上帅镇位于连山西南部，东连小三江镇，南毗怀集县下帅壮族瑶族乡、冷坑镇、蓝中镇，西接广西贺州市八步区信都镇、南乡镇，北邻福堂镇。镇政府驻地大庙，距县城75千米。2017年，全镇总面积102.14平方千米，其中水田面积4113亩。下辖香寮、陈屋、连官、东南4个村委会34个村民小组，总人口5276人，其中城镇人口2632人，乡村人口2644人，少数民族占总人口的88%，以壮族为主。

上帅作为地名是由清顺治九年（1652年）设置的军事机构上帅汛逐步演变而来的。中华人民共和国成立前夕，上帅人民在中共地下组织的领导下，组成贺信怀边区总队怀北营上帅特编连，为当地的解放作出贡献。2000年，共有21个村庄被清远市政府批准评划为解放战争时期游击根据地村庄。

据史籍记载，明万历十一年（1583年），上帅属连山县宜善乡。崇祯六年（1633年），属连山县文昌乡。清顺治九年（1652年），属连阳营，设上帅汛。康熙二十六年（1687年），属连山县宜善乡。嘉庆二十一年（1816年），属广东省连山绥瑶直隶厅。1915年，属连山县第六区，设上帅村，辖34里。1926年，属连阳化瑶局。1938年，属连山县第五区，设上帅村。1939年，属连山县第二区，设上帅乡。1940—1947年，属连山县第二区，上帅乡辖2保29甲。1949年12月，属连山县第四区，设上帅乡。1950年4月，属连山县第四区，上帅乡领30村。1953年1月，连山与连南两县合并，成立连南瑶族自治区，并将原连山县第四区划为怀集县第十三区，群众不服，4月收归连南暂为第九区，旋改为第八区。1954年1月，恢复连山县建制，属第四区，设上帅乡。1956年3月，属连山县小三江区。1958年2月，原小三江区分设省三乡（含上帅）、加田乡。10月，属红十月人民公社（福堂人民公社）。1960年10月，属连州各族自治县小三江人民公社，设上帅生产大队。1961年10月，恢复连山县建制，设上帅公社，辖上帅、中帅2个大队。1962年9月至今，属连山壮族瑶族自治县，上帅公社辖香寮、陈屋、连官、东南4个大队49个生产队。1965年9月，在上帅公社成立国营上帅农场，实行场社合一体制。1969年7月，上帅农场划归县属。10月，撤销上帅农场，恢复上帅公社。1983年设区建乡前，上帅公社辖香寮、陈屋、连官、东南4个大队49个生产队。1983年11月，政社分设，人民公社改区，生产大队改乡，上帅区辖香寮、陈屋、连官、东南4个乡。1986年11月，撤区，大区改镇，小区改乡，小乡改村，乡以下为村民小组，上帅乡辖上帅圩居委会和香寮、陈屋、连官、东南4个村委会。1989年8月，村委会改管理区办事处，村民小组改村委会，上帅乡辖香寮、陈屋、连官、东南4个管理区26个自然村。1997年，上帅乡改为镇。1999年5月至今，撤销管理区，改设行政村，上帅镇辖香寮、陈屋、连官、东南4个行政村25个自然村。

上帅世居村民有黄、张、莫、韦、陈、陆、杨、李、朱、谢、谭、潘、郑、石、曾等15个姓，其中韦、黄、陈姓迁入较早。拥有壮、瑶、汉等民族成份，以壮族为主，分属壮族连山支系、客家民系，通用壮语北部方言连山壮话、方言上帅话、客家方言。

上帅镇四面环山，中间地势平坦，土地肥沃，气候湿润，雨量充沛，年均降雨量2226.7毫米，是省、县重点林业镇，有林地面积13.6万亩，森林覆盖率90%。中华人民共和国成立前，上帅松、杂、杉混交林，参天蔽日，是连山主要用材林基地，被誉为"杉都"。20世纪70至80年代初，开发洞仔、龙坑的原始森林时，所生产的杉木长20多米。中径达0.4米的桅杆材，当地人称"长尾"，一辆解放牌汽车也只能拉两根。现时，镇政府和4个行政村都拥有万亩以上面积的生态公益林，林农每年都有补偿金领取。

由于山高林密，植被茂盛，深层地下水补给不断，产流稳定，水资源丰富。每年春夏两季南下的冷气流与北上的海洋性暖流在其上空相遇，形成了与其他地区不同的降雨特点，阵雨频繁，暴雨不少，是省内高雨区之一。根据省水文资料记录，多年平均降雨量2328毫米，多年平均径流深1400毫米，地表径流由降雨产生，属雨水补给型。境内河流由四条主支流汇合于一出口，流经下帅，注入绥江，属珠江的西江水系。四条支流均发源于千米以上的高山，河床坡降大、水流湍急，河床总落差1272米，集雨面积119.79平方千米。水电理论蕴藏量达1.3万千瓦，可开发量为9500千瓦。其中，洞仔水发源于横水顶，集雨地区有洞仔、墩头、马加、马板等山，集雨面积26.5平方千米，主流河长10.6千米，在白塝与龙爽水汇合，坡降为2.3%。流域水电理论蕴藏量3100千瓦，可开发2800千瓦。龙爽水发源于望君山、竹鸡塘，集雨地区有金龟、石古、加淹、狗棚等，集雨面积17.5平方千米，主流河长3千米，坡降为6.6%，在白塝与洞仔水汇合流入上帅河。流域水电理论蕴藏量1700千瓦，可开发1500千瓦。龙坑水是境内流量最大的一条支流，发源于金鸡顶，集雨区有金鸡山、石坎、绿茶、西庆、平龙、大岭塘、四季岭、鸡之、龙坑、文中等，集雨面积32.7平方千米，主流河长12.8千米，坡降为1.6%，在黄庙尾与七里水汇合流入上帅河。流域水电理论蕴藏量3300千瓦，可开发2600千瓦。七里水发源于黄冲顶、连门顶，集雨地区有黄冲、大岩、深圳、七里，集雨面积18.2平方千米，主流河长为4.6千米，坡降为1.7%。流域水电蕴藏量为1200千瓦，可开发1000千瓦。

上帅镇传统种植水稻、番薯、芋头、木薯、烟叶、花生、萝卜、甜笋等农作物。山上物产丰富，有经济价值高的油樟、水松、红梨木、厚朴、溪黄草、灵芝、黄精、黄柏、黄连、党参、巴戟、砂仁、八角连、金耳环等珍贵药材；有受国家重点保护的黄羊、黄猄、野猪和白鹇、鹧鸪、金龟、娃娃鱼等野生动物；天然矿有金、铅、锌、水晶等。尖山茶色金黄、味甘清，在清代列为贡品，被誉为"仙茶"，远近闻名。

2000年以来，上帅镇的经济、社会事业稳步发展，基础设施建设日益完善。有机稻、甜竹、南药、佛手、油茶、砂糖橘等种植业，猪、土鸡、白鸽等养殖业不断发展，南药种植发展成为"一乡一品"项目，于2004年被国家科协评定为国家级中草药种植示范基地。陈屋建成百积400亩的佛手种植示范点、600亩的油茶种植基地。创业青年创办畅满山水养殖场，形成富田白鸽养殖合作社、"河飞泉"生态基地等农业特色品牌；建成百香果种植基地，小龙虾养殖合作社，黑豆酒生产厂，笋干加工厂，灵芝、蜂蜜、白鸽、黑豚鼠种养殖合作社。通过以基层党组织为主导，推广"公司（农民合作社）+基地+农户"等合作形式，带动村民走上致富道路。县道线路全面完成升级改造，新建镇政府至洞仔、龙爽至加淹、陂头至石古、上帅至官旗、班翁至福庆旧村等硬底化的新农村公路，实现道路村村硬底化和村内硬底化，4个村委会实现通信通邮，90%农村居民饮用上自来水；镇内街道全面实现黑底化，4个村委会建成候车亭，完成村小组路灯建设。基本完成中小河流治理任务，打造成东君、陆屋、香寮3个亮点村。小型农田水利示范镇项目、高标准基本农田建设项目建设顺利推进，修建"三面光"灌溉引水渠50多千米，机耕路30多千米，保障农业增产增收。

上帅镇全面开展农村综合改革，"三个重心下移"和"三个资源整合"有效推进，村级基层组织实现覆盖率100%。土地资源整合力度加大，全镇签名同意整合耕地面积4245亩，占二轮承包耕地面积100%。涉农资金整合有序开展，为村基础设施、公益项目建设提供保障。美丽乡村建设如火如荼，干净整洁宜居村庄不断涌现，建成班翁村、加尤村、陆屋村、七里村等美丽乡村镇级示范点。班翁、加尤、陆屋、陈屋、东君等村获得"广东省卫生村"荣誉称号。成立了镇青年发展现代农业促进会，引导广大农村青年投身现代农业发展和美丽乡村建设。老区镇村建设、扶贫"双到"、精准扶贫工作扎实开展，修建东南、陈屋、连官、岭坪、班翁等村道路，建成陈屋、连官等村饮水工程，建成镇村路灯、农田水利设施一批。基础设施和环境卫生得到改善，培育脱贫致富项目一批，2016年至2017年脱贫145人，占贫困人口总数70.7%，完成危房改造65户。

上帅镇创建为广东省教育强镇，新建中心幼儿园，中心小学与中学扩大校区、联合办学，优化了教育资源。建成镇文化广场和文化站，每年积极举办春节游园会、篮球赛、广场舞比赛等群众文体活动，参与人数逐年增多，亮点纷呈。连续五年成功举办"四月八"牛王诞大型民俗节庆活动，有效地挖掘传承壮家传统节日内涵，彰显民族节日文化特色，逐步发展成为该镇乃至连山的一个节庆品牌。承办了"2017年纵横岭南——连山两广穿越"活动，促进旅游产业良性健康发展。

2017年，全镇农林牧渔业总产值6679万元，农民人均纯收入12515元，较2000年有大幅度提高。全年粮食作物播种面积5852亩，粮食总产量2030吨。砂糖橘形成产业化规模发展，发展有15家不同规模的家庭农场和个体大户，全镇种植面积达到2000亩，没产面积650亩。建成运行小水电站27座，总装机容量17440千瓦，其中装机容量超过800千瓦的有龙爽，龙坑一、二、三级，荣昌，加俺，大土坑，中英爽共8座。设立中心学校1所，总建筑面积3126平方米，开办1—9年级共14个班，在校学生503人，在校教职工36人。设立镇卫生院1所，建筑面积1650平方米，开设3个科室，医务人员14人；设立乡村卫生站5所，从业医生5人。

镇内有集明末清初吴三桂部队的古兵营遗址、保护完好的原始森林、飞流直下的龙爽瀑布等为一体的金鸡山风光，有"龙爽飞瀑、桂林平湖、深圳云涛、神仙石鼓、金鸡报晓、平雅绿洲、笔架仙桥、梅娥望君"上帅八景，此外还有民族风情浓郁的采茶戏、壮歌、年晚歌、装古事、舞春牛、舞马等民间艺术，抢花炮等非物质文化遗产闻名遐迩。

三、老区自然村名单

2000年2月25日，清远市人民政府同意评划禾洞镇禾联村委会林屋等40个自然村为解放战争游击根据地村庄。具体名单如下：

禾洞镇禾联村委会林屋、蒋屋、禾洞圩、李屋村；禾坪村委会塘肚、直岭脚、大坪村；满昌村委会鸡啼岭、下满、寺地、西水、茶洞、上满、贺冲、新阳、大冲口（孙屋、梁屋）村；铺庄村委会大洞、黄柏岭、铺头街村。

上帅镇东南村委会福庆、班翁、陆屋、加尤、七里村；香僚（寮）村委会山塘、香僚（寮）、国冲、墩头、长冲、河背、新兴、岭坪村；连官村委会连中、官旗、乙鸣、陂头、永新、东君、连上村；陈屋村委会陈屋村。

2

第二章
大革命时期和土地革命战争时期

第一节 连山青年到韶关接受革命教育

一、连山社会状况

20世纪二三十年代，连山分设6区17村和5大排、3小排：第一区辖茅铺村（现太保镇）、禾洞村（现禾洞镇），第二区（现吉田镇）辖沙田村、上吉村，第三区（现永和镇）辖上草村、大富村、和睦村，第四区辖沙坊村（即共和乡，1951年7月划给连县，现为连州市的连州镇共和村、石角村和西岸镇的奎池村），第五区（现福堂镇）辖枫村、良村、肖村、钹村，第六区（现上帅镇和小三江镇）辖上帅村、三江村、石田村、高乡村；5大排3小排（现属连南瑶族自治县）分别是军寮排、火烧坪排、大掌岭排、里八峒排、马箭岭排和大木根排、盘血冲排、上（黄）帝源排。据民国四年（1915年）统计，全县共有人口70893人，其中：汉、壮族44316人（男26306人，女18010人），瑶族26577人。全县处于封建、半封建的小农经济状态，有土地的农民口粮年人均稻谷约200千克，无地或缺少土地的佃户年人均口粮多为150千克以下；住房以泥砖瓦面房为主，少数住茅草舂墙房。衣着简陋，多为自种棉花自纺自织的粗布衣，民众生活条件较差。

经济发展落后。以农业为主，牛是主要耕作工具；工业欠缺，只有零星的个体手工业者从事农具家具加工、烧制砖瓦、土法造纸和压榨植物油等；商业萧条，全县无商务组织，1928年全县商品零售总额约为19.08万两白银；没有钱庄、当铺；财政入不敷出，被列入广东财政丙等县。

交通通讯闭塞，公共设施简陋。县内没有一条公路，仅有几条羊肠小道通往周边邻县，只是开通邮件和电报业务；民众的文化生活贫乏，仅开办小学、初中和师范教育；医疗条件落后，到1935年才创办了一间简易医院。因此，连山人与外界联系少，信息比较闭塞，接受教育的机会不多，文化程度低，大部分是文盲半文盲，只有极少数富家和官员子弟被送到外地学习。同时，农民治病只能请民间医生，小病可治，大病则只能听天由命。

辛亥革命后，国民党的政治军事力量逐步加强。第一次国共合作后，国民党在连山逐步确立了统治地位，1929年县公署改称县政府，内设总务科、自治（民政）科和警察局、财政局、教育局等；1932年秋，国民党在连山设立地方组织——连山县党部；军事方面设置瑶务处和警卫队，分驻在县政府、瑶区、各区和县内重要关隘。

连山人虽生活条件艰苦，并且缺少与外界的联系，但并未安于现状，而是千方百计接触和了解进步思想，投身革命。

二、进步青年赴南韶连政治讲习所学习

1925年7月1日，国民政府在广州成立。8月，国民党属下部队改编为国民革命军，组建为七个军。在巩固和扩大广东革命根据地的基础上，为了彻底摧毁北洋军阀，统一全中国，在中国共产党的倡议、支持和推动下，国民党中央执行委员会和国民政府决定北伐。次年5月20日，国民革命军出兵湖南的先头部队第四军叶挺独立团2000多人到达韶关，仅停留1天就沿乐昌、九峰、坪石北上。6月17日开始，第四军张发奎师和陈铭枢师经韶关北上。7月1日，广东国民政府发表《北伐宣言》。9日，国民革命军在广州誓师北伐。此后，北伐大军经韶关向湖南进军，并受到

北江沿途民众的热烈欢迎和大力支持。韶关是北伐军的重要中转站和后方保障基地，为北伐的胜利作出了突出的贡献。

随着国民革命军的节节胜利，1926年8月，国民革命军第二军教导师从广州移防韶关，设立由该师师长、国民党左派、支持共产党领导的工农运动的陈嘉祐（1927年7月15日汪精卫在武汉开始"分共"后，也转向反动的逆流，并被提升为第十三军军长）兼任司令的南韶连警备区。为加强合作，充实该师的力量，吸收各地进步知识青年发展壮大革命队伍，经陈嘉祐同意，开始筹办"南韶连政治讲习所"（以下简称"讲习所"），并于1926年底1927年初在广东、湖南等地招收学员。当时，连山青年踊跃报名，有300人参加考试，结果录取14人，于1927年2月进入讲习所学习。讲习所是一所为培训农军政治干部，以南韶连司令部的名义主办，实际上是共产党领导的军事学校。校长虽由陈嘉祐兼任，但具体事务全由共产党人操作。连山青年入学后，与各地追求进步的青年一起，一面认真学习马克思、恩格斯、列宁的理论，学习"联俄、联共、扶助农工"三大政策，一面坚持做好每天两操，背着枪支出操和到野外实战练习。其间，革命形势发生逆转，继1927年4月12日蒋介石集团在上海发动反革命政变后，广东地区国民党右派亦于当月15日公开"清党"反共，屠杀共产党人和革命群众，即"四一五"反革命政变。因此，在讲习所学习的学员提前结业，编入北江工农自卫军，随陈嘉祐部于5月初北撤湖南郴州、衡阳，6月到达武汉，7月底脱离陈部前往江西参加八一南昌起义。途中，连山学员有的因年龄小，有的因与部队失散，陆续回到连山。他们是最早接受马克思列宁主义教育和在中国共产党领导下开展革命斗争的连山人。

他们在国共合作时期投身到大革命洪流中去，但由于时间短暂，革命经验不够丰富，在当时比较混乱复杂的局势下，对国民党的反动本质认识不足，对共产党的了解不深，对革命何去何从没有认真思考，因此回连山后，与革命队伍失去了联系，没有将革命火种带回连山点燃，有的在家务农，有的改变立场写了悔过书并到国民党控制下的连山县政府任职。只有太保的黄玉堂几经周折，苦苦追寻，于1949年10月在广西桂岭找到了党组织并重新参加革命。

第二节 革命烽火传连山

一、红七军挺进鹰扬关

1929年12月11日，邓小平、张云逸等人在百色领导广西警备第四大队、教导总队和右江农军，举行百色起义，成立中国工农红军第七军和右江苏维埃政府，张云逸任军长，邓小平任前敌委员会书记兼政治委员，雷经天任主席。这次起义铿锵有力地声援了全国各地的革命斗争，壮大发展了党领导下的革命根据地。1930年10月，邓小平领导的红七军奉命离开河池，实行战略转移。经过三个多月的转战与跋涉，1931年1月14日到达广西贺县桂岭圩（现广西壮族自治区贺州市八步区桂岭镇），队伍由出发时的8000多人减少到3000多人，在此进行了著名的桂岭整编，将队伍缩编为两个团，干部降级使用：军长张云逸，政委邓小平，下设五十五团、五十八团，团长分别是龚鹤村（又名龚楚，原十九师师长）和李明瑞（原总指挥），下辖四个营，营长分别是章健、张翼、李谦、李显，营政委分别是袁任远、陈漫远、麦农本和黎心诚。

1931年1月16日，经过整编的红七军向湖南江华进军，当队伍走到浪伞顶时，大部队经明灯顶前往江华大锡。一小部分红七军300余人在营指导员黄一平[①]的率领下，作侧翼掩护主力部队战

---

① 黄一平（1903—1980），广西贺县人，1955年被授予少将军衔，曾任广州军区副参谋长、广西壮族自治区人民委员会副主席、广西壮族自治区政府副主席。

略转移，经下咸、板冲、芦冲口，于1931年1月17日进入桂粤边的连山上草鹰扬关。这是最早进入粤境的红七军，也是最早抵达连山境内的中共武装。

鹰扬关原称鹧鹰关。清咸丰八年（1858年），山东举人韩凤翔任连山"军民同知"时，将鹧鹰关易名为"鹰扬关"，取"武宴鹰扬"之义，以与连山东大门"鹿鸣关"的"文宴鹿鸣"之义相呼应。鹰扬关，位于连山县城西北23千米的粤桂两省区的交界地，是连山境三关之一，地势险要，历来为兵家必争之地。南宋绍兴元年（1131年），岳飞从广西桂岭追击叛将曹成时，曾屯兵留宿于此，然后进军连州。清咸丰十年（1860年），太平军石达开曾率部在鹰扬关附近的绕江寨与民团激战三天三夜，损失惨重，并留下了"太平天国古战场与三十六坟"遗址。作为历史雄关，当年的城墙、战壕等遗迹至今尚存。

红七军到达鹰扬关后，为了减轻战士的负担，便于部队行军打仗，乘着黑夜把一批不便携带的武器埋藏在鹰扬关附近的山头。埋藏的武器有小炮（山炮）和步枪，并分多处埋，山炮埋在广西桂岭方向，步枪用棺材装好埋在连山上草方向。

同时，黄一平前去与国民党连山当局交涉，声明："我们是路过的，只要你们不打我们，我们也不打你们。"国民党连山当局经过衡量利弊得失，不敢阻挠红军，因此红七军没有与当地民团发生战斗。这一次"国共交涉"，为后来进入连山禾洞的红军战士得以在当地休整、补给争取了十分有利的条件。发生在连山的这一次"你不打我，我也不打你"的约定，是中国共产党的统一战线工作的成功体现。

红七军在鹰扬关埋藏好武器后，继续夜行军北上，沿着上草的万里坪、铜锣塘、小眼、大眼前进，越过白雪皑皑的芙蓉山进入地处粤桂湘三省交界的禾洞乡，然后出白石关，转赴湖南江华码市等地，与大部队会合后奔赴连县东陂到连州。红七军途经村庄时，忍着饥寒交迫，做到不扰民、不强取，张贴革命标语，给群众留下了纪律严明的革命队伍印象。又据原红七军师部传令兵覃应机[①]回忆：红军当年经过连山时，一是在鹰扬关一带分几处隐埋了一批不便携带的武器（小山炮和步枪），为之后开展革命斗争作准备；二是通过与国民党连山当局谈判，声明只是路过连山，因此没有同国民党军队发生直接的冲突，但对于红军的到来，国民党连山当局是又恨又怕的，这在一定程度上抑制了其嚣张气焰；三是向沿途群众宣传"不打人、不骂人"的军队纪律，以及"对商人不动，对普通地主也不动，只打恶霸地主"的政策，使群众对中国共产党领导的军队有了直接的初步的了解，也使红七军对连山的情况有了一些了解。

红七军战士蒙学年，原名岑德顺（1899—1987，广西桂岭人）。1931年1月，红七军经过桂岭，岑德顺在张公庙聆听军长张云逸的宣传，见到红七军的所作所为，深感这支队伍有奔头，就主动参加革命队伍，并任卫生员。随后，同部队经大锡界，到连县的东陂、星子、连州，湖南的宜章等地。在粤湘赣边界的南雄一次战斗中失散，与部队失去联系。在设法联系部队无果的情况下，岑德顺无奈地经湖南临武返回广西，在途中水岩坝碰见熟人，得知桂岭国民党当局正在缉拿自己。逼于当时形势恶劣，岑德顺只能四处奔波，以给人做工为生，后到连山大富永梅村落户，改名为蒙学年，这是留在连山的唯一红七军战士。

蒙学年勤恳劳作，与邻里和睦相处，深受村里人称道；敢

---

① 覃应机（1915—1992），广西东兰人，曾任中共广西省委常委、副省长，中共广西壮族自治区委书记（当时设有第一书记）、广西壮族自治区政协主席，中央委员，中顾委委员，分别于1971年、1992年到连山寻踪怀旧。

言直语，敢于向上级反映生产生活中的问题，其中，1953年到桂岭，得知开明人士、曾任江华县县长、为红七军作过贡献的张世英被评为地主成分时，就立即致信向中共中央主要领导人反映情况。1982年，蒙学年被贺县党史办邀请到桂岭参加纪念红七军座谈会暨党史资料征集研讨会，接受党史办主任王思林采访，讲述红军路过当地及参军情况，形成《我参加红七军的经历》史料。

二、红七军在禾洞的活动和影响

1931年1月18日，红七军经满村一带到禾洞圩，在村头街尾张贴"我们是穷人的队伍""红军是帮助工农打土豪地主的""打倒土豪劣绅，把土地分给农民"等标语，积极宣传革命道理。红七军纪律严明，待人亲善，购物付款，给禾洞各族人民留下深刻印象。战士们的言行举止使各族人民对中国共产党和红军有了初步的认识，播下了革命的思想，为随后红军部分战士在连山休整创造有利条件，为连山许多有识之士开展打倒国民党反动派的武装斗争、为连山的解放事业奠定了坚实的思想基础。

红七军经短暂休整后，从禾洞圩出发到铺庄，经白石关转到湖南江华县黄石、码市等地，与大部队会合后转赴清水、东陂出连州。①

红七军首次经过连山，停留时间很短暂。但此后的1931年至1934年，有多批红军部队从广西、湖南等地进出白石关，在粤桂湘三省交界的禾洞休整，少的有几十人，多的则有上百人。前

① 据1931年1月19日《红旗日报》第1版记载："十九日香港电：坪石商会十人电省，红军数千，由李明瑞率领，已进占连山，迫近连县。坪离连仅百八十里，乞援。又连县商会十八日电，红军已入连山禾洞，节节前进，距连县城甚近，军警力薄难抵……"

后有1000多名红军战士驻扎在禾洞的大王庙、满村、茶洞、铺头街、黄柏岭等村寨。这些红军战士，一部分是前往中央苏区过程中与大部队失去联系后按原路返回广西或寻找大部队的，一部分是中央红军长征时在湘江战役失利的红五军团三十四师散失人员。

红军进村后，在想方设法与主力部队联系的同时，就地进行休整、操练，开展革命理论宣传。红军纪律严明，买卖公平，不取村民一针一钱，不破坏群众一草一木，不扰乱村民的正常生活，不占用民房，住在宗祠、厅屋或村民废弃的空屋里。他们张贴"打倒屠杀工农的国民党军阀！""打倒征收苛捐杂税的国民党！""工农兵联合起来，建立自己的政府苏维埃！""红军胜利，没收外洋资！""打倒帝国主义，拥护红军队伍！"等标语口号，组织演讲，访贫问苦，开展革命宣传活动。驻扎在大王庙的红军战士到附近的茶洞了解情况，到了当地的张良奎家，见他正在酿酒，地上堆放着一些番薯和木柴。红军战士在征得张良奎的同意后，要了4个番薯和一些木柴，并付给他两块光洋。此事让张良奎从惶恐到纳闷再到感动："这支队伍怎么不一样？不抢不夺还给钱！"

由于国民党连山当局造谣惑众，铺庄黄柏岭村民们对红军产生了误解，纷纷跑到山上躲避起来，村民张龙真因砍柴伤了脚没法逃躲只能留在家里。他看到红军进村后，不但不抢夺财物、不闯进民房，还帮助打扫街道和庭院。有位战士见张龙真在家，就问他能不能借用他家的厨房煮饭，经他同意后才使用，并帮助挑水，用两块光洋向他买了一个南瓜和一些木柴，他深感红军与国民党说的不一样。逃上山的村民获悉情况后，消除了顾虑，陆续回到村里，回村后时常聚在草坪上观看红军开会、唱歌。

张龙真家里有一口鱼塘，塘里养殖有不少鱼，三位战士见状就捕捞了几条鱼，用来给受伤的战士补充营养，以便早日康复。带队的张连长知道后大怒，立即命令把那三个士兵捆绑起来，交给村民处理，并立即付清鱼款，当众向村民道歉。经张龙真和在场的村民苦苦求情，张连长才宽恕了犯事的战士。

驻扎在满村的红军战士，在门楼的一角煮饭，煮熟饭菜时会分一些给在门楼玩耍的小孩吃。有一次，几个红军战士吃了十多岁小孩黎孟荣的一篮油炸糍粑，并故意逗他，拍拍衣袋说："我们没钱啦！"黎孟荣信以为真，立即哭起来转身跑回家去告诉父母。带队的陈连长知道后，狠狠地批评了那几个战士，立即带着战士赶到黎孟荣家中道歉，说明原因，并把吃糍粑的钱分文不少地交到黎孟荣父母手中。此事令黎孟荣一家人感动不已，亦对黎孟荣产生了极大的影响，他在1949年成为中国人民解放军粤桂湘边纵队贺连解放大队连山中队的战士，为连山的解放作出贡献。

红军的到来，引起了国民党连山当局和禾洞乡政府的极大惊慌，他们想方设法阻止红军入境。当时，国民党连山当局派人在白石关一带驻守，截击红军。有一次，陈夏洞（现茶洞何屋）村青年何利印、何利昌、何利才等人遇到红军时，按令向红军开了枪，但红军一枪不还，只是对着他们喊道："我们都是耕田人，都是穷苦兄弟，不要打我们！我们是专门打土豪劣绅、贪官污吏的，是穷人的军队。""不要打，打死我们对你们有何益？如果打死了你，你一家大小怎过日子？快回家去吧。"被抽去堵截红军的村民听了红军的喊话，深受感动，很快就分散回家了，并且向村民悄悄传达。这样，一传十，十传百，"红军喊话"的事传遍禾洞。

1935年初，留在南方的中央军区参谋长龚楚奉命率领红二十四师七十一团到湘南和粤北收编失散红军，在禾洞休整的红七军战士才全部撤离。

　　"有一支队伍连连从黄柏岭上走下，他们穿着破烂，虽是寒冬，但衣着单薄，许多披着布衣，但队伍整齐有序，人人精神焕发。""见到路边村民种植的蔬菜果实不采不摘，见到村边的鸡鸭猪狗，不抢不夺。""以前过往的队伍，见啥抢啥，人模狗样。""他们经常帮助群众做好事。"这是当地村民对红军战士的所见所闻所感。

　　红军在连山期间，由于纪律严明，爱护群众，军民一家，与以往经过境内的军阀形成鲜明的对比，用行动证明红军是穷人的军队，使连山民众对中国共产党及其军队有了直接的了解并留下深刻的印象。群众对红军的一言一行，看在眼里，听入耳中，记在心中，思索在行动中，从此在许多思想进步的群众心中播下了革命的种子。时值少年的单昌辉、李力（原名李英钦）就是在红军的影响下走上了革命道路。其中，单昌辉等人组建了中国人民解放军粤桂湘边纵队贺连解放大队禾洞（连山）中队。李力成为一名优秀的译电员，参加了淮海战役、渡江战役等重大战役。

3

第三章
全面抗日战争时期

全面开展抗日救亡运动

一、全面抗战开始

继1931年9月18日武装侵略中国东北，开始其蓄谋已久的侵华战争后，1937年7月7日夜，日本侵略军在北平西南河北省宛平县的卢沟桥附近，以搜查演习时失踪的士兵为由，突然向中国驻军进攻，发起全面侵华战争。为此，中国军队奋勇抵抗，中华民族开始全面抗战。在民族危亡的重要关头，中国共产党清醒地认识到只有全国各族人民团结抗战，中华民族才能生存和发展。次日，中共中央通电全国，号召"全中国同胞，政府与军队，团结起来，筑成民族统一战线的坚固长城，抵抗日寇的侵掠！国共两党亲密合作抵抗日寇的新进攻！"经过中共的不懈努力和社会各界的共同呼吁，蒋介石不得不改变其"攘外必先安内"的反动政策，在庐山发表讲话，同意与中国共产党合作共同抗日，这样，全国很快形成抗日民族统一战线。随后，抗日救亡运动在全国蓬勃开展起来，不甘落后、不畏强暴的连山人民以各种方式加入抗日救亡运动的行列。

抗日战争期间，因日本侵略军对北江、西江封江，货物特别是食盐无法通过水路运往广西、云南、湖南等地，需从陆路用人力运输。从怀集县冷坑经上帅七里、班翁、乙鸣、石古，最后到达广西贺县，山路险峻。有的路段是用石板连接成的石板界和羊咩梯。乙鸣处在商道重要位置，每天过往客商盐担达200多担次，东西街上下建客栈和饭店几十间，形成一派繁忙景象。

二、抗日救亡运动

在中国共产党抗日民族统一战线的影响下，以广州为中心，抗日救亡宣传在广东全省各地如火如荼地开展起来。1937年秋，广州学界的进步青年邓如淼、罗耘夫、丘学澄和谭泽荣等，以"中华民众教育促进社"的名义，来到连山开展宣传活动，在取得国民党连山县政府同意，并承诺月拨经费50元（毛券）后，选择毗邻连县连州并具有战略意义的共和乡（时属连山管辖）开办教育。

邓如淼是连县保安水口村人，1912年生，1930年毕业于仲恺农工学校；罗耘夫是海南乐东人，1909年生，1930年秋至1932年历任仲恺农工学校、连县乡村师范实习员、教员，1933年6月至1938年冬任广州岭南大学蚕丝系、佛冈中学、连县战时工作团试用员、技术员、教员、宣传员；丘学澄是宝安人，华侨子弟，口善讲，会交际，活动能力强。他们到达共和乡后，通过拜访当地百姓和学生家长，宣传开办小学和民众夜校的宗旨，取得各方的支持，很快筹办起抗日小学和民众夜校。他们白天办小学，晚上兼办民众夜校，秉着抗日救亡的精神，用活的历史、血的事实，动员民众团结抗日，解救中华民族。在教学中，他们一是采用生活书店出版的群众活页课本，二是从《解放》《群众》杂志中选材，同时教唱抗日救亡歌曲。在教学方法上，不同的对象采取不同的方法：对小学生采取爱的教育，反对体罚，重视启发式传授；对成人采取故事式讲解，激发民族自尊心。他们通过对共和乡的男女老少详谈救亡大事，细谈抗日战争新形势，宣传中国共产党的抗日民族统一战线政策，讲民族的兴亡史，提高了群众的觉悟，使抗日救亡的歌声在共和乡飘荡。但是，共和乡的抗日救亡运动引起国民党连山当局的恐惧和猜疑。1937年冬，国民党连山县县长陈湘南到共和乡核查，认为邓如淼等人筹办三个多月的是"抗大附小""抗大夜校"，勒令学校立即停办，停拨经费，邓如淼、罗耘夫等被迫暂时离开共和乡。

邓如淼等人虽然不能在共和乡公开办学，但他们在共和乡的活动已经取得了一定的效果。此后，他们利用熟悉当地情况的优势和亲戚朋友的关系，经常深入共和乡，以隐蔽的方式，开展各种抗日救亡活动，同时重点培养和发动当地的进步青年参加革命，其中以邓国英、黄云波进步最快。1938年秋，经邓如淼等人教育培养和动员，邓国英、黄云波奔赴革命圣地延安，走上了革命道路，投身于抗日战争和人民解放的事业。

邓国英是共和乡龙凤迳村人，1917年出生。黄云波是共和乡水东村人，1916年出生。两人是同学，有共同的抱负，思想进步，才华出众。他们奔赴延安参加革命后，被安排在陕西洛川的一间抗大分校学习，1938年10月加入中国共产党，两人是连山籍最早的中共党员。两个月后东渡黄河天险到达八路军总部所在地山西省长治继续学习。1939年9月毕业后，邓国英被安排到八路军总政治部任组织干事，黄云波则被派到八路军一二九师工作。1940年8月20日至12月初，八路军总部针对当时全国抗战出现的困难和悲观论调，为了反对投降，振奋抗战军民，锻炼自身力量，在华北发动了一次大规模的对日军进攻的"百团大战"，邓国英参加了这场战役。不幸的是，在1942年5月日本侵略军疯狂的大"扫荡"中，邓国英与左权将军等壮烈牺牲于山西辽县。

1938年10月，广州沦陷前夕，中共广东省委机关分批转移到粤北，其中尹林平（时任中共广东省委常委、省军事委员会书记，党内用名林平）、饶彰风（时任中共广东省委宣传部部长，党内用名蒲特）、王炎光、杨克毅、张尚琼、陈哲平（陈枫）等人经清远、阳山到连县。11月，鉴于连阳还没有成立党组织，尹林平、饶彰风等人商量决定：王炎光、杨克毅、张尚琼、陈哲平四人留在连县，成立连阳地方第一个党组织——中共连阳特别支部，由王炎光任支部书记，杨克毅任副书记，张尚琼和陈哲平分别负责组织与宣传工作，利用国共合作的有利局面和连州的优势，迅速开展连阳的党的工作。同月，特别支部正式接收了1938年秋在广州加入党组织的邓如淼、罗耘夫的组织关系，并在书记王炎光、组织委员张尚琼的主持下，在连州补行了入党宣誓仪式，成为特别支部成立后首批接收的党员。然后，根据连阳特别支部关于"充分利用当时的抗日高潮的政治环境，加强对现有抗日群众组织的领导"，"广泛深入地开展群体性的抗日宣传和组织工作，从中提高积极分子的政治觉悟，逐步物色建党对象，经过教育和考察，逐步发展地下党员，建立地下党的支部和小组"等决定，邓如淼、罗耘夫等人又多次进入共和乡开展抗日救亡工作和地下活动，并在龙凤迳村设立交通点，配置电话机和收音机，日常的联系工作由邓如淼的夫人黄惠卿负责。交通点一方面供外地同志掩蔽，另一方面作为培养青年干部的阵地。据黄惠卿回忆："当时在龙凤迳工作的有丘学澄、雷广廷、丘学清等党员同志，如淼、陈枫也常来，北江地委书记黄松坚（家长）也到这里。同志们在这里办起夜校，每天晚上，男女老少都来听宣传、学识字，丘学清姑娘教农民唱《渔光曲》《打回老家去》《锄头干歌》等歌曲，丘学澄等宣传、演剧，讲共产党好处，打日本的道理。"①

---

① 中共连县县委党史研究室：《连县党史资料汇编》，内部出版，1993年12月，第175页。

在他们的热心培养和引导下，1908年生于龙凤迳村、毕业于中山大学的共和乡青年邓炎汉很快加入了革命队伍的行列，于1938年底经邓如淼、罗耘夫培养，秘密加入中国共产党。[①]

1938年至1940年间，连山中学和连山县立高级小学的师生利用每年暑假期间，组织文艺宣传队，以唱抗日歌曲、演小话剧、演讲的方式，到太保圩、莲塘、石鼓、永和等地进行抗日宣传，呼唤民众的抗日意识。鼓励民众面对日本侵略者要誓死反抗，决不做亡国奴，还强调"好男儿志在四方，马革裹尸，建功立业，打败日本侵略者"。表演和宣传收到较好的效果，给民众留下深刻的印象、树立起抗战必胜的信念，使抗日救亡的热潮在连山久久回荡。

在全国各地和连山开展的轰轰烈烈的抗日救亡运动的影响、鼓舞下，连山的爱国热血青年，在民族危难的紧急关头，不顾个人的安危，挺身而出，纷纷在各地投身抗日救亡大业。如吉田石鼓村的虞泽甫[②]、太保莲塘的彭厚望等人于1938年在广州参加中

[①] 邓炎汉长期与中共连阳地方组织的领导人单线联系，在连县出任民众教育馆馆长、五区区长、民政科长、教育科长等职务，并以此为掩护，从事地下革命工作。1948年1月被捕，国民党反动派对他施尽各种酷刑，但他始终没有供出有损革命的只言片语，当年6月被国民党特务于韶关监狱杀害。

[②] 虞泽甫（1914—?） 1936年入读广东师范学院，1938年加入共产党领导的中国青年抗日先锋队后，一边学习，一边与同学参加抗日救国宣传活动。10月，广州沦陷，学校被迫中途停课，他随抗先队北撤坪石，然后步行到宜章、连县、连山以及广西贺县、柳州、容县等地开展抗日宣传。他于1939年毕业后到韶州师范学院当教师，不久经李仲才介绍加入党组织，并负责学校男生支部工作。此后，长期以教师职业为掩护开展党的地下工作。1942年秋，转到设在连县东陂的文理学院附中——粤秀中学任教，接着又先后在广西桂林、贵州独山、遵义、安顺、黔江教学。

国青年抗日先锋队（简称"抗先队"）；禾洞李屋的李力①1945年参加东江纵队，由此逐步走上革命的征途；沙坪村的李新英、李晚妹等4位女青年向太保乡公所报名欲投身军旅，请缨杀敌，当时《大公报》曾刊登此事。

此外，还有数百名连山人应征入伍，随国民党军队奔赴全国各地进行抗日，其中有10多人跟随彭徽钦（字建龙，太保莲塘人，黄埔军官学校第七期参谋班毕业，时任国民党第六军第五十五师少将参谋长）作为中国首批远征军于1942年3月进入缅甸与日军浴血奋战，他们大多数人血战沙场、为国捐躯，长眠在他乡。

三、日军飞机侵犯连山

抗日战争时期，连山境内虽然无直接的战事发生，但日军飞机侵犯连山，直接射杀平民，炸毁民居，导致人员伤亡、禽畜遭殃、财物损失，犯下滔天罪行。境内国民政府为防止日本侵略者进犯，被迫毁坏公路、电信设施，使本来就闭塞落后的连山的社会经济发展更加缓慢，日本侵略者给连山人民的生活带来深重的灾难。

1944年10月23日早晨，日本侵略者得知时任国民党广东省国民政府主席李汉魂将乘车从连县出发，检查连山公路的建设情况，当李汉魂的座车进入连贺公路连山吉田丹竹路段时，日本侵略军三架飞机临空盘旋，寻找目标。由于日寇无法确定李汉

---

① 李力（1923—1975），1943年进入设在连县的粤秀中学学习，在学校进步师生的影响下参加"文苗社"。1945年4月，参加党领导的东江纵队青年干部训练班学习，7月分配到东纵司令部机要科开始了其长期机要工作的生涯，9月到东纵东进指挥部机要组任译电员，10月，由杜襟南介绍加入党组织。次年6月，随两广纵队北撤山东烟台，10月，调任中央华东局机要处译电员。

魂乘坐的车辆，日寇飞机齐头并进对在公路上来往的大小车辆进行了四次猛烈轰炸和扫射。第一次轰炸和扫射在石鼓村、木桄圩一带，一辆货车被机关炮击中，车头被打碎，车上一人左脚被炸断；三架日机飞往沙㽏方向后，再沿公路上空飞回木桄圩后掉头，在吉田莲花村（现莲花旅店）一带进行第二次轰炸和扫射，有两间房屋和一辆货车被击中，一人当场死亡；第三次轰炸和扫射在沙田井头村附近，造成家禽家畜死伤60余只；第四次在莲花村附近，一辆汽车被炸毁，一人重伤。该次袭击根据《广东省战时房屋损失调查表》（1946年广东统计半年刊），损坏汽车3辆，损失家禽家畜60余只，损坏公路1条、出县电话线路2条。现有3枚当年日军飞机投下未炸的炸弹收藏在县博物馆。

第二节

中共连山地方组织建立

一、中共连山油桐垦殖场中心支部的创建

1938年10月21日，省会广州被日军侵占后，国民党广东省政府军政机关搬迁韶关，中共广东省委机关也迁移粤北，地处粤桂湘三省交界处、连接粤北与广西的重要通道的连山成为广东的重要战略后方和国共两党关注的重点区域。

国民党广东省政府采取紧急措施，调集大量的人力财力，于当年年底开通连县通往广西贺县的简易公路（现国道323线，其中连山路段58.8千米），其目的是为确保国防物资供应和建设抗日后方，开辟两广交通运输的新路线，保证与大西南联系的畅通。

同时，由广东省银行投资在连山办起连山油桐垦殖场，次年改称"连山第一垦殖场"，场部设在太保新坪村（现连山县220千伏变电站），下设2个区11个站。1940年又建成连山第二垦殖场。1941年两个林场与连县流沙垦殖场合并，改名叫"连山垦殖场"。1942年为纪念孙中山先生，改称"中山油桐垦殖场"。垦殖场的连山部分范围东起太保茂古洞，西至鹰扬关，南至铁帽南坡和福安、石鼓，北至大富高廖，面积约20000公顷，其中宜林面积约15000公顷。抗战期间，垦殖场先后招收来自广州地区的难民千余人种植三年桐，场内开办榨油厂压榨桐油，主要用于国防建设。

1938年后，根据抗日斗争和党组织发展的需要，中共广东省

地方组织不断加强连阳地区的党建工作，继建立中共连阳特别支部（1938年11月至1939年8月）后，又先后建立中共连（县）连（山）阳（山）乳（源）四属工作委员会（1939年9月至1940年底，徐沂任书记，组织工作先后由吴震乾、周锦照负责，邓如淼负责宣传工作）、中共连阳中心县委（1940年底至1941年3月，书记张江明，组织部部长和宣传部部长分别由周锦照、成崇正担任，张江明调离后，支部先后由周、成负责），以抗日救亡为重点，以建立、巩固和发展壮大连阳各地党组织为目标，领导开展连阳地方党的工作。

中共连阳地方组织抓住连山建立垦殖场的有利时机，决定在连山建立党组织。1940年春节，中共北江地委书记黄松坚和中共连连阳乳四属工委领导徐沂、邓如淼，在连县中坳交通站约见任连县东陂区支部书记、连山县立高级小学教员的罗耘夫①，向他指出：连山是广东抗日的战略后方，群山连绵，林木茂盛，群众在山上山下居住耕作，粤湘桂三省通达，地理位置重要，是开展党组织活动和革命斗争的理想之地。随后向罗耘夫宣布到连山建立党组织的决定并布置任务：由罗耘夫任连山特派员，与雷广权②、

---

① 罗耘夫离开连山后，任曲江马坝乌石党支部书记，公开职务是广东省银行马坝农场马坝垦区主任，1943年起先后以广东省农贷部行员、行政院善后救济总署广东分署农业组农业专员、岭南大学柑橘研究所潮汕柑橘实验场负责人的身份从事党的地下工作，直到广东解放；1950年春后历任广东省农林厅支委委员、林业处处长、华南农垦总局总支委员、基层党委书记和生产处、垦殖处处长，广东省农垦厅党委委员、副厅长兼华南热带作物研究所副所长，中国科委热带作物组组员；1968年冬至1972年冬下放广东省"五七"干校学习、劳动；1973年8月任广东省农科院核心小组成员、革委会副主任、党组成员、副院长，1980年8月离休，1996年4月逝世。
② 雷广权（1915—1968）又名雷炜真、雷元清、雷裔麟，广东惠阳人。1934年从广州仲恺农工学校毕业，1937年到延安抗大学习，次年春毕业并加入党组织，在八路军驻武汉办事处和广州办事处工作，1938年6月转到广东从化等地从事地下工作。1949年5月后，先后在华北人民政府农业部、中央人民政府农业部、财政经济出版社工作，参加过抗美援朝。20世纪60年代，任农业出版社主任编辑，"文革"时被批斗，1968年11月含冤逝世。

丘学澄等党员以技术员或难民的身份进入垦殖场成立党支部。第一步，先在场内发展工人党员并注意做广东省银行派驻垦殖场的直属警卫的工作；第二步，在连山中学和地方发展知识分子党员。

罗耘夫等人按照组织的指示，很快打入垦殖场，秘密成立中共连山油桐垦殖场中心支部，罗耘夫任支部书记，雷广权任组织委员，丘学澄任宣传委员，邓如珍负责妇女工作，支部设在垦殖场沙田工区办事处（现吉田镇沙田村虎庙）。由于垦殖场比较分散，党员的分布也分散，为了方便开展工作，支部下设四个党小组：虎叉塘工区党小组，组长周兆鸿①，主要任务是负责党建、统战和监视场长周允元（开平人，曾任中共开平特支书记，1929年2月15日被捕叛变）的行踪；沙田工区党小组，组长欧阳衍，主要任务是在场工中发展党员，搞好场群关系；永和工区党小组，组长由雷广权兼，主要任务是搞统战工作和在场工中发展党员；大富工区党小组，组长熊标清，主要任务是发展党员和搞好场群关系。支部和各小组保持着密切联系，罗耘夫一般与各小组长每周联络一次，交换情况，商定具体的工作内容与办法。

二、中共连山油桐垦殖场中心支部的活动

中共连山油桐垦殖场中心支部成立后，根据支部和各党小组的分工与任务，全力开展各项工作，取得了较好的成效。发展党员方面，党支部利用办工人技术培训班的机会宣传中共中央"坚持抗战，反对投降；坚持团结，反对分裂；坚持进步，反对倒退"的主张，从中选择和培养党员发展对象。经过一年多的考察和培养，吸收胡荣聪等十多名工人骨干加入党组织，使支部

---

① 周兆鸿，1916年生，广东开平人，1938年加入党组织，离休前为湛江农业专科学校副教授。

党员达到二十多名；统战工作方面，开展抗日宣传，设置临时茶水亭、茶水站，帮助群众解决生产、生活上的困难，协调场群关系。由于垦殖场在连山开辟大片荒山种油桐，使附近百姓砍柴草、放牧等受到限制，引起当地百姓的不满，出现群众砍掉油桐树、铲走桐树根肥料等现象，甚至聚众到工区闹事，场群关系比较紧张。为此，党支部主动深入各村宣传办场宗旨和抗日民族统一战线的主张，张贴"团结起来，抗战到底"等标语，同时组织职工每逢圩期在工区或凉亭处设立茶水站，热情接待群众，关心和帮助他们解决一些生产、生活上的困难，逐步取得了当地群众的理解和支持，改善了场群关系。雷广权、丘学澄、周兆鸿等经常与垦殖场部警卫连、车队以及县城武装排、永和武装排、鹿鸣关与鹰扬关哨所保持联系，能够及时掌握其动态；妇女工作方面，邓如珍在沙田一带与妇女广交朋友、联络感情，计划培养发展对象。此外，罗耘夫还嘱咐其在连山中学读书的侄女，注重交友和搜集有关情况，为开展支部工作作参考。

1941年春，罗耘夫和邓如珍接受组织安排到曲江工作，党支部由雷广权负责。1942年，雷广权、丘学澄等人先后从连山垦殖场撤离。1943年9月，虎叉塘工区党小组组长周兆鸿也离开连山，此后，党支部停止了活动。

中共连山油桐垦殖场中心支部是连山成立的第一个中共组织，由于支部骨干在连山活动的时间不长，支部的主要精力和活动是在场内而不是场外，许多党员是在外地暴露身份后才转移来的，主要目的是暂时隐蔽下来等待时机。1942年5月26日，中共南方工作委员会（简称"南委"）组织部部长郭潜在曲江被捕叛变，他带领国民党顽固派先后逮捕了中共粤北省委书记李大林和组织部部长饶卫华、南委副书记张文彬等，令中共广东地方组织受到严重破坏，史称"粤北省委事件"。事件发生后，广东地下党组织按照中共中央南方局的指示，暂时停止了组织活动，实行"隐蔽精干，长期埋伏，积蓄力量，等待时机"的方针，执行"勤业、勤学、勤交友"的任务，因此没有再发展本地党员，致使支部没能在连山扎根，影响了党组织在连山活动的持续性。虽然存在这方面的不足，但其意义是深刻的，影响也是非常深远的：一是使转移到连山的党员顺利避过了国民党的白色恐怖。油桐垦殖场支部成立后，经受了国民党顽固派挑起的第一次反共逆流的考验。1939年1月，国民党五届五中全会确立了"溶共、防共、限共、反共"的反共政策。次年1月9日，国民党军事委员会政治部主任陈诚到韶关发表反共演说，在广东掀起了反共逆流，大批共产党员和抗日进步人士被捕，许多进步团体被解散。为此，中共广东省委指示各地党组织和党员实行大转移，原有团体被解散的，设法加入其他合法的救亡团体中去，隐蔽自己，积蓄力量，等待时机。进入连山油桐垦殖场的很多党员，就是在这种情况下转移来的，如周兆鸿是从抗日前线开平转移来的，被国民党通缉的曲江"抗先队"周田分队长张洪（又名张德长）也是经过北江特委安排进入垦殖场的，这些党员在连山得到较好的隐蔽和保护。二是通过成立党支部和开展党员的活动，使党组织对连山各方面的情况有了进一步的了解。三是在连山积累了开展党的工作的经验，为今后再建党组织打下了基础。

第三节 壮区人民的抗征斗争

一、国民党当局的横征暴敛

因抗战需要，国民党当局四处征兵以补充兵源。国民党连山当局无视抗战大局，借征兵之机大刮民财。他们把年满16岁至30岁的男丁，不管是否为独子，均列入征兵对象（以往独子不征）。每年一度的征兵期间，被征对象就要集中到乡里参加抽签，中签者是独子的可以缓征，但要无偿交纳粮谷2~4担作"缓征费"，第二年又中签的，则要交6担，如无法按规定交纳粮谷或第三次中签的，当然只能去当兵了；中签者有兄弟二人以上的，立即要去，不肯去就强行押走，由此造成全县不少家庭妻离子散，家破人亡。如小三江大冲村黄兴恒，被强行抓去征兵时在路上逃走，国民党连山当局就把他体弱多病的老父亲抓到县衙坐牢，导致其病死在牢中。他闻讯后赶回家中吊丧时，再次被捉去当兵。他的老母亲在家中孤苦伶仃，无依无靠，没几天就被活活气死。

更为可恨的是，负责征兵的乡、保长等在征兵中相互勾结、弄虚作假。他们在抽签前预先将不中的签发给自己的兄弟与其他有关系的人，因此在抽签时，这些人表面上是和大家一起参加抽签，但每次都不会中签。国民党连山当局的横征暴敛和种种不公，引起各族人民尤其是壮区人民的强烈不满，为求生存与平等，曾多次组织联合起来反抗国民党的倒行逆施，给国民党连山当局予以沉重的打击。

二、"新中华暴动"事件

1942年，张益民出任连山县县长后，变本加厉，巧立名目横征暴敛。《连山民众再三报告书》记载，他对征兵作了新规定：独子两子多子都要参加抽签，抽中的就要应征，没有抽中的则要交纳"缓征费"。"壮丁送到县肯纳国币千百万者即行解放，家道贫穷者即征送，遇富有之家不论单丁独子以及越龄壮丁一征再征，至派员下乡收集征兵时之舞弊，牵耕牛鸡鸭或掠夺家私，或奸淫良家妇女，种种不法行为不胜枚举，虽履行泣求，而县长置若罔闻。"他自订《赠与实施法》，强征"献捐赠与款"，规定一区（汉区）按地税额1元收9元，二区（壮区）则按地税额1元收40元，1元以下收35元，比一区多4倍；规定二区所辖福善、省三、石田、上帅4个乡（今福堂、小三江、上帅镇）的民众不分老幼，每人要在两天内运粮6斗到县城（太保）集中入仓，不运粮食的可出代运金，但每石要700元，比市价高一倍。壮区的群众无比愤怒，称张益民为"张害民"。

1944年10月，曾任乡村学校校长，在石田（加田）乡任粮食管理员的壮族青年李信之对时局比较关注，思想比较活跃，对当地受苦的群众十分同情，对不平等的民族压迫政策尤为不满，在广宁和怀集等地的农民革命斗争的影响与鼓舞下，决心组织壮胞开展"反蒋抗征倒张"斗争。他一方面将石田粮仓的粮食暗中发卖筹集经费，并派人到怀集冷坑购买一批军用雨帽，制作行军大旗；另一方面秘密联系同乡谢毓山和福善乡莫机平、永丰乡唐炳炎等人在二区进行串连发动。饱受国民党迫害的壮族群众很快被发动起来，组织串连了1000多人的队伍。

1944年11月2日早晨，李信之等在石田圩召集几百人，宣布成立"新中华民团司令部"，李信之任司令，谢毓山任副司令，李家威任参谋长，黄立桐任大队长。高呼"打倒张害民"、抗"三征"（征兵、征粮、征税）等口号，撑起大旗，大队长黄立桐先行，李信之、谢毓山殿后，威风凛凛地向省嘉乡进军。时值圩日，队伍汇入人群中，很快占领省嘉乡公所，挂起了民团司令部的招牌，扣押了部分国民党"三征"官员。下午，与省嘉乡民团会合，处决了一名乡队副，然后到月九，晚饭后立即向福善乡进军。福善乡的民团早有准备，待石田、省嘉的民团一到，马上汇在一起于当晚占领二区公所和福善乡公所，活捉了征税员莫亚五等人，队伍发展到2000多人。3日，民团在福善圩举行集会，庆祝新中华民团成立，处决了6名国民党官员。4日占领永丰，各村寨的群众纷纷响应，队伍增至3000多人。谢毓山、李信之召集会议，商议攻打县城的计策，正式宣布成立"新中华民团连山独立区司令部"，推举谢毓山为司令，李信之、莫机平为副司令，唐炳炎为参谋长，把队伍编成11个大队。正逢天降大雨，队伍被迫在永丰停留了两天，尽管派民团封锁了关门岭，行人只准入不准出，但还是走漏了消息，使国民党连山当局有机会向连县等地紧急求援，调兵遣将进行抵抗。民团队伍6日占领木桄圩和吉田乡公所后，7日原计划前往永和梓木坪"四方甑"炮楼，夺取枪支弹药，但迟了一步，枪支弹药已被国民党当局转移，使队伍补充武器的计划落空。8日暴动队伍兵分两路进攻太保县城，当队伍到达虎叉塘时，受到埋伏在此的国民党军队猛烈阻击，队伍失控，被迫乘夜退回永丰。

过了几天，国民党韶关专署连阳守备司令部调集保安大队进行反扑，先是突破关门岭进入永丰，民团退回小三江，把守抛石界天险。接着，保安大队从大拔凹、七星凹、抛石界三路进攻，12月23日，保安大队包围月九、江济、班北等村，查捕了10多名民团成员，在小三江圩处决了四五人。次日，保安大队将所捕人员经石田过阳山押解至韶关。25日攻占小三江圩，驻扎在黄氏宗祠，并分兵驻扎石田圩，烧毁了李信之的房屋，劫走了其家产，并对参加暴动的人员进行血腥镇压。

暴动失败后，李信之、谢毓山等人先是逃到深山躲避，但因国民党连山当局四处悬红缉拿，无处藏身立足，不久被迫逃往怀集、广宁改名隐匿（李信之改名为李秀泉，谢毓山改名为谢忠），并打算寻找当地的游击队以图东山再起，但没联系上。

1945年10月，李信之、谢毓山分别在广宁县被捕。谢毓山押回连山半年后被杀害。李信之在被捕时用重金贿赂押解人员，死里逃生回到石田，后被新任连山县县长廖骐诱捕，被判长期监禁，关押在韶关监狱，1948年11月越狱回乡。

暴动发生后，国民党广东当局将张益民革职查办。“新中华暴动”事件引起连阳地方党组织的高度关注。1945年5月，中共连阳中心县委书记李信派谢震等人到吉田、福堂一带，通过同学关系向群众调查了解情况并争取与暴动队伍联系，意图把队伍改编成党领导下的革命武装。但因相隔几个月，队伍又分散在各村寨，不知李信之、谢毓山等人的去向，没有达到目的。

“新中华暴动”是抗战后期在粤北地区发生的规模最大、影响最为深远的农民暴动。由于队伍没有经过训练，缺乏军事常识，武器装备落后，尤其是没有得到中国共产党的直接领导与指导，在国民党顽固派的血腥镇压下失败了，但这次暴动震动了国民党广东当局，彰显了壮族人民不畏强暴、敢于斗争的精神。

4

第四章
解放战争时期

第一节 恢复地方党组织

一、中共连阳中心县委的恢复

1942年，由于受到粤北省委事件的影响，连阳地区党组织停止了组织活动，党员在各行各业隐蔽下来，实行单线联系。1944年，连山输送了党员和进步青年40多人到东江参加武装斗争。1945年，国际反法西斯战争和中国的抗日战争的形势不断好转。5月，驻西北支队的中共广东省临委代表梁广、支队政委邓楚白和中共北江特委书记黄松坚派李信等人重返连阳，成立新的中共连阳中心县委，任务是"积极发展进步力量，发动群众作好武装斗争准备，迎接王震大军南下，筹粮筹款，支援部队"。8月，党组织又派杨仕衡等人到连州，进一步加强与充实中心县委的领导力量。中共连阳中心县委成立后，鉴于连阳党组织的活动已停止了两年，县委对原来的党员情况不是很了解，于是决定首先开展对原有党员逐个审查甄别的工作。在此基础上，逐步恢复基层党组织，建立连山中学直属支部，从而全面恢复了党组织和党员的活动。同时，出版党内刊物《锻炼》，揭露和反对国民党独裁、内战阴谋，提高党员的政治觉悟。[①]

1945年，抗日战争胜利后，中国共产党应广大群众的要求，

---

① 中共连县县委党史研究室：《连县党史资料汇编》，内部出版，1993年12月，第88—89页。

提出"和平、民主、团结"三大口号，全力争取和平建国。但是，国民党和蒋介石却不顾全国人民的死活，表面上说要和平，实际上要发动内战。为此，在揭露其假和平真内战的阴谋的同时，中共中央积极巩固解放区，恢复发展各地党组织和党员的活动，做好应对国民党发动内战的各种准备。

二、中共连山中学直属支部的建立和活动

新成立不久的中共连阳中心县委认为连山所处的地理位置特殊，决定迅速恢复和开展连山的党的工作。1946年春，在连县基联中学以教书为掩护的杨仕衡约见钟文靖（1917年出生，广东五华县人），分析了连山的形势，说明了做好连山工作的重要性和开展连山的党组织工作的意图。他强调：连山是通往广西的要道之一，毗邻广西贺县和湖南江华，山高林密，回旋余地大；群众受压迫沉重，生活艰苦，群众的革命斗争性很强烈；国民党统治比较薄弱，曾发生过民变事件，如同广西贺县党组织取得联系，在开展武装斗争时，是打游击的好地方。然后，他指示钟文靖要做好连山的党组织工作，站稳脚跟，并介绍了郑江萍（1923年出生，又名郑日恒、郑云鹰、郑昭萍，广东佛冈县人）和陈持平（1924年出生，又名陈善棣、陈哲声，广东连州人）两人的组织关系。

钟文靖按照组织的安排，进入连山中学后，很快与郑江萍、陈持平两人接上关系并召开会议，秘密成立中共连山中学直属支部，钟文靖任支部书记，郑江萍任组织委员，陈持平任宣传委员。会上，还就目前情况作了分工：因县长是客家人，连山县政府内也是客家人多，决定由会讲客家话的钟文靖负责统战工作，重点多做县政府方面的工作，学校内的工作则由郑、陈两人负责。

连山中学位于县城的太保象山书院（现太保旧城东山坡），虽傍县城，却有溪水相隔，环境极其清幽，既是教学的好场所，又便于秘密开展党的工作。党支部成立后，根据连阳中心县委关于"用军事的观点去布置工作，迅速发展组织，以便找到军事活动的立足点"的指示，党支部经过分析研究，决定除了在课堂上向学生宣传革命道理，教唱进步歌曲外，首先要建立一个党的外围组织——青年民主同盟（简称"青盟"），重点发展福堂、上草、吉田等地的学生入盟，为发展党组织和开展武装斗争作准备。为此，他们在教学上，选择一些进步的文章讲解，讲述抗日故事和教唱进步歌曲，对学生灌输爱国主义和民主思想；联系民族苦难，说明十四年抗战后人民要休养生息，要民主，要团结，要建立一个民主的联合政府，但国民党却破坏民主、破坏团结、破坏和平建国纲领的事实，揭露国民党的反动罪行。由于他们年轻，全无架子，平易近人，授课时既能深入浅出，又能循循善诱、引人入胜，没过多久，就取得了学生的信任与喜爱。

同时，党支部利用经常接触学生的机会，采取个别交谈的方式，进行适当的启发教育，了解学生的思想动态、家庭情况和社会关系的方法，分头发展学生秘密加入青盟。发展盟员的基本顺序是：第一步，在与他们经常接触的学生中初步确定培养对象后，开导他们要勤奋学习，学好本领，做一个有益于社会的人；第二步，了解其家庭人口、经济状况、社会关系和家乡的地理环境等；第三步，经过多次交谈与引导，使其认清国民党假和平真内战的反动本质，在基本摸清其思想动态和今后打算的基础上，教育和鼓励培养对象要有推翻旧社会、建立新社会的志气和决心，并且说明要取得斗争的胜利，就必须团结起来的道理；第四步，向培养对象介绍说有个叫"青年民主同盟"的进步组织，并动员其加入这个组织，多为社会为人民做有益的事；第五步，填表，宣誓。到1946年5月，共发展了李碧玲、贤英好（贤善全）、邓昌楠、邓大柏、莫祖兴等学生加入青盟，他们都是由钟文靖、郑江萍、陈持平一对一培养、发展与联系的，出于保密和安全的需要，只有纵的联系，而没有横的联系。一切活动都在联系人直接布置下进行，入盟人士定期向联系人交盟费。

此外，党支部还对国民党附属组织三民主义青年团（简称"三青团"）的活动进行了有效的控制和抵制。连山中学共设四个班：初中三个班，简四（师范）一个班，共有学生100多人，教师职工约10人。钟文靖三人来到连山中学后，郑江萍任学校训育主任兼简四班导师（班主任），钟文靖担任初三班导师，陈持平任初二班导师，初一班导师陈恩涌是郑江萍的中学同学，很支持郑江萍的工作。校长和另外的几名教师都在县政府兼职，不但不在学校住，而且对学生的情况也不是很了解，整个学校可以说是在支部的控制下。连山没有设立县级三青团团部，只在连山中学设一个区队，受连县三青团团部领导，但鞭长莫及，实际上管不到。郑江萍是训育主任，照例要兼任三青团区队长，经钟文靖请示连阳中心县委杨仕衡批准后，郑兼任了三青团区队长，连山三青团的一切活动都要经过他。国民党向学生灌输"三民主义"，共产党员教师就把其解释成"新民主主义"，对学生进行民主教育；国民党强迫学生加入三青团，党支部就不理不睬或把登记表积压着不发进行抵制，并启发学生要认清三青团的本质。在国民党催得紧的情况下，为了避免国民党对党支部活动的怀疑，支部又改变策略，布置青盟成员和进步学生加入三青团，并安排青盟成员担任三青团分队长或小队长等职。既掩护了盟员，又控制了三青团的活动，使连山三青团没有进行过什么反革命的活动，个别反动人士也起不了什么作用。

半年来，党支部的地下工作非常出色，丝毫没有引起国民党的怀疑。1946年夏,初三级学生毕业聚会,邀请国民党连山县党部书记长虞泽和参加。他在酒后说,他多次到连县开会,国民党连县党部书记长问他"连山有没有共产党?要注意共产党的活动"时,他都回答说"我敢保证连山没有共产党"。可当时钟文靖就与他坐在同一张板凳上。这说明党支部的活动丝毫没有引起国民党的怀疑和警觉,也使钟文靖等人知道敌人在密切注视着连山,促使党支部把隐蔽工作做得更好。

是年秋,钟文靖、郑江萍先后调离连山中学到连县简师和基联中学从教。10月,陈持平也调离到广州开展地下工作。至此,中共连山中学直属支部的活动也就基本停止了。由于支部成立的时间较短,加上连阳中心县委"对党员的发展比较谨慎,对积极分子考察教育从严,各方面条件培养成熟后再吸收入党"[1],因此没有将李碧玲等人吸收为中共党员,也没有给他们布置具体的任务。他们调离连山后,只是与盟员在相当一段时间内保持秘密的单线联系,郑江萍和贤英好则一直保持联系直到1948年底,但直到连山解放,都没有进一步培养吸收这批盟员加入党组织。[2]

---

[1]　中共连县县委党史研究室:《连县党史资料汇编》,内部出版,1993年12月,第111页。

[2]　中共连山壮族瑶族自治县党史研究室:《中共连山历史资料汇编》第一辑,内部出版,1995年7月,第38—49页。

开展革命宣传活动

　　彭厚望（1916—1983），太保镇莲塘村人，曾用名彭虹、张雄，别名彭志雄。1936年，他到广州求学，1938年10月参加中国青年抗日先锋队，在广州市郊进行抗日宣传。1939年2月至1942年6月跟随国民党部队到粤北、粤东等地进行抗日斗争。1943年11月考入中山大学法学院，在地下党组织和进步刊物的影响下思想迅速转变。1944年在中山大学法学院社会学系肄业，后即加入东江纵队，6月出发奔赴东江敌后前线。

　　在革命队伍里，彭厚望积极搜集敌情，散发传单，发展抗日联盟工作，勇敢机智。1945年1月，参加东江纵队举办的第四期青年干部培训班，3月下旬加入中国共产党。4月被分配到东纵四支队，派往广州进行地下工作，搜集情报，散发《前进日报》，动员青年参军，发展抗日联盟。抗战胜利后，曾一度复学。1946年由组织安排转移到东莞中学教书。1947年1月撤离到香港，5月返回内地粤赣先遣支队任武工队员、指

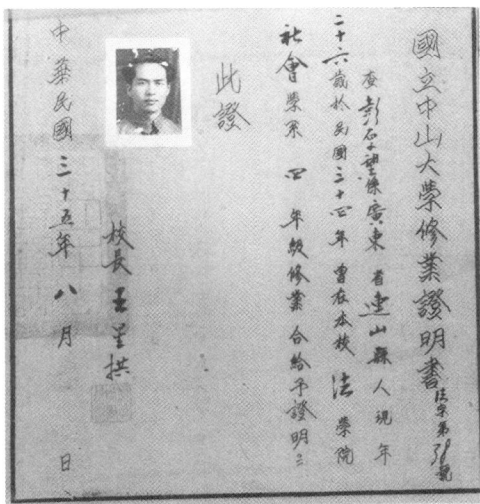

彭厚望的中山大学修业证明书（李凯供）

导员、突击大队教导员，并在翁源新塘，英德板溪、文光等地活动。1947年农历八月，彭厚望借探亲之名，到永和唐屋寨进行革命宣传。

唐屋寨是一个只有200多人的自然村，距永和圩约5公里。由于地处偏僻，交通不便，消息也不灵通，乡亲们闻说有个曾在广州读书的人来走亲戚，觉得很新鲜与好奇，于是在晚饭后不约而同地聚在一起，都想听听这位年轻客人在外面的见闻。彭厚望利用这个好机会，对到来的乡亲宣传革命道理。他先是从亲戚一年耕多少田、种多少地谈起，当他听到亲戚说主要靠租地主的田地耕种，自己穷是因为命运及祖坟风水不好时，就说："这绝不是命运风水不好，而是被人削剥得厉害，你一年耕120担谷租田，不管年成丰歉要80担谷租，还要还债，哪能不穷呢？""你们耕田人不是耕田养家糊口，而是耕田交租养财主佬，就是最好命运的人，祖先葬了最好的风水也必然贫穷啊！""我认为太不公道了。""这样的世道继续下去，穷人简直是无路可走了。"他说出了耕田人的心里话，深深地吸引和触动着在座每个人的心。接着，彭厚望从穷人为什么穷讲到如何团结起来，反压迫，反削剥，闹翻身；从中国共产党、人民解放军开辟解放区讲到全国的解放战争大势；从国民党政府的腐败讲到其必然灭亡的趋势。彭厚望越讲越起劲，村民们也越听越入迷，直到深夜，人们才依依不舍地陆续离去。彭厚望在宣传中虽然没有公开其中共党员身份，但他的言语给人们留下了很深的记忆。次日，彭厚望离开唐屋寨后，听了他宣传的人们偷偷议论他的讲话内容，猜测其身份。其实，彭厚望一入虎鸣关，就引起了国民党的注意，并派人注视其行踪与活动。事后唐屋寨的国民党保长透露，如果彭厚望再多住一天，他就可能要被捕。到他协同人民军队解放家乡并任副县长后，人们才恍然大悟，原来他是共产党员。①

　　连山解放后，彭厚望任连山县工委组织部部长和副县长，参与了县人民政权建设工作。

---

① 中国人民政治协商会议连山壮族瑶族自治县委员会文史资料研究委员会：《连山文史》第11辑，内部出版，1997年8月，第46—49页。

<table>
<tr><td>第三节</td></tr>
</table>

组织革命武装和农会

一、国民党连山当局的反共行径

解放战争时期，连山属广东"第二清剿区"司令部管辖范围。国民党连山当局虽然没有察觉到党组织在连山的活动，但一贯推行反共政策，时刻防范着中共组织、党员和游击队在县境开展活动，企图用暴力对付革命的力量，维持其统治。

1945年10月和1947年秋，国民党连山当局两次会同广西贺县和怀集（中华人民共和国成立后改由广东管辖）的县长集中到上帅召开"联防会议"，并成立"边乡联防办事处"，协同"围剿"三县边界活动的游击队，镇压革命力量和进步人士，强化对国民党统治区的控制。1946年底，将县城从太保迁移到永和圩，并在永和圩明德楼设立秘密通讯处，"会报主席"的代号为"苏逸生"，派出情报与特务人员暗中四处探查连山及边区是否有中共和游击队的活动，并每月向驻在韶关的"第二清剿区"司令部报告一次"匪情"。1947年冬，成立"连山县戡乱建国委员会"，同时将县武警中队扩充为保安大队。次年7月1日，又将保安大队扩建为民众自卫总队，其中永和大队、吉田大队、连城大队分别下辖4个中队、2个中队和3个中队，共约2000人，增添了一部分武器装备。[1]1949年3月，为将三连一阳（连县、连山、

---

[1] 《广东省连山县民众自卫队概况调查表（一）》，1948年7月1日，现存韶关市档案局（全宗号1，目录12，217卷第1页）。

连南和阳山）建成统一的反共防共体系，作垂死挣扎，成立广东省第五行政督察区，国民党中将李楚瀛任专员兼保安司令，专署设在连州，辖连县、连山、连南、阳山四县。当年6月，又拼凑组建成"反共救国军"第九军，李楚瀛任军长，其中连山全部与连州一部为二十六师，师长由李楚瀛兼任，连山县县长虞泽广兼副师长，各区、乡长兼任团长、营长和连长，实行严密的军事管制。1949年10月，成立"连山县反共保民委员会"，虞泽广任主席，拟订《反共保民委员会组织章程》，贯彻执行李楚瀛的"十大杀令"——"参共者杀、通共者杀、窝共者杀、容共者杀、济共者杀、纵共者杀、贴共标语者杀、播共言论者杀、为共引路者杀、'剿共'不力者杀"，大肆进行反共宣传，制造白色恐怖。从1946年开始，国民党的情报部门向驻韶关的"第二清剿区"司令部每月一次的"匪情"汇报，都称连山无"匪情"，被国民党评为防共"模范县"。

但事实上，不畏强暴、向往光明的连山各族人民，与全国各地的人民一样，并没有被国民党的白色恐怖所吓倒，而是在中国共产党的领导与影响下，积极行动，与国民党展开多种形式的斗争。1949年，在北部的禾洞乡组建了连山中队，在南部的上帅乡成立了上帅特编连，在中部的永丰乡组织起永丰农会，在加田、上草开展武装队伍的筹建工作，有力地打击和动摇了国民党在连山的统治，为家乡和三县边界地区的解放创造了有利的条件。

二、组建连山中队

（一）筹备中共桂岭区工委

1949年4月，桂东地工委成立，地工委机关设在桂岭开山的洪明寨（现广西贺州八步区开山镇内），书记黄传林，副书记吴赞之。1949年8月，桂东地工委确定，把桂岭、江华、道县以

桂岭中学一角，1948年9月单昌辉曾在此任教（李凯2014年摄）

及广东连山作为桂东地区的战略地带。9月，中共党员吴凡（旺哥）①、陈鸿（七哥）受黄传林、吴赞之的委派到桂岭，他们计划"把桂岭、湖南江华和连山等地组成武装力量，并连成一片建立游击大队，以鹰扬关为中心开展山区游击活动，消灭敌人武装，迎接解放"②。吴凡等人到桂岭后，最后确定以地处粤桂湘三省交界处的小山村——莲花均洞为立足点，然后发展党组织，组建武装队伍。他们到均洞后，立即成立了中共桂岭区工委，书记黄贤林，委员吴凡、张志超、王仁韬。

---

① 吴凡（1924—1991），怀集县人，1947年7月在怀南参加游击队，10月加入中国共产党，先任小队长，后任粤桂湘边纵队副司令员钱兴的警卫员。1948年10月钱兴牺牲后吴凡转到桂东活动。中华人民共和国成立后，吴凡回到怀集工作，历任北区区长，五区（梁村）、六村（冷坑）党委副书记，怀集县供销社主任、工商局长、革委会副主任，怀集县副县长等职，1984年5月离休。1991年逝世。

② 见《关于桂岭游击武装的组建及活动情况》，广西贺县党史办1987年8月14日采访吴凡记录。

（二）发展进步青年单昌辉

单昌辉，连山禾洞乡人，小时候就受到红七军故事的感染。1940年至1943年，他在粤秀中学读高中，学校抗日宣传气氛浓厚，校内四处贴有"抗日第一，胜利第一""国家至上，民族至上"等标语，使他长期接受深刻的教育，思想也受到很大的触动。1943年夏，他与一批进步的同学到重庆考大学，最终考入中华大学理学院。在大学期间，他经常阅读由中共中央南方局主办的《新华日报》和《群众》等报刊，有时还投稿，从而与报社的编辑许明时有联系，许明还多次约他到重庆七星洞德兴里39号星庐会面交谈，使单昌辉知道许多有关毛泽东与蒋介石在重庆谈判的消息，对国民党与蒋介石破坏和平建国，发动内战等情况有一定的了解。1946年11月，单昌辉患病入住重庆仁济医院，同病房的谢大乃（又名文生，地下党员）见他常读《新华日报》，就提一些问题让他思考，并一起讨论，还启发单昌辉说，青年人应有革命的意向，要积极参加到反内战的行列中去。12月，他出院后回到家乡禾洞，次年2月应聘到连山中学当教师，在与同事的闲谈中了解到许多关于加田、小三江群众反蒋抗征的情况，秋季转到连县基联中学任教。

1948年秋，单昌辉应广西桂岭中学校长陈家麟的聘请，到该校担任数理教师。那里的师生十分关注解放战争的形势，不管在课堂上还是在宿舍里，人们都悄悄谈论着解放战争、共产党和解放军，但又对这些了解得不多，学生提出的问题老师都难以回答。为了满足学生的要求，解答学生的提问，开明的校长陈家麟决定每周一上午的第一节改上"时事报告"课。由于单昌辉思想进步，关心时事，见多识广，陈家麟和老师推荐他来主讲。虽然这是个敏感的课程，但单昌辉不负众望，结合自己的见闻来讲，学生们听得十分入神，使师生大开眼界，大长见识。单昌辉很受师生欢迎，影响也很大，一方面受到中共组织的关注，另一方面引起国民党贺县县长岑孟达的怀疑和不安。

刚到桂岭活动不久的吴凡、陈鸿经过多方了解，很快把单昌辉确定为重点发展对象。经过周密安排，他们在竹园寨陈家麟家约见了单昌辉，在交谈中公开了他们的身份，并且提醒单昌辉："现有确实情报，（贺县）县长岑孟达十分注意桂岭中学。知道了你们每周有时事报告，主讲的是你。你要及早离开学校。如果你愿意参加我们的队伍，我们十分欢迎！"早有革命意向的单昌辉当即表示愿意，吴凡就叫他尽快到均洞陈怀经家等候，并吩咐他写一份自传和一篇反映连山社会情况的材料交给他们。这样，单昌辉离开桂岭中学，进入均洞开展武装斗争，实现了多年的心愿，正式走上了革命的征途。

（三）组建武装部队

位于粤、桂、湘三省交界的均洞是桂岭区工委和正在组建的贺连人民解放军所在地，距禾洞约35千米。单昌辉进入均洞参加革命队伍后，吴凡、陈鸿考虑到他是连山人，又熟悉江华黄石的情况，就派他去开展连山和江华方面的工作。单昌辉不负重托，很快在家乡禾洞和江华黄石一带串连发动了陈怀群、罗斌、覃建德、黄仁慰、陶启用等10多人到均洞村参加革命队伍。他们在均洞接受了几天的培训，白天学习《论人民民主专政》《论联合政府》《论解放区战场》《古田会议决议》《中国土地法大纲》等油印资料，晚上则到附近各村组织农会和张贴公告进行宣传。同时，单昌辉指派谭宗信以乡文书的身份为掩护，密切注意国民党的动态，与黄先洋秘密开展组织串连，为建立武装作准备。

为了更好地开展工作，9月下旬，吴凡、单昌辉等人在黄石水井、高村、石龙、黄马、大塘、仪村一带向村民宣传全国解放战争的大好形势、减租减息和《中国土地法大纲》，宣传成立人民政府，"穷人翻身做主人"的革命道理。吴凡由单昌辉作向导，越过粤湘交界的白石关到禾洞实地了解连山方面的情况，听取了黄先洋在禾洞开展组织串连的情况汇报，对禾洞及禾洞的革命活动情况有了更多更深的了解。吴凡回到均洞向桂岭区工委反映情况后，桂岭区工委马上作出深入开展连山、江华方面的工作的决定，并准备成立连山大队，组织发动禾洞和江华黄石的群众参加，计划与粤北的革命武装连江支队连为一体，吴凡指定由单昌辉具体负责该大队的筹建事宜。为此，单昌辉在均洞、禾洞、黄石之间来回联络。

在禾洞，经请示吴凡同意，单昌辉指派黄先洋打入禾洞自卫队任副排（队）长，然后借自卫队扩充之机把黄仁池、黄志诗、覃建棠等一批游击队员吸收到自卫队中。黄先洋施用计策，使国民党连山县政府怀疑排（队）长李保生"通共"，弄得李终日心灰意冷，无心打理自卫队的事务。这样黄先洋实际起了队长的作用，基本上控制了自卫队，并通过对其他队员的思想教育，改造与改编自卫队，使自卫队成为党领导下的革命武装。在江华，他取得当地开明人士杨文选和老红军林树文等人的大力支持，收集枪支，筹备武装，很快组织起一支小武装。

1949年10月13日，中共桂岭区工委和贺连人民武装出兵占领了桂岭，并把工委机关从均洞搬到桂岭办公。16日，经吴凡、陈鸿介绍，单昌辉在毛泽东像前庄严宣誓，光荣加入中国共产党，他是第一个连山籍并在本土开展革命活动的中共党员。17日，队伍奉命到达桂岭集中整编，正式对外宣布中共桂岭区工委和贺连人民解放大队成立，粤桂湘边纵队桂东人民解放总队贺连人民解放大队大队长吴凡，政治指导员张志超，副大队长陈鸿，下辖四个中队，其中禾洞和湖南江华县黄石人员编为第四中队（连山中队），罗斌任中队长，陈怀群任指导员，覃建德为文书，陶启用、黄仁慰等任排长，共有武装人员45人，七九、漏底、单响等长枪41支。单昌辉由于主要精力放在组建大队上，黄先洋在自卫队任职还没有公开身份，因此他们都没有兼任连山中队的具体职务。18日，单昌辉返回禾洞，向谭宗信、黄先洋与部分队员通报了桂岭解放和连山中队在桂岭编队的情况，听完通报后队员们情绪十分激动。连山中队成立后，在桂岭区工委和贺连人民解放大队的领导下，活跃在禾洞和周边地区，发动群众开展抗争，禁止赌博，继续发展队伍，为建立连山大队创造条件。12月10日，解放军解放了连山，此时连山大队的组建工作还没完成，也没有必要再继续组建了，所以连山大队没有成立。1950年1月19日报存的"贺连人民解放军连山大队人员及武装人员名册"①，实际上是连山中队人员名册。

与此同时，黄先洋等人的活动被李保生和乡长周耀华觉察，并密报国民党连山县政府。随即县政府派营长彭兆祥率部到禾洞企图寻找机会收缴自卫队的武器。黄先洋及时获得这一情报后，以营地狭窄为借口，将自卫队撤出乡公所炮楼，转移到对面石坎庙驻扎，抢先占领了有利地形，并加强警戒，形成了与彭兆祥部隔河对峙的局面，自卫队的身份也由地下转为公开，于是国民党当局停止了对自卫队的供给。因解放战争的形势发展得十分快，贺县和江华先后解放，解放大军随时可能到来，深知形势对己不利的彭兆祥部不敢轻举妄动，毫无作为。周耀华见大势已去，也向谭宗信主动缴出手枪。黄先洋还派人暗中串连彭兆祥部的一些

---

① 中共连山壮族瑶族自治县党史研究室：《中共连山历史资料汇编》第一辑，内部出版，1995年7月，第50—71页。

士兵，计划里应外合，活捉彭兆祥，迫使其部下缴械投降，然后进攻县城永和。

附：连山（禾洞）中队名单

中队长：罗 斌（湖南江华）

指导员：陈怀群（寺地）　　　副指导员：黄先洋（满村）

事务长：胡世芳（直岭）　　　文　书：覃建德（寺地）

战　士：彭坚材（林屋）　　　彭维新（林屋）

　　　　林扬明（林屋）　　　胡大忠（铺庄）

　　　　陶启用（贺冲）　　　陶启文（贺冲）

　　　　陶天海（贺冲）　　　陶启章（贺冲）

　　　　陶启召（贺冲）　　　陶启喜（贺冲）

　　　　陶宇廷（贺冲）　　　张越彬（直岭）

　　　　胡大台（直岭）　　　胡世鸿（直岭）

　　　　李英初（李屋）　　　李保生（李屋）

　　　　李英武（李屋）　　　李立宽（李屋）

　　　　黄仁池（满村）　　　黄仁慰（满村）

　　　　黄仁治（满村）　　　覃松年（满村）

　　　　覃树赓（满村）　　　覃美轮（满村）

　　　　黄志诗（满村）　　　覃建波（寺地）

　　　　何泽安（东坑）　　　韦克荣（西水）

　　　　谭宗信（铺头街）　　谭思尧（铺头街）

　　　　谭德存（铺头街）　　谭　生（铺头街）

　　　　谭思照（铺头街）　　贾之泽（禾洞圩）

　　　　李英雄（禾洞圩）　　李英九（禾洞圩）

　　　　李英松（禾洞圩）　　贾德松（禾洞圩）

　　　　黎孟荣（上满村）　　黎建宁（上满村）

蒋有通（蒋屋）　　　　孙忠勤（孙屋）

地下情报员：胡月媚（直岭）　单昌辉（新阳）

三、成立上帅特编连

上帅陈屋村的陈贤才，青少年时代先后在怀集中学和平乐中学读初中、高中，见识较广，思想比较进步。回乡后，曾在连山中学任教，并与怀集、平乐的初中、高中同学保持联系。他在怀集的同学中，黄江、黄凡元、邓瑞琪是中国共产党员。在怀集从事地下工作的同学邓瑞琪被捕入狱，1947年底越狱出逃，经连麦、下帅到上帅陈贤才家，在他护送下，邓瑞琪安全离境前往贺县。

1949年11月，何畏向陈贤才传达的地工委文件（原件存县老促会）

1949年6月，根据桂东地工委书记黄传林的指示，成立贺（县）信（都）怀（集）边游击大队，大队长何日先，政委苏丹，副大队长莫细华，指导员何畏，主要活动于南乡、怀集一带，他们把上帅纳入游击大队的开展武装斗争的范围。

1949年9月，邓应飞（怀集中洲人）受桂北驻桂林联络员李青的指派，秘密回怀北，以连麦联络站为据点，组建武装队伍，还到上帅动员陈贤才、陆如驰等人在当地组织革命武装。他们接受任务后，发动陈先星、黄万珍、韦桃树、黄千洲等，开展革命武装的组建工作，并与下帅开展革命活动的韦永生经常联系。

11月15日，何畏（广西贺县人，1949年8月入党）、吴望鸿（贺信怀边游击大队南乡中队指导员）、潘庆林（南乡游击中队队员，陈贤才同学）为了发展壮大贺信怀边游击队，以聘请陈贤才到桂岭中学任教的名义，从南乡翻山越岭来到上帅，向陈贤才了解上帅和连山的情况，分析革命形势，商讨在上帅建立武装队伍的问题，并且共同学习党的文件，如"约法八章"、《目前的形势与任务》、《论人民民主专政》、《新民主主义论》、《农会组织章程》等，使陈贤才等进一步提高了认识，增强了信心。17日，何畏一行返回南乡途中，在大勃坳休息时，因警惕性不高，没有选择有利的地形，没有警戒，被虞泽彰带领的福善乡自卫队拘捕。因在他们身上搜出左轮手枪、手榴弹等武器，以及革命书籍（《联共（布）党史简明教程》、斯大林《论列宁主义的几个问题》等）和何日先的信，暴露了身份，敌人没收他们的全部东西后，便于当日将他们押送县城永和请功。负责护送的陈之桃跑回上帅向陈贤才报告情况后，陈贤才马上派陈承岐连夜赶往南乡找到潘庆林的妹妹潘庆花报告详情，请求南乡游击队组织营救，并到福堂找虞泽彰，准备用金钱营救出他们三人，但没有成功，反而受到国民党的怀疑和监视，于是陈贤才借口到南乡筹款逃离福堂前往南乡寻找游击队。陈贤才刚到南乡时，南乡游击队方面也对他有所怀疑，幸而他随身带了何畏、潘庆林在上帅时寄存的手电筒，游击队从夹在手电筒中的纸条了解到陈贤才的真实情况，消除了误会。

何畏、吴望鸿和潘庆林在11月18日晚被押解到永和后，敌人对他们严加囚禁，并加强警备。他们被绑在篮球架下，受到多次严刑审问，敌人企图让他们供出到连山活动的目的及党组织关系。审讯他们的主审官是一名法官和一名国民党团长，何畏化名黄力，吴望鸿化名覃锡坚，都说自己是路过连山的普通老百姓，声称："手枪是自卫用的，书籍是学习的！"当敌法官说"你们是奸匪"时，何畏知道敌人已认定他的中共身份，因此毫不犹豫地警告敌人说："不许你诬蔑光明正大的共产党！"并且视死如归："落在你们手上，要砍要杀随你们的便！"由于他们都守口如瓶，使国民党连山当局捞不到半点共产党的情况。狱中，他们用砖头当枕头，几块烂木板当床，几件破了的军服白天穿、晚上盖，条件十分恶劣，但他们积极开展狱中斗争，争取连山的和平解放。桂岭解放和解放大军进军粤北后，经他们做了工作的国民党人士改变了态度，表示愿意向解放军投降。何畏三人商量后，要求国民党连山当局把所属机关单位人员、钱粮、武器造册登记，做好投降的准备工作，同时何畏在一名国民党小军官的陪同下到桂岭联系。何畏回到桂岭将国民党连山当局的投降意愿向贺连人民大队的陈鸿和张志超汇报后，陈鸿马上用电话请示苏丹。苏丹在电话中同意国民党当局向贺连人民大队投降，并要求国民党当局马上派出正式代表团到桂岭会谈，办理投降事宜，然后贺连人民大队才派部队接收。何畏按指示写信交给陪同来的国民党军官带回连山，要国民党连山当局接信后派代表到桂岭。正好此时，负责解放粤北的大军进军连山，国民党连山党政军人员随即向解放军就地投降，也不用派代表到桂岭会谈了。连山解放后，彭厚望诚邀从狱中解救出来的吴望鸿、潘庆林留在连山工作，但因他们的组织关系在贺县，两人不能留在连山，于是返回桂岭。

在组织营救何畏三人的同时，陈贤才抓紧做好成立武装队伍的各项工作，以革命的武装对抗国民党的暴力。他从南乡回到上帅后，立即召集陆如驰、黄万珍、陈兴中、陈先星、杨东宜等骨干到陆屋后背山——陆荫冲开会，并且举行宣誓：自愿参加共产党领导下的武装组织，服从指挥，遵守纪律，保守秘密，如有违背，甘受严肃处理。会后，结合陈、杨、陆三姓依靠人数多、枪支多、亲戚多的优势，分头到各村收集民间的枪支弹药，发动可靠的人加入队伍。

11月22日，陈贤才奉命率部约10人前往怀集的下帅和中洲参加中国人民解放军贺信怀边区总队怀北营（营长邓介然，副营长韦永生，教导员邓应飞，副教导员陈桂文）成立大会，被编为第二连（即下帅连，连长韦永生兼）的一个排，陈贤才任排长，陆如驰、黄万珍任副排长。24日至26日，他们参加了怀北营组织的围歼广西省保安独立团七营残部的战斗，在怀集泰来、下帅、中洲交界处的高浪顶歼灭了该营的覃雄才、邓炎森连，俘敌50余人，缴获轻机枪7挺，步枪80多支。这一战斗使战士得到了锻炼，鼓舞了士气。

11月底，陈贤才率部返回上帅后，利用同宗关系，向国民党当局上帅乡乡长陈存衡指出：怀集已解放，连山也将很快解放，要他弃暗投明，加入上帅的革命阵营，成为革命的有功之人。经过权衡利弊，陈存衡带领自卫队归顺上帅革命队伍，使队伍壮大到60多人，基本上控制了上帅乡。

12月4日，经邓应飞和怀北营批准，上帅排从下帅连中分出，成立上帅特编连，陈贤才任政治指导员，黄亿兰为副政治指导员，陈存衡任连长，陆如驰任副连长，黄万珍为事务长，下辖三个排，排长分别是陈先星、韦桃树、黄千洲，副排长分别是陈兴中、黄亿训、韦汉基。

上帅特编连成立后，以排为单位，分驻于乡府所在地、河背、寺观三地布防执勤，维护地方治安和社会秩序，使群众正常的生产生活不受干扰。同时以"怀北营上帅特编连"的名义深入各村进行宣传，张贴标语，发动群众联合起来，打倒土豪劣绅、分田分地，参加革命，拥护中国共产党的领导。此外还开仓济民，储备军粮，做好迎接解放大军到来的一切准备。[①]

附：上帅特编连名单

指导员：陈贤才（陈屋）　　　副指导员：黄亿兰（乙鸣）

连　长：陈存衡（陈屋）　　　副 连 长：陆如驰（陆屋）

事务长：黄万珍（珤翁）

排　长：陈先星（陈屋）　　　韦桃树（东君）

　　　　黄千洲（白塝）

副排长：陈兴中（陈屋）　　　韦汉基（连塘）

　　　　黄亿洲（官旗）

战　士：陈承年（陈屋）　　　陈先中（陈屋）

　　　　陈先英（陈屋）　　　陈秉文（陈屋）

　　　　陈承浩（陈屋）　　　陈环甫（陈屋）

　　　　陈先棉（陈屋）　　　陈之课（陈屋）

　　　　陈承岐（陈屋）　　　陈承祥（陈屋）

　　　　陈先烈（陈屋）　　　陈之孳（陈屋）

　　　　陈承润（陈屋）　　　陈先桃（陈屋）

　　　　陈先致（陈屋）　　　陈之存（陈屋）

　　　　杨东宜（香寮）　　　杨东庆（香寮）

　　　　杨世昌（香寮）　　　杨东海（香寮）

　　　　杨东纯（香寮）　　　杨东云（香寮）

---

① 杨东宜：《回忆"上帅特编连"的情况》；钟伯扬：《论粤桂边革命小武装上帅特编连》；何畏：《在连山狱中》，中共连山壮族瑶族自治县党史研究室：《中共连山历史资料汇编》第一辑，内部出版，1995年7月，第75—89页。

杨东甫（香寮）　　　　　杨东枋（香寮）

杨东植（香寮）　　　　　杨国宝（香寮）

杨昌淄（岭坪）　　　　　黄兆堂（班翁）

黄万唐（官旗）　　　　　黄家隆（陂头）

黄家吉（陂头）　　　　　黄其大（岭坪）

黄传合（陂头）　　　　　黄亿夋（官旗）

黄千东（白塝）　　　　　黄国柱（香寮）

张当昌（陂头）　　　　　陆满平（陆屋）

陆如楚（陆屋）　　　　　陆如阜（陆屋）

陆如槐（陆屋）　　　　　陆沾平（陆屋）

陆如添（陆屋）　　　　　陆如雪（陆屋）

陆如桥（陆屋）　　　　　陆如庄（陆屋）

四、组织永丰农民协会

1949年秋，在贺信怀边游击队南乡中队指导员、中共党员吴望鸿的指导和影响下，永丰知识青年覃克平等人，酝酿成立永丰农民协会。10月，覃克平等人通过学习吴望鸿提供的农会组织章程、《论人民民主专政》、《论联合政府》、"约法八章"等革命文件，进一步提高了对农民协会的认识。唐德生、李武扬、覃文法、贤善全等13人表示愿意遵守农会章程，跟共产党走解放道路。于是，他们在永丰圩致生堂中药铺召开第一次会议，推选覃克平任农会主席，唐德生负责通讯，贤善全负责宣传，正式成立永丰农民协会。此后，他们就以农会的名义油印"拥护共产党""打倒国民党"，以及解放军"约法八章"等宣传单张贴到永丰各村和福堂圩，散发给会员的一些亲友和同学，取得了较好的效果。①

五、在加田、上草筹建革命武装

1949年10月，钟文靖、杨青山武工队时而在加田边境一带活动，对连山比较关注。有一天，钟文靖、文慎修等开会研究斗争形势和斗争谋略时，谈起李信之1944年领导农民武装暴动一事，并获悉李信之已由韶关秘密回到加田，正组织力量反对国民党。认为如果能联合这股力量，有利于与怀集、广宁的联系，扩大武工队的回旋范围，进而威胁连山县城。于是派罗昆烈、文慎修等人到连山加田与李信之联系，试探李信之是否有与武工队合作的意向。他们几经周转，到加田找到了李信之并说明来意，李信之十分热情地欢迎他们的到来，并表示愿与武工队合作。之后罗昆烈等人到附近各村活动，会见与李信之有关系的人，向他们宣传共产党和解放军的政策，说明当前的大好形势，动员他们重振旗鼓，在共产党的领导下开展革命斗争。经过一个星期的努力，李信之的部下大部分表示愿意重新组建队伍，在共产党的领导下开展反蒋斗争。然后，李信之派了2名亲信随罗昆烈一行到阳山，进一步商讨活动计划。但后来连山很快解放，因而不再需要组建武装了，李信之等人也就很快加入了新政权建设的行列。②

1949年秋，黄玉堂在桂岭加入游击队，每天以占卜算命之名，到各村秘密宣传共产党是最好的，解放军到来后不需惊、不

① 覃克平：《永丰农会始末》，中共连山壮族瑶族自治县党史研究室：《中共连山历史资料汇编》第一辑，1995年7月，内部出版，第74页。

② 罗昆烈：《回忆与连山李信之联系的经过》，中共连山壮族瑶族自治县党史研究室：《中共连山历史资料汇编》第一辑，1995年7月，内部出版，第90—92页。

需慌、不开枪、不外跑，不替国民党送信、送米、送饭等。贺连人民解放大队正式宣布成立后，黄玉堂受命秘密回到上草坪冲村开展组织发动工作，并秘密组织了10多名村民，准备组建武装队伍。但事情很快被敌人察觉，黄玉堂被国民党追捕，无处藏身，被迫潜回桂岭。不久，连山解放，他接受组织的安排，返回家乡工作。①

① 见黄玉堂1979年7月写的回忆材料（现存连山民政局）。

第四节 配合大军解放连山

一、部署解放连阳战役

1949年8月，中共中央决定成立以叶剑英为第一书记、张云逸为第二书记、方方为第三书记的华南分局。9月初，在叶剑英的主持下，华南分局在江西赣州召开一系列会议，为解放华南进行全面的部署和准备。

9月28日，按照中共中央关于解放华南和广东的命令，中国人民解放军二野第四兵团、四野第十五兵团和两广纵队在叶剑英、陈赓等人的统率下，以排山倒海之势、雷霆万钧之力，兵分三路迅速向广东进军。

10月7日凌晨解放北江重镇韶关（曲江），14日进入广州。10月15日，北江军分区在韶关成立。经过约一个月的准备，11月下旬，成立由王中军（解放军四野十五兵团四十八军一四三师参谋长）、吕琳（一四三师政治部主任）和周明（北江军分区副司令员，原连江支队司令员兼政委）三人组成的解放连阳前线指挥小组，指挥各部兵分三路，展开解放连阳战役。具体部署是：北路从湖南宜章、黄沙堡转天光山，直插连县东陂、西岸，迂回到三江（现连南），堵截敌人往连山的退路，然后进军连山，兵力主要是第十五兵团四十八军一四三师四二八团和连江支队七团，由四二八团团长李洪元指挥；中路从乐昌坪石出发，经连县大路边直插星子、连州城，兵力有四二九团的一个营和北江军分区十二团，由十二团团长吕广先指挥；南路从英德洸洸出发，经大湾先歼九龙、黄花之敌与梁猛雄部后，分两路进军阳山，兵力有一四三师机炮营、军分区第十团和警卫排，由军分区参谋长黄云波指挥。①

二、解放连山

根据解放连阳战役的部署，四二八团团长李洪元②指挥的北路部队迅速在乐昌集中，因其负责解放连山，但对连山的情况不熟悉，因此组织上抽调中共党员、连山人、原北江第一支队司令部军需处代理主任彭厚望随军行动，协助解放军进军连山。12月3日，李洪元率四二八团从乐昌出发，次日在周家岱与连江支队七团会合，6日四二八团二营于连州洛阳梁家水遇敌激战，7日李洪元率四二八团三营（营长安鸿飞）经东陂、西岸抵达三江圩（现连南三江镇）。8日凌晨占领三江圩后，马上和连江支队七团的一个连，在彭厚望的配合下，经鹿鸣关进军连山，并于当晚约10时解放太保圩和旧县城。当占领太保电话所时，驻永和的国民党连山当局正在电话中向当班的彭官询问：连县、三江及旧城附近，是否有解放军？彭厚望马上指示他回答说"这里平静如常"，使其不能获悉实情。同时，在通往永和的道路布防，切断与永和的一切联系，防止走漏消息。9日，由于大雨，不能马上

---

① 黄云波：《忆解放连阳战役》，中共连山壮族瑶族自治县党史研究室：《中共连山历史资料汇编》第一辑，1995年7月，内部出版，第93—98页。

② 解放连山的主将李洪元，1917年出生，四川通江人，1932年参加革命工作。参加二万五千里长征后，1937年12月加入党组织，历任班长、排长、连长、指导员、团长。中华人民共和国成立后，李洪元先后担任师参谋长、军副参谋长和装甲兵处主任、守备区司令员、要塞区副司令员等职务，1979年于济南军区内长山要塞区离休。

向县城永和进军，解放军在太保圩、旧城驻防休整。鉴于无法做到完全封锁解放军已占领太保圩和旧县城的消息，为防止在永和的国民党官兵逃跑或组织抵抗，争取和平解放，经与李洪元等人商量决定后，彭厚望在太保电话所用电话向永和的国民党连山当局说明解放大军已进军连山的事实，指出无条件投降是唯一的出路，如果妄图抵抗，只有死路一条。已是四面楚歌的国民党连山当局表示愿意接受无条件投降。当日，解放军还接受了从禾洞逃离到太保的彭兆祥部50多人的投降。10日，解放军兵分两路——一路沿连贺公路（现国道323线），一路走小路经天堂岭过大富向县城永和开进，当日下午约4时顺利抵达永和。除国民党连山县县长虞泽广逃跑和部分官员疏散了外，其他官兵200多人当日向解放军无条件投降。这样，解放军不费一枪一弹占领县城永和，宣告连山解放。[①]

1949年，在解放军进军连山中，连山各地纷纷行动起来，支持配合迎接解放军。

解放军四二八团临时营地旧址（李凯2009年摄）

[①] 钟伯扬、李福麟：《彭厚望协同大军解放连山》，中共连山壮族瑶族自治县党史研究室：《中共连山历史资料汇编》第一辑，内部出版，1995年7月，第110—113页。

在太保，群众自发帮助解放军解决吃住问题。为了庆祝翻身解放，每年的农历十月十九日已成为太保人的重要节日——解放节。

在永和，解放军到达时，正逢圩日，人们夹道欢迎，鞭炮声不断。

在禾洞，悉知解放军进军连山后，彭兆祥部见大势已去，仓皇从长岗界逃离禾洞。连山中队占领了禾洞乡公所，完全控制了禾洞的局势，并在禾洞旧乡府大门写上"处处为人民着想，事事与群众商量"的对联，横额"一切为了革命"，宣布禾洞解放。同时，成立了支前工作队，积极筹备支前物资，随时迎接解放大军的到来。此外，做好各种准备，防止李楚瀛残部逃窜到大龙山。接着，单昌辉赶到永和，找到彭厚望和解放军，作了自我介绍后，简要汇报了连山中队的活动和开展支前工作、维护秩序等情况。彭厚望听后说："你们做得好，为家乡解放作出了贡献！""禾洞乡就由你们管起来，要维持好地方治安，管好乡公所的档案及公共财物。"

在上帅，特编连的战士和下帅连、水下连相互配合，经小三江鹿鸣出兵省嘉乡，袭击"反共救国军"韦勤之部，占领省嘉乡政府，围攻大获村，迫使韦勤之退缩到马头山。

在永丰，永丰农民协会召开第二次会议，研究如何迎接解放军的到来问题。12月11日，李洪元率三营主力离开永和前往白芒追击李楚瀛残部，途经永丰，永丰农会写标语欢迎解放军，烧茶水慰劳解放军，做好解放军的食宿安排，并于次日派会说普通话的覃怀德作向导，带解放军走山路以最快速度赶到瑶山，从而及时全歼李楚瀛余部，根除后患。

由于连山人民的大力支持和密切配合，使国民党连山当局成为处于孤立无援之中的惊弓之鸟，只能向人民解放军无条件投降。

5

第五章

建设发展时期

建立地方政权

一、开展基本县情的调查

连山解放后，新成立的县工委、县政府为更好地开展工作，对全县的基本情况进行了一次调查，目的是为了进一步核实了解全县的面积、人口、经济状况、阶级阶层、群众的生活水平和思想等。根据调查结果，连山全县总面积1686平方千米，耕地面积148044亩，其中稻田面积140818亩，旱地面积7226亩，池塘面积988亩，杂荒地面积21971亩；总人口10021户42670人，其中男23913人，女18757人，分别占总人口的56.04%、43.96%。

全县以农民为主，绝大部分居住于农村。在10021户中，农民9369户占93.5%，工人50户占0.5%，其他602户占6%。按农村阶级成分：地主150户占1.5%，富农301户占3%，中农2004户占20%，贫农6112户占61%，雇农1002户占10%，其他452户占4.5%。

经济也以农业生产为主。人均占有稻田面积3.47亩，年粮食总产量304238担，平均亩产208斤；桐油、茶油、烟叶、杉木、杂粮等占的比重比较大，折谷约为125000担；禽畜主要是猪、鸡、鸭、鹅、羊等，折谷约值50105担；在3月至10月，永和、吉田的农民有1000到2000人从事人工淘金，每月可产金40两，年产约320两，值谷1600担。

农民生活水平低下，观念落后。大部分农民生活节俭，终年勤劳，仅免饥饿；少数贫困农民生活无法解决，一年四季时常缺粮断米。长期在封建统治下的农民，有相当部分思想陈旧，墨守成规，受旧道德、旧礼教影响较深；部分农民由于对共产党和人民政府还不了解，持有怀疑、观望和消极的态度。

通过调查，比较准确和全面地摸清了全县的基本情况，为新生的人民政权开展各项工作提供了科学依据。

二、建立人民当家做主的地方政权

解放大军进军连山前夕，中共北江地委组织部部长兼北江军分区副司令员周明向黄漫江传达北江地委的决定：连山的党政工作由黄漫江负责，根据连山的实际情况，先成立县工委，待干部配齐后再成立县委；彭厚望是连山人，要他发挥熟悉情况的优势，号召地方知识分子和青年参加工作，对接收后的留用人员，要深入考察，大胆使用。要求黄漫江到连山后，同时展开三方面的工作：第一，要抓好接管工作，迅速成立县人民政府。对一时尚无干部接管的单位，要对留下来的人员说明情况，应安心继续工作，不能乱说乱动，更不得进行破坏，等候接管。第二，要抓紧肃清残匪，稳定社会秩序。第三，立即成立支前司令部，组织支前工作队，深入农村，宣传"约法八章"，安定人心，开展秋征支前工作。

12月13日早上，即连山解放后的第三天，黄漫江带领一批青年和数十名原连江支队七团的指战员从连县起程到连山赴任，当天晚上在太保住了一夜，于次日下午到达县城永和。

黄漫江抵达永和后，与彭厚望交换了意见，决定当晚召开县工委扩大会议。会议作出五项决定：一是次日（即15日）张贴布告，成立县支前司令部，黄漫江、彭厚望为正、副司令员，将在连山尚未具体安排工作的干部和青年编为支前工作队，进行短时间学习后，立即分组深入农村，宣传"约法八章"，开展秋征支前工作。这项工作具体由彭厚望负责。二是对已接收过来的留用人员，要造名册，集中学习"约法八章"，安心回原单位认真做好本职工作。一些已回家或到附近地区持观望态度的旧职人员，要号召他们相信共产党，相信"约法八章"，赶快回本单位报到，继续工作。具体由潘贤修负责。三是对国民党县府各科室、各单位的公文档案，要立即清理好、保存好。具体由李绍圣负责。四是了解掌握好各项财政税收情况，认真抓好财税工作。具体由黄志民负责。五是全县的粮仓，由黄怀霜负责接管解决好。①

县工委召开扩大会议布置各项工作后，全面接管国民党旧政权，清查财物、收缴枪弹等各项工作迅速在全县展开。一是接收国民党连山县政府、县党部（国民通讯社）、参议会、田赋征收实物监察委员会、自卫经费监核委员会、兵役协会、妇女会、地方法院及地方法院看守所、警察局、县府无线电台和各乡公所、县区粮仓等机构和组织。二是接管县立中学及各乡保中心国民学校、邮电局、电话所、卫生院、连县电报局巡房和广东省银行中山林场等机构和组织，卫生院改为县人民医院，永和中心国民学校改为县第一小学，太保、福堂、小三江的国民学校分别改为县第二、第三、第四小学，其他乡、保的国民学校改为乡小学，这些部门的任职人员造册登记后基本上一概暂时留用，维持正常运转。三是接收俘虏官兵和武器。截至1950年1月，在连山共计俘虏国民党官兵256名，仁们被收入解放营集中训练，经教育后给

---

① 黄漫江：《回忆解放连山经过和县委首次会议决定》，中共连山壮族瑶族自治县党史研究室：《中共连山历史资料汇编》第一辑，内部出版，1995年7月，第117—121页。

资遣散返乡，参加生产；收缴轻机枪2挺、汤姆生1支、卡宾枪1支、长短枪219支、各种子弹6300多发、无线电台1部。经过约一个月，接管工作基本完成。

在接管国民党旧政权的同时，也迅速建立各级人民政权。经过短时间的筹备，1949年12月20日，正式宣布成立中共连山县工作委员会和连山县人民政府，组建连山县大队。

县工委由黄漫江、彭厚望、黄振、潘贤修四人组成，黄漫江任书记，下设组织部、宣传部和秘书（科）三个工作部门，彭厚望兼任组织部部长，潘贤修任工委秘书兼宣传部副部长。

县人民政府县长黄漫江，副县长彭厚望，下设秘书（科）、财粮科、民政科、农村建设科、公安股、邮政局六个工作部门，除民政科长由彭厚望兼任外，其他部门分别由李绍圣、黄志民、彭厚坚、吴年、王名堂负责。

县大队在中国人民解放军连江支队七团一营的基础上建立，由黄漫江兼任政委和大队长，副大队长黄振，下辖三个连，主要分布在永和、太保和小三江等地；区、乡则相应成立武装中队和分队，一般区中队有三四十人，乡分队有十多人，队员有的是从原连山中队、上帅特编连中转来，大部分通过招收当地青年解决。各级武装组织肩负着追捕国民党残匪、稳定社会秩序和保卫新生人民政权的任务。

县工委和县人民政府成立后，把全县分为三个区八个乡，迅速任命各区乡的区长、乡长和调配干部，开展接管和支前、秋征工作：第一区（永和）区长彭徽煌、副区长虞泽治，辖永和乡、吉田乡，永和乡乡长唐先启、副乡长何立明，吉田乡乡长邓冠原、副乡长唐泽瑶；第二区（太保）区长谢平、副区长单昌辉，辖茅铺乡、禾洞乡、共和乡，茅铺乡乡长彭厚伟、副乡长雷丰城，禾洞乡乡长谭宗信、副乡长罗斌，共和乡乡长石世纪、副乡长雷石福；第三区（福堂）区长陈雪痕，副区长陈贤才、李信之，辖福善乡、省嘉乡、上帅乡，福善乡乡长莫鼎艺、副乡长韦泽田，省嘉乡乡长李煌甫、副乡长梁士英，上帅乡乡长陈兴洲、副乡长陆如驰。1950年4月，第三区分为第三、第四区（小三江），第三区辖福善乡，第四区辖省嘉乡、上帅乡，陈贤才、李信之任第四区正、副区长。

1950年初，在各级人民政权的建立过程中，县工委和县政府完成了对上帅特编连和连山中队的整编，枪支弹药全部上交，人员造册上报，并报销了这两支武装活动期间借用的粮食，有关人员根据各人的特长和组织的需要安排到各行各业参加新政权建设：有20名人员被安排到县部门和区、乡工作，其中单昌辉、陈贤才分别任二、三区副区长，谭宗信、罗斌分别任禾洞乡乡长、副乡长，陈兴洲、陆如驰分别任上帅乡乡长、副乡长；有21名人员被安排到县大队、区中队和乡武装队，其中陈怀群任二区中队长，韦桃树、陈先星分别任上帅武装队正、副队长，其余的回家从事农业生产。至此，这两支革命小武装完成了其使命。

此外，县级妇女、农民和共青团组织也先后建立了起来。这些人民团体围绕县的各项任务，深入开展宣传教育和组织发动工作，把广大农民、青年、民兵和妇女团结在县工委的周围，对建立和巩固新政权起到了重要的作用。

在接管旧政权建立新政权的同时，为使人民群众对共产党和人民政府有比较全面的了解和认识，1949年12月底到1950年1月，抽调解放军和文职人员组成约70人的宣传队，由副县长彭厚望兼队长，到永丰、福堂、小三江、加田、上帅等地进行为期一个月的巡回宣传。通过宣传，群众知道共产党和人民政府是为人民服务的，从而自觉地参加新政权的建设，支持新政权的建设。

1950年6月至1951年10月，在县工委、县政府的具体组织下，于永和先后召开了三届各界人民代表会议，广泛听取社会各界的意见，讨论和决定全县的重大事项。1950年6月20—22日，召开首届各界代表会议，重点讨论了发展生产、夏粮征收、剿匪等问题。同年11月19—21日，召开第二届各界人民代表会议暨农民代表会，听取和讨论了《连山县人民政府半年来施政工作报告》，然后作出完成秋征与减租、健全农会、组织民兵与巩固基层组织、肃匪反霸与防袭防特、推动冬耕与兴修水利、修复连贺公路等6项决议，会议还选举黄漫江、彭厚望①为县政府正、副县长。1951年10月28—31日，召开第三届各界人民代表会议，总结了开展"清匪反霸、减租退押、土地改革"三大运动，以及政法公安、财政经建、农林水利、文教卫生等方面工作的成果，并提出了今后的主要任务。通过召开各界人民代表会议，不但讨论和决定了全县的重大事项，也逐步确立了人民当家做主人的地位。

三、开展"三大运动"

连山解放时，在境内的国民党主力虽然已向人民解放军缴械投降，但被推翻的反动势力并不甘心其失败。一些顽固不化分子隐藏起来，内外勾结，闻风而动。在太保，罗达天（原国民党连山参议会参议长）等人收藏大批枪支，勾结连县匪首廖耀庭，准备组建"粤桂边民众反共救国军二十一支队"；在永和，何国英（原副参议长）与广西何尊南一起进行通匪、济匪活动；在福堂和小三江，韦赞元、黄北山等人指挥土匪虚张声势，企图袭击

---

①　彭厚望1952年调到始兴县参加土地改革运动，曾任始兴县副县长。1959年，调韶关，曾先后在韶关地区机电局、工业部、手工业局、农科所、农业局、教育局工作，任劳任怨。1978年9月，调任韶关地区教育学院副院长。1983年离职休养，1984年8月病逝于广州。彭厚望逝世后，其子彭源光遵嘱将其留下存款捐给教育学院，学院将此款在校园中建了一座"厚望亭"以示纪念。

三、四区人民政府；在吉田，混入革命队伍的虞泽治指挥石鼓村的匪徒，剪断连县和广西贺县联络的电话线，烧毁山口、沙田的公路桥梁，妄图隔断连山与外界的联系，为其进行反革命暴动做准备。特别是1950年6月，美国入侵朝鲜，同时又出兵台湾扶持蒋介石"反攻大陆"后，境内的匪徒认为时机已到，活动更加频繁，气焰也极为嚣张。面对如此严重的匪情，北江军分区于1950年11月派十二团（后改为九团）三营进驻连山，并由该团政委牟政节兼任中共连山县工委第一书记，指挥部署剿匪。按照"首恶必办，胁从不问，立功受奖"的政策，针对"无霸不通匪，不为匪亦济匪"的实际情况，在剿匪过程中，县工委和剿匪部队四管齐下：一是根据匪类的不同性质，区别对待。二是以福堂、小三江、共和乡、石鼓村为重点，实行联防包围。三是依靠群众，开展强大的政治宣传攻势。四是收缴黑枪，断绝土匪的武器来源。1950年底，县内的400多名武装土匪基本上被肃清，进一步巩固了人民政权，保障了人民生命财产的安全。在1951年1月至5月间，为巩固清匪反霸的战果，分四批公开审判、枪决了65名罪大恶极、人人痛恨的匪首、恶霸和反革命分子，有力地打击了反动势力的嚣张气焰，提高了人民政府的威信，增强了人民群众反霸斗争的信心。另一方面，促使104名反动党团员与匪特分子坦白自新，供出匪特活动的许多重要情况，从根本上扭转了全县的治安局面。

连山解放之初，广大农民在封建地主阶级的压迫剥削下，生活困苦，不少农民还缺粮缺种子。如何帮助农民渡过难关，成为新成立的县工委和县人民政府急需解决的问题。为了帮助农民渡过春荒，解决发展农业生产所需的种子，县工委和县人民政府领导农民从1950年春开始，结合政府征粮，向地富进行退租。工作队先在永和搞试点，然后向全县推开。退租顺序是，先退贫农和缺粮中农的租，待公粮入仓后才普遍退中农的租。退租运动开展了两年，1950年退1949年的租，1951年则退1950年的租。到1951年底，两年来全县共向地主催退稻谷482075公斤，黄金78.92两，白银67639元。经过清匪反霸和退租，全县农民的阶级觉悟和思想觉悟有了很大的提高，并且在政治上严重打击了敌人，在经济上削弱了封建势力，为土改运动的开展创造了条件。

连山的封建土地制度极不合理：连山解放之初，全县的14.8万多亩耕地中，公偿田占45.1%，只占总人口8.7%的地主、富农占有27.25%，而占农村总人口91.3%的贫雇农、中农等只占有27.65%的耕地。为了生活，无田地或少田地的贫苦农民不得不向地主、富农租田地耕种度日，忍受着地主的地租、高利贷或劳役的残酷剥削，终年劳动，却解决不了温饱，"七月无米过十四，十月无米过冬至"。因此，连山刚解放，广大贫苦农民就迫切盼望分田分地，从根本上改变这种不合理的土地制度，实现耕者有其田。土地改革是新民主主义革命的主要任务，其内容是"废除地主阶级封建剥削的土地所有制，实行农民的土地所有制"。连山的土地改革从1952年3月开始，到1953年6月结束，分两批进行，是广东开展土改较迟的县份之一。全县除三水瑶区联合乡外的所有村寨均进行了土改。先是广泛宣传中央人民政府1950年6月30日颁发的《中华人民共和国土地改革法》和刘少奇《关于土地改革问题的报告》、政务院《关于划分农村阶级成分的决定》、中南军政委员会关于土地改革实施办法的若干规定、广东省人民政府公布的广东省土地改革实施办法，使广大农民对中华人民共和国的土地法规和土地政策有一个大体上的了解，然后开展土改试点。此外，还派干部到连县参加土改，积累经验。

在土改过程中，具体做法是分四步进行：第一步是宣传发动，组织阶级队伍，开展对敌斗争。第二步是对照土改法规和政策，划分阶级成分。第三步是执行土改法令，没收征收封建财产分配给无地或少地的贫雇农。全县土改期间没收征收了封建土地面积21747.89公顷（其中：耕地面积4853.26公顷、山林面积16886.7公顷、鱼塘面积7.93公顷），耕牛1565头，农具45946件，粮食740吨，房屋4564间，家具30650件，黄金140.1两，白银230810元，货币5021.88元。没收征收封建财产后，以乡为单位分配给农民。土地分配是在原有耕地的基础上，按土地的数量、质量及位置远近进行抽补调整，定出产量，然后按全乡农村人口统一分配，对无地的农户多分，对有地的农户少分或不分，使分配后的人均土地基本上相等，被没收了土地的地主也人均分给一份。生产农具和其他财产的分配也是按各农户的贫穷程度来确定，无生产农具生活用具的多分，有生产农具生活用具的少分或不分。分配后，全县人均土地约3.82亩，人均粮食产量367.95公斤。第四步是开展土改复查，毁销旧契约，确立新地权，发土地证。土地改革运动的开展，废除了地主阶级封建剥削的土地所有制，在全县确立了农民的土地所有制，实现了耕者有其田，使数千年来广大农民不断为之而斗争、一贯追求的目标终于成为现实，农民也真正成为土地的主人与农村的主导力量。土改大大地解放了农村的生产力，大大地提高了党和政府的威信与号召力，密切了党群、干群关系，为农村经济和全县各项事业的发展奠定了基础。此外，在土改的推动下，其他方面的民主改革也得到深入开展，如婚姻制度改革，结合宣传婚姻法，反对封建买卖婚姻，提倡婚姻自由，喜事新办，深受青年男女的欢迎和家长的支持。

四、民主选举产生乡政权

连山解放初期，乡级机关的干部大多数由出身地主或原国民党旧职人员担任，因此存在不少的问题。在开展清匪反霸、退租和镇反运动中，县工委、县政府多次对基层干部进行整顿：一是镇压了6名混进区乡政权进行破坏的敌特分子；二是调整了一批在思想上、立场上、作风上犯有严重错误和不称职的基层干部，清洗了不纯民兵48人，改造了33个农会，建立了47个贫雇农小组；三是开始培养农民干部。这些举动为全县开展基层民主建政工作打好了基础。

1952年1月，全县分为40个小乡，其中一区14个（永西、桂花、白羊、太阳、大富、高梅、上草、湘岛、三水、高莲、石溪、沙田、上沙、联合），二区8个（太保、旧城、上坪、山口、旺洞、莲塘、禾洞、满庄），三区7个（福堂、太平、良善、新溪、梅洞、永丰、元西），四区11个（三江、田心、三才、省洞、鹿鸣、高扬、高明、中和、加平、上帅、中帅）。县委、县政府决定：结合土改，以乡为单位，对乡级政权机关的领导成员，在土改工作队的指导下，由农民直接民主选举产生各乡的农会主席、正副乡长、乡文书、民兵队长、妇女主任、治保主任，实行民主建政。因为土改分两批开展，所以全县的民主建政也是分两批展开，第一批是一、二区，于1952年秋进行；第二批是三、四区，于1952年冬完成。农会主席、乡长、文书属于脱产干部，其他的为半脱产干部。新选举产生的农会主席、乡长、文书分别是：禾洞乡胡大钊、林仁颖、胡家秀；满庄乡陶天元、黄志怡、张善普；上帅乡陈先发、黄亿凭、杨昌平；中帅乡陆如楚、何桂兴、黄万奎。这些新当选的人员中，相当一部分积极分子和先进人物因在群众中有较高的威信，社会主义觉悟较高，深得农民的信赖，工作能力强，能完成各项任务，被选进新班子，大大地改善了基层干部的结构，建立起崭新的农村基层政权组织，有力地推动了农村工作的全面开展，真是"千年铁树开了花，贫苦农民当了家"。

第二节

支持抗美援朝

　　1950年6月25日，朝鲜半岛爆发大规模战争。27日，美国总统杜鲁门命令美国海陆空三军侵略朝鲜，并派海军第七舰队开进台湾海峡。7月7日，联合国在美国的操纵下通过侵略朝鲜的决议。9月15日，以美国为主的所谓"联合国军"在朝鲜中部西海岸的仁川登陆后，把战火烧到鸭绿江边。对美国的侵略行径，中央人民政府向其发出强烈抗议和警告，但美国毫不理睬，中国国家安全受到严重的威胁。出于保家卫国和支援朝鲜的需要，毛泽东和中共中央、中央人民政府应朝鲜民主政府的请求，作出组建中国人民志愿军赴朝协同朝鲜人民与侵略者作战的决定。10月19日开始，中国人民志愿军从安东、长甸河口和集安等地先后跨过鸭绿江，开赴朝鲜前线，开始了近三年的抗美援朝战争。

　　连山全县青年踊跃参军，赴朝参战，出现许多父送子、妻送夫应征的动人事迹。1950年冬，上帅班加村就有4名妇女送郎参军，1位母亲送子当兵。1951年，上帅开展的拥军优属活动中，以妇女为主体的秧歌队、腰鼓队浩浩荡荡，声势之大前所未有。1951年，部队为补充兵员，要在连山招收80名志愿兵，结果共有120名青年光荣入伍，超额完成招兵任务。抗美援朝战争期间，先后有60多名连山籍战士奔赴朝鲜战场。志愿军开赴朝鲜时，中华人民共和国刚成立一年，刚实现了除西藏、台湾和少数岛屿以外的全部中国领土的解放，百业待兴，经济困难，在这种情况下，要做好对志愿军的后勤保障工作，难度是可想而知的。连山与全国各地一样，对支持抗美援朝进行了广泛宣传与全民动员，"雄赳赳，气昂昂，跨过鸭绿江……"的歌声响遍全县，各族人民认识到抗美援朝就是保家卫国。从1951年初开始，在县工委和人民政府的领导下，出现全力搞好农业生产战胜困难和有钱出钱、有力出力，用实际行动支援志愿军、支持抗美援朝的爱国热潮，为抗美援朝战争的最后胜利作出了应有的努力。1951年5月1日，永和县城各界举行庆祝五一暨抗美援朝示威游行。10月，第三届各界人民代表会议召开，专题讨论了"中国人民为什么要抗美援朝？抗美援朝为的是谁？不抗美援朝行不行？怎样去抗美援朝？"等问题，进一步增强了认识，也使抗美援朝运动和志愿军在朝鲜战场的英雄事迹家喻户晓，深入人心。一区大富乡青年蒋学棣，听了魏巍在朝鲜战场上写的通讯报道《谁是最可爱的人》后，深深被志愿军的英勇事迹所感动，彻夜难眠，决心以最大的努力支持志愿军，但又苦于家贫不能捐出多少现金，思来想去，最后决定购买一头小猪巨家，精心饲养，等它长大后把所卖的猪款全部捐献。他的事迹报道宣传后轰动全县，影响很大，许多人向他看齐，争当支持抗美援朝的模范，在全县出现了许许多多可歌可泣的动人场面：青年、妇女集体开荒种作物捐献，做军鞋捐献，各家各户饲养鸡、鸭、鹅捐献，很多妇女还拿出金银首饰等嫁妆捐献，中小学生种菜或将自己伙食费捐献，真心实意地用实际行动大力支持抗美援朝。

上帅许多妇女把随嫁的新衣裳、金银耳环、玉石、手镯等值钱东西和日夜加工的千层衣、布鞋，一件件一双双地捐献出来。其后的生产恢复和互助合作运动中，妇女发挥了"半边天"作用。据1951年底的不完全统计，全县4万多人捐献的飞机大炮款项就达3.8亿元（第一版人民币）。

第三节

完成社会主义"三大改造"

土改后，引导农民走什么道路、如何防止两极分化、如何组织引导农民向社会主义过渡等，是全党面临的重大问题。为了解决这些问题，中共中央发展农业互助合作，于1951年12月15日印发实施《中共中央关于发展农业生产互助合作社的决议（草案）》。1953年12月，中共中央正式提出了党在过渡时期总路线："党在这个过渡时期的总路线和总任务，是要在一个相当长的时期内，逐步实现国家的社会主义工业化，并逐步实现国家对农业、对手工业和对资本主义工商业的社会主义改造。"这样，在这一总路线的指导下，三大改造在全国轰轰烈烈地开展起来。连山县委、县政府认真学习宣传贯彻总路线，领导全县人民逐步向社会主义过渡。1954年6月，在县第一届人民代表大会第一次会议上，认真讨论了具体贯彻执行党在过渡时期的总路线，实现全县的农业、手工业和资本主义工商业的社会主义改造事项，确定了以互助合作为中心、争取全年大丰收的农业生产方针。

全县的农业社会主义改造，大体分三个阶段：第一阶段是1953年4月至1954年9月，成立互助组和开展初级农业生产合作社试点；第二阶段是1954年10月至1955年12月，大力发展初级农业社；第三阶段是1956年1月至12月，将初级农业社转为高级农业社，基本上完成了农业的社会主义改造。这一年，全县农业取得好收成，粮食总产和单产都创历史最高水平，受到省的表彰和奖励。时任中共广东省委第一书记、广东省省长陶铸赠亲笔题书的中堂一幅："全县各社增产，百分之九十五农户增收，这是你县农业战线上的巨大胜利。"

在对农业进行社会主义改造的同时，对手工业和私营工商业的改造，在中共中央"积极领导，稳步发展"和"利用、限制、改造"方针的指导下，也在紧锣密鼓地开展。1955年3月16日至18日，召开县第一次手工业代表会议，着重宣传了党对手工业社会主义改造的方针政策，并对连山县开展手工业合作化、进行社会主义改造问题作了进一步的讨论、研究。1955年12月，县委工业部制订《关于手工业社会主义改造规划（草案）》，并召开全县第二次手工业代表会议，全面布置手工业合作化具体事项。次年2月，全县组建了光玥农具社、永光机缝社、红星铁木社、永丰机缝社、福堂机缝社、小三江机缝社、小三江铁木社、太保机缝社、太保铁木社等9个手工业合作社。据1956年底统计，全县手工业者223户268人纳入高级形式合作社，占98%，基本完成了手工业的社会主义改造。从1954年起，一方面进行国营商业和合作社的合并，逐步在全县各区建立合作社和分销站，扩大国营商业网，采取预购、定购、派购、随征带购的办法，进行农副产品的购销，确保粮食的计划收购和粮食、棉布、食用油的计划供应。另一方面，通过对私商开展批销工作和棉布行业的改造，妥善安排从业人员，扩大商业中的社会主义阵地。1955年12月30日，县财委制订《连山县1956年至1957年关于农村私商、手工业改造规划（草案）》。1956年1月14日，召开全县第一次小商小贩代表会议，布置私营商业的社会主义改造。至年底，纳入改造的总户数、资金总额所占的比例均达到99.9%，全面完成改造任务。

"三大改造"是一项非常深刻的重大的历史变革，它的胜利完成，标志着连山全面完成了新民主主义的革命任务和社会主义制度基本确立，为连山进一步提高生产力水平、促进经济发展和社会进步创造了条件。但在改造过程中，由于时间短，搞"一刀切"，在某些方面既不切合实际，也违背了被改造者的意愿，从而产生一些消极的影响。

第四节 召开县第一次党代会

中华人民共和国成立初期，连山的党建工作发展缓慢。1949年底，连山只有13个党员，1个党支部，因此只设立县工委。这些党员都是在外地入党、奉命解放和接管连山的干部，并且绝大多数是非连山籍党员，只有彭厚望和单昌辉是本地人。1950年，中共中央指示：在新区暂不发展党的组织，待土改完成后再进行发展党员的工作。

土改后，全县的党组织和党员队伍进入发展的黄金时期。1954年起，县委为推进"三大改造"，加强对农村工作的领导，进一步加大发展农村党员的力度，使全县的党员队伍迅速壮大，党的农村基层组织也逐步建立起来。当年发展了168名农村党员，并且建立起25个农村党支部，其中一区有满庄乡、禾洞乡党支部，四区有上帅乡、中帅乡党支部。1956年底，全县共有65个党支部，党员上升到816人。

为了保证贯彻党在过渡时期总路线，全面完成国家第一个五年经济建设计划，进一步发扬党内民主，发挥全体党员的积极性和创造性，在"三大改造"基本完成的形势下，1956年6月5—10日，中共连山县第一次代表大会在县城永和镇召开。本次会议选出代表93人，出席会议的代表89名，列席代表29人。在大会上，樊杰臣书记作了《一年来的工作总结及今后工作任务》报告，何平作了《连山县七年农业建设规划（草案）》报告，白殿福作了

《中共连山县监察委员会工作报告》，这些报告经代表审议后通过；会议选举产生新一届县委会（委员15名，候补委员3名），樊杰臣为书记，姚振才、何平为副书记，白殿福、黄开昺、李金昌、才凤山、刘胜华为常委；选举出县监委会委员7名，樊杰臣兼监委会书记；选举樊杰臣、黄开昺、陈能兴为出席省第一次党代会代表。县首次党代会的召开，不但明确了全县的工作目标，总结了经验教训，也使党代会制度逐步建立健全起来，有力地促进了地方党组织建设。

第五节 开展社会主义经济建设

一、农业经济建设

在1957年12月召开的县一届二次党代会上，对《连山县七年农业建设规划（草案）》作了修改和补充，正式颁布《连山县1958—1967年农业建设规划（修正草案）》，明确巩固农业生产合作社，大力发展农业生产，提高粮食产量，是连山经济建设的首要任务。围绕这一任务具体采取了如下措施：一是单造改双造，增加复种面积。1949年以前，连山的耕地大部分每年只种一造水稻，1957年的双造种植面积仅为1000亩左右。1958年增加到172900亩，占当年水稻种植面积的94.3%，稻谷总量达21985吨。二是推广先进农业技术和良种。从1958年起，改传统排灌为科学排灌；对水稻生产，普遍推广前期浅水回青分蘖，中期适当露田晒田，后期干湿交替，收获前再灌一次壮尾水的做法，以提高单产。同年冬，在永和永联率先开始对农田进行深耕改土、小块并大块和平整土地的试点，然后向全县推开；在吉田的沙田建立县农业示范农场，试验、繁育、推广良种。1963年"珍珠矮"种植试验成功后，全县大面积种植，使粮食产量大幅度提高。三是兴修水利，搞好农田基本建设。从1957年起，逐步修建了永和桂花山塘、沙田陂，太保天堂岭水圳、百丈山塘，福堂元西红界陂、良田社陂，小三江华封陂、石田陂、东军陂等水利工程，为发展农业生产创造了较好的条件。由于对农业生产的重视，尽管在这时期出现三年经济困难，全县的农业生产还是保持增长的势头。1965年，全县农业总产值与粮食总产量分别为1239万元、22559吨，均比1956年有所增长。

二、交通邮电建设

1938年根据抗日战争的需要，修筑了连贺公路，但由于日本飞机的轰炸，或为阻止日本陆军的进攻，几乎将所有桥梁（均是木桥）销毁，连山解放时已不能通车了。1954年，修复连南三江至太保路段公路17千米，到1956年元旦，县城永和至连南公路才全线通车。

1956年11月，县委、县人委成立吉田莲花至小三江筑路委员会，并立即派技术人员进行测量设计，次年冬动工修建。考虑到这条公路需环山绕水，坡度大，工程难度大，原计划先修筑吉田至福堂路段。但正逢"大跃进"，全县的干部群众劲头大，热情高涨，在没有任何机械的情况下，单靠人力和锄头，奋战一冬春就完成了吉田到小三江的路面土方工程，创造了连山公路建设史的奇迹。1958年5月，吉田至福堂通车，1960年12月福堂至小三江路段竣工通车，1965年底公路修筑到与怀集交界处的大歇界，实现了全线通车。

1958至1965年间，逐步修通了永和至上草鹰扬关、永和至大富、太保至禾洞等公路，使交通条件得到很大的改善。到1965年，除三水、加田、上帅外，其他10个人民公社都通了汽车；10年内新修筑公路197.4千米，交通建设完成了东西和南北连接，初步改变了连山交通闭塞的局面。1966年，分别开通禾洞至满昌公路2.3千米，下帅至上帅洞仔公路12千米。1967年，分别开通禾洞至太保黑山脚公路17千米，禾洞公社驻地至下满群泥塘公路8千米。1970年，开通赤泥塘至上帅公路6千米。1971年，开通禾洞公社驻地至鸡公山禾洞农场场部公路8千米。1972年，开通禾洞至黄连水公路14千米。1974年春，开通禾洞农场场部至大高疗公路12千米。1975年，分别开通禾洞至铺庄公路2.2千米，下帅至上帅公路5.8千米。1977年，开通上帅陆屋至龙坑公路5.3千米。

连山解放初期，邮件传递还需用肩挑，电话也只能东接连州西通贺县，县内外联系很不方便。1953年至1954年，架设安装了除旺洞乡外的其余39个乡的电话。1956年后，随着全县公路交通条件的一步步改善，邮政网络也逐步得到建立，各公社陆续设邮电所（支局），邮件开始改由班车运送到各邮电派出机构，然后再通过乡村邮递员定期送到各村。电话线路也拓展到韶关、广州、南宁。此外，1958年的"大跃进"期间，由政府出钱，各公社、大队出力，对部分大队的农话线路进行改造。到1966年，全县各个邮电分支机构均可办理长途电话和电报业务。

三、圩镇建设

连山解放初期，圩镇还十分简陋。县城永和圩也仅有五条用河卵石铺设的小街巷，全长约600米，街巷两旁有100多间杂物店、客栈和民房，其中一部分还是用杉树皮盖的木板屋，包括县署机关在内占地面积仅0.25平方千米。1957年以后，对全县较大的永和、太保、福堂、小三江等圩镇分别进行改建、扩建或重建。一是扩建永和圩镇，建成了政府机关大楼和一批商业门店、工厂以及文化中心、电影院、卫生院。二是新建了太保圩、福堂圩和吉田圩。1965年3月12日，时任国务院副总理兼中共中央中南局第一书记陶铸到连山视察，同意将县城搬迁到吉田莲花坪，并拨给一定的搬迁经费。为此，县委、县政府迅速行动，进行新县城的建设工程。1967年元旦后，县委、县政府及机关各单位陆续搬到吉田办公，吉田圩也就在这种形势下逐步建成。三是改建了小三江圩。由于在圩镇建设中注重规划，经过新建、扩建或改建的圩镇比较齐整，使全县的圩镇面貌有了很大的改观。

四、发展地方工业

随着社会主义建设的全面开展，连山地方国营工业的建设规模也不断扩大。从1957年起，陆续新办了一批电力工业、加工制造工业和化工工业。

1957年冬，在上帅土法上马建起连山第一座小水电站（功率为10千瓦）后，太保、大富、禾洞、上草、小三江、福堂、吉田、永丰等地相继建成了功率10~15千瓦的小水电站；1961年至1965年3次改建永和尚冲电站（后称沙田水电站），装机容量为240千瓦。电力工业的发展，逐步解决了全县圩镇集居点的照明用电和部分工业的生产用电问题，实现了《连山县1958—1967年农业建设规划》中的电气化目标。

各社大办综合加工厂从事铁器、家具、农具、木材、粮食的加工和农机修理。1961年，将永和食品厂改建为连山食品厂，加工副食品，生产切粉、腐竹、糖饼酒等。同年还建成连山农机厂，制造水稻插植、脱粒、加工等方面的机械，推广农业机械化。1962年在永和办起了服装厂，加工生产服装。1964年创办连山木制厂，生产农业生产用具和居民生活用具。1965年3月，陶铸视察永丰加工厂时，见厂内加工松香、松节油，制造气象百叶箱，还饲养猪、兔等，称赞说："很好！亦工亦农。"

化学工业也有了新的起色。1965年建成连山化工厂，生产光油、吐呖油、腰果漆等涂料和颜料，填补了连山工业的空缺。

发展地方工业，不但促进了全县经济的发展，而且使工业总产值在工农业总产值的比重逐步上升。1966年底，全县工业总产值占工农业总产值的比重为26.8%，比1956年提高了4.5%。

第六节 "大跃进"运动

一、发动"大跃进"运动

在探索社会主义建设道路过程中，经历了艰难和曲折。1957年9月20日至10月9日，中共八届三中全会在北京召开。会议通过了《1956年到1967年全国农业发展纲要（修正草案）》。对中国社会主要矛盾作了新的判断，并对党中央1956年的反冒进提出了批评，肯定了"四大"（"大鸣、大放、大辩论、大字报"），使生产战线的冒进之风重新占了上风。11月13日，《人民日报》在《发动全民，讨论四十条纲要，掀起农业生产的新高潮》社论中说，"有些人害了右倾保守的毛病，像蜗牛一样爬得很慢，他们不了解在农业合作化以后，我们就有条件也有必要在生产战线上来一个大的跃进"，第一次提出了"大跃进"的口号。此后，为了实现在15年内赶超英国的目标，"大跃进"的实践遍及全国。

1957年冬，连山一方面组织干部群众讨论《农业发展四十条纲要》，以"大鸣、大放、大辩论、大字报"的形式批判右倾保守思想，另一方面组织发动广大农民掀起冬季农业生产高潮和修筑吉田至小三江公路，揭开了"大跃进"的序幕。

1958年5月召开的中共八大二次会议上通过了"鼓足干劲，力争上游，多快好省地建设社会主义"的总路线。当月，连山召开三届人大一次会议，传达贯彻党的总路线及开展"双反"（反浪费、反保守）运动的精神。此后，全县各条战线和各行各业都掀起"大跃进"，争上游。

二、农村人民公社化和全民大炼钢铁

农村人民公社化是"大跃进"的重要组成部分，是农村经营管理体制的"大跃进"。

在农村人民公社化之前，连山先是开展农业生产合作社的整顿工作。经过合作化运动，连山的农村已全面成立了农业生产合作社，但由于合作社成立时比较急速，没有很好地遵循"入社自愿"的原则，对如何兼顾社与社员的利益、社队组织规模如何设定才比较适宜、如何安排和使用合作社的劳动力、如何处理社员的林木等问题都没有妥善解决好。为了妥善处理好合作社的各种问题，1957年4月，县委、县人民委员会在干部扩大会议上，着手布置农业生产合作社的整顿工作。全县分两批进行：第一批整顿了26个合作社，从1957年9月开始，10月结束；第二批整顿了49个合作社，时间是10月至11月。接着，县委按照1958年3月党中央在成都召开的政治局扩大会议通过的《中共中央关于把小型农业合作社适当地合并为大社的意见》，开展并社，由原来的75个并为45个。

全国各地在并社过程中，河南、山东等地的一些干部认为合作社的规模和所有制的公有程度已不符合早日向共产主义过渡和发展的需要，进而办起了人民公社。1958年8月17—30日在北戴河召开中共中央政治局扩大会议，作出《中共中央关于在农村建立人民公社问题的决议》，认为：建立人民公社是形势发展的必然趋势；建立农林牧副渔全面发展、工农商学兵相互结合的人民公社，是指导农民加速社会主义建设，提前建成社会主义并逐步过渡到共产主义所必须采取的基本方针，要求各地大力推进人民公社化。此后，全国农村出现大办人民公社的运动。

连山县委根据党中央和上级的部署，迅速行动起来，于9月22日召开扩大会议，传达贯彻了中共中央北戴河会议精神，会议决定在10月1日结合庆祝国庆，成立连山第一人民公社和红十月人民公社。会后，全县紧急进行成立人民公社的各项筹备工作。是日，附城、吉田、太保、禾洞4个乡的群众到县城永和集会，宣布成立"连山县第一人民公社"；福堂、永丰、省三（包括上帅）、加田4个乡的群众则到小江抛石界集会，宣布成立"红十月人民公社"。12月，连阳四县合并后，又将原连南的大坪、香坪、锅水并入连山县第一人民公社，改称为连阳各族自治县永和公社；将原连南的盘石并入红十月人民公社，改称为连阳各族自治县福堂公社。

人民公社化后，公社社员一日三餐统一到农村公共食堂吃，各家各户的生猪、"三鸟"统一归生产队饲养。1958年8月，中共中央召开的北戴河会议决定在全国农村建立人民公社的重大决策的同时，根据"赶超英美"的目标和"以钢为纲"的方针，发表《中共中央政治局扩大会议号召全党全民为生产1070万吨钢而奋斗》的公报。会后，全国出现了由各级党委书记挂帅的全民大炼钢铁运动。

三、大办公共食堂

1958年8—9月，在推行人民公社化的过程中，全县兴起了大办公共食堂之风。全体农民一律开大锅饭，吃饭不要钱，一日三餐，各家各户都集中在食堂用餐，不但本村社员吃饭不要钱，别村的社员到来也是免费招待。最初的几个月，社员吃饭不作限制，但浪费太大，粮食供应不上，后改为定量供应饭菜，再后来改为供应米粥，由稠到稀，难以为继，许多公共食堂先后解散。

从1959年春开始，全县进入极度经济困难的时期。1961年5月，鉴于全县公共食堂已经名存实亡，也由于经济困难，维持公共食堂的条件也不具备，全县的公共食堂宣布解散。

第七节 知识青年上山下乡

一、创办后方国营农场

1959年8月，在中印边界发生冲突；1964年8月，美国扩大侵越战争；中苏关系恶化。中国面对的国际环境十分严峻。为执行中央提出的"备战、备荒、为人民"的方针，中共广东省委指示省农垦厅，到广东省西北边陲、粤湘桂三省（区）结合部的连山，组织力量勘察设计组建上草、上帅、东风与禾洞等四个国营农场。为了做好国营农场的开发和安置上山下乡知青的工作，连山县党政领导根据省的指示精神，分别成立"连山县农垦分公司"和"连山安置上山下乡知识青年办公室"。

1965年3月23日，在上草成立"国营上草农林垦殖场"，场长邢福，入场的干部职工640人，当年省农垦厅投入建场资金33万元。还到潮阳、潮安、普宁、揭阳的城镇组织上山下乡知识青年609人，多是高中毕业生，以组织他们进入"广东农垦上草劳动大学"学习和锻炼的名义到来国营农场。办学经费全部由省农垦厅拨给，学生学习不收学费，每人每月发放30元生活费。学校总部设在湘洞，首任校长黄汉语。共分成农业、林业大专各一班，农业、林业中专各一班，共四个班。课程设置政治、语文、数学、植物、动物、畜牧等科，每天上午上课，下午劳动（农闲多学，农忙少学），学制三年。因为学校设施设备差，学生还要到各农村与农户同吃、同住、同劳动，实际是劳动多，学习少，生活很艰苦。

接着，于1965年9月21日在上帅成立"国营上帅农场"，场党政领导田金章、李武韬和田麟瑞，当年省农垦厅投入办场资金54.3万元。进场干部职工312人，上山下乡知识青年276人，他们来自汕头、揭阳、揭西、广州，分别组成福庆连、石鼓连和洞仔连，从事开荒种植、养殖业等劳动。

1965年11月8日，在福堂成立"国营东风农场"，场长王守喜，当年省农垦厅投入办场资金31万元。进场干部职工203人，上山下乡知识青年259人，包括来自广州市七中、九中应届初高中毕业生77人，揭阳县79人，广州市西山街、仓边路、金花街的知青103人。分别组成三个连，一、二连主要从事种植水稻和水果，三连主要种植橡草饲料，饲养军马、良种猪和养鱼等。

1965年11月20日，在禾洞成立"国营禾洞农场"，场党政领导韦雄鳌、杨佐衡，当年省农垦厅投入办场资金45万元。进场干部职工589人，上山下乡知识青年505人，是来自广州市十七中、十八中、二十四中的初高中毕业生。他们分成先锋、跃进、南泥湾、山鹰、登峰5个连队。先后开发黄莲水、龟皮水、牛牯田等山地共4.7万亩，种植水稻、茶叶、油桐、毛竹、松杉等以及饲养牲畜、修筑入场的公路、建小水电站等。1966年4月，禾洞场知青《开发奋战大龙山规划情况》照片在省举办的农业展览会上展出，受到有关部门的赞扬，其中国家农垦部部长王震观看后说："就是要用南泥湾精神开发大龙山。"

经"四清"运动，四个场均实行场社合一。在"文化大革命"时期，农场的管理面临着越来越多的困难。1969年4月，东风农场接到被撤销的通知。同年10月，上草、上帅两个场宣布撤销，各场的干部职工大部分分到三水县大旺农场，少部分回原单位的珠江、平沙、光明三个农场或省农垦厅及有关部门。在上草劳动大学学习的上山下乡的知青，由省农垦厅全部被安排到海南岛橡胶场工作，而上帅场和东风场的知青多数被安排到三水县大旺农场，剩余的回城安置。而禾洞场职工从禾洞公社分出，场部迁回大龙山，仍隶属省农垦厅，保留职工169人，知青陆续回城安置。1973年国营禾洞农场易名为"广东省国营连山禾洞农林场"。2004年机构体制改革，由县管，易名为连山县禾洞农林场。

二、接受贫下中农再教育

"文化大革命"早期，全国大中专院校连续三年不招生，工厂基本不招工，商业和服务行业又处于停滞状态，城市的初、高中毕业生既不能升学，又无门路就业。仅1968年，全国积压在校的初、高中毕业生达400多万人。众多毕业生的分配已成为全国刻不容缓的严重社会问题。1968年12月，毛泽东发出"知识青年到农村去，接受贫下中农的再教育，很有必要"的号召。

连山接收韶关市知青三批共645人。第一批是1968年接收574人，来自北江中学、红一中（现韶关一中）、浈江中学（现韶关二中）、铁路中学和太平中学。分别安置到五个公社（太保209人、永和122人、永丰43人、福堂158人、小三江42人）插队落户。第二批是1969年3月接收19人，安置大富公社插队落户。第三批接收52人。1968年连山拨出107万元为韶关知青建筑住房和购买生产生活用具。

连山本身的城镇知青也积压在学校，县革委决定在大富公社创办"五四茶场"，1973年接收县城镇知青入场81人，1975年接收48人，1976年接收28人，共接收安置157人。1974年三水公社采育场接收县城镇知青114人，1976年接收26人，共接收安置140人。1975年连山林场接收县城镇知青54人。1975年禾洞农场接收县城镇知青48人，次年又接收26人，共接收安置74人。1976年永和公社茶场接收20人。1975年福堂新生六芦金训华知青组安插15人，次年又安插5人，共安插20人。1968年至1976年安置本县城镇知青共516人。

　　1978年10月31日至12月10日，全国知识青年上山下乡工作会议指出："知识青年上山下乡运动，缺乏整体规划，知青工作路子越走越窄，下乡知青中遇到不少实际问题长期未能解决，并决定调整政策，改变做法，采取多种形式，妥善安排知识青年。"此后知识青年上山下乡运动暂停。

实现民族区域自治及县城搬迁

一、壮瑶群众的强烈要求

连山是广东壮族的主要聚居区和瑶族的重要聚居地,壮族主要聚居在南部永丰、福堂、小三江、加田、上帅和东部太保的上坪村,瑶族主要分布于三水、上草和小三江等地,自古以来具有独特的历史和文化传统。中华人民共和国成立前,连山的统治当局基本上都是采取民族歧视与民族迫害政策,许多壮族瑶族同胞被迫长期生活在深山大岭之中,民族斗争经常发生,民族隔阂比较深。中华人民共和国成立后,党和政府高度重视民族工作,强调民族团结,把培养民族干部、解决壮族瑶族同胞生产生活上的困难、提高少数民族的生活水平和文化水平摆上议事日程,壮族瑶族人民与汉族人民的关系逐步好转。

连山刚解放时,政府到壮乡瑶寨调查,只有50户人家承认其民族成份,大部分壮族瑶族同胞都说自己是汉族,原因就是怕受到歧视。1951年和1952年中央先后派来民族调查团和民族访问团,广东省也派民族工作队来到连山,调查少数民族情况,确认民族成份,宣传党的民族平等、民族团结政策。全县壮族瑶族同胞终于盼来了能够扬眉吐气的新时代,纷纷恢复其真实的民族成份。1953年开展第一次人口普查时,已识别有壮族9436人,瑶族581人,分别占总人口的21.65%和1.33%。

1952年8月,中央人民政府委员会颁布施行《中华人民共和国民族区域自治实施纲要》后，全国各地纷纷成立各级民族自治政府，以实际行动拥护党的民族区域自治政策。全县壮族瑶族同胞也强烈要求，盼望早日成立自治县。就在这个时候，1953年1月，上级组织正式实施连山一、二、三区并入连南瑶族自治区的方案，第四区则改为暂由怀集县代管，改称怀集县第十三区人民政府。怀集是汉区，1952年3月前属广西管辖。由于连山主要领导是北方干部，对连山的历史和民族情况不了解，在上述方案实施前后又没有及时将小三江区并到怀集的意图向当地群众作解释说明，使他们产生了误解，认为被抛弃了，引起了该区广大壮族群众的不满。群众性的"拆十三区府招牌"事件发生后，上级很快批准将小三江区划归连南瑶族自治区管辖。

1954年1月恢复连山建制。此后，广大干部群众多次向上级表达了成立壮族瑶族自治县的要求和愿望，并成立少数民族工作组进一步开展民族情况的调查。1956年7月，县委、县人委正式向广东省第一次党代会和省第二届人代会第一次会议提出提案，要求成立连山壮族瑶族自治县；11月至12月，分别写出福堂、小三江两区少数民族调查报告送给省民族事务委员会。1957年4月28日，县第二届人委会第一次会议通过了《连山县改建为连山壮族瑶族自治县的方案》。9月28日，县人委又向省人委呈送《关于成立连山自治县问题的请示》，恳求省批准连山成立民族自治县。

二、成立民族自治县

连山各级干部和壮族瑶族群众反复强烈的要求，逐步得到上级领导部门的注意和重视。1952年至1954年，省政府和北江专署多次派出民族调查组来连山调查壮族瑶族聚居区的政治、经济、文化和民族关系等方面的情况，做好民族成份的识别工作，批准符合条件的群众更改为壮族或瑶族，落实少数民族的具体政策，如实行瑶族全免费与壮族半免费诊病治疗，瑶族壮族子女上学学费全免或半免，发放少数民族地区干部生活补助，实行优惠的税收政策等。1957年4月，省民委与韶关地委民族科组成调查组，由省民委主任罗明带队，到连山进行民族调查，得出连山具备成立壮族瑶族自治县条件的结论。

1957年12月27日召开的广东省人委第35次会议，经专题研究，同意设立连山壮族瑶族自治县，并于1958年5月29日国务院第77次会议上批准。为此，8月1日，成立自治县筹备委员会，9月10日和27日，先后启用"连山壮族瑶族自治县人民委员会"和"中共连山壮族瑶族自治县委员会"公章，但因同年12月连阳四县合并组建连阳各族自治县（1960年10月阳山分立后改称连州各族自治县），设立连山壮族瑶族自治县的方案未能正式实施。

1961年10月撤销连州各族自治县、恢复连山县建制后，壮族瑶族群众继续要求实现民族区域自治。1962年3月27日，国务院第115次全体会议作出了恢复连山壮族瑶族自治县的决定。随后县再次成立筹委会，在省民委的指导帮助下开展各项筹备工作：一是再次组织力量到壮族瑶族聚居区进行社会历史调查和贯彻执行民族政策情况检查；二是印发《成立连山壮族瑶族自治县宣传提纲》，组织民族政策的专题学习，在全县范围内广泛进行民族政策的宣传学习，进一步加深干部群众对民族政策的了解和对成立自治县重大意义的认识。

经过一波三折，全县人民终于实现了民族区域自治的愿望。各项筹备工作就绪后，1962年9月26日至10月2日，连山壮族瑶族自治县人民代表大会第一次会议在永和召开，123名人民代表出席了这次盛会，其中少数民族代表36人。会议审议通过《连山壮族瑶族自治县人民代表大会和人民委员会组织条例（草案）》，并选举黄开昺为自治县第一任县长。

10月3日，连山一万多名干部群众穿着节日的民族盛装，集中到县城永和，高举红旗，敲锣打鼓，载歌载舞，参加庆祝自治县成立大会，黄开昺县长宣布"连山壮族瑶族自治县"正式成立。全国人大常委会民族委员会、国家民族事务委员会、中共广东省委和省人民政府、中共韶关地委和韶关专署等先后发来贺电、贺信；广东省民委主任罗明、副主任舒政海，广西壮族自治区民委副主任赵乐群，韶关地委统战部部长刘延瑞等率团到会祝贺。自治县的成立，实现了壮族瑶族当家做主，为党的民族政策的进一步贯彻执行、为民族地区经济和各项事业的快速发展提供了新的舞台。

三、县城搬迁

将吉田作为县城是时任国务院副总理陶铸批准的。1965年3月12日，国务院副总理、中共中央中南局第一书记陶铸到连山视察工作。陶铸在韶关地委副书记马甫和县委代书记何平及县公安局副局长黄志奎等陪同下，第一站先到小三江公社，代书记谭麟章汇报了全社生产发展情况和人民生活情况，陶铸听后很高兴。第二站到永丰公社加工厂参观，陶铸对工厂亦工亦农的做法表示赞赏。

陶铸一行继续乘车沿公路到茅田界下山，至现瞭望亭处作片刻休息，陶铸极目远眺吉田莲花坪，连怀公路与国道323线会合点结成"丁"字。何平向陶铸一行介绍连山县地理方位一些情况，并汇报县委将县城搬迁到吉田的设想。陶铸很风趣地对在他身边的马甫说："这里是建县城的好地方，你是这里的地委副书记，又是省委副秘书长，连山这个新城就由你来规划。建一座既是城市又是乡村的现代化新城，为缩小城乡差别搞个样板。"一行人乘车下山后转沿国道323线前往永和，陶铸进入县委办公室刚坐下，就看挂在办公室的连山县地图，随后对何平说，吉田是连山县的地理位置中心，同意县城从永和搬迁到吉田，并口头答应拨款50万元作为建设新城的经费。

令出必行，说干就干，这是陶铸留给连山人民的深刻印象。他对在座的马甫说，连山县搬迁县城由马甫抓，搞新县城的样板。他指示，新县城要集城镇风格与乡村风格于一体。要坚持"三个不准"，即不准占用水田，不准建高楼房，不准毁林建和拆原房屋建。

当年5月，县委、县人委成立搬迁县城基建办公室，由原县委财贸部部长王世元任办公室主任，何大初为副主任，从各单位抽调共16人，分工负责开展筹建工作。王世元管内，何大初管外，卢远泉负责办公室日常工作，会计莫鼎征，出纳卢德廷，施工由杨梦汉、陈永振、关扬等人负责，采购、调拨由邝朝林、韦永水负责。

那时的吉田，除了旧莲花村和新村外，几乎没有其他建筑物。基建办公室按陶铸"三不准"的指示，先请省建筑设计院进行土地测量和图纸设计，得出初步方案：在现莲花旅店后背山建县委、县人委办公室，先建几栋房作样板。一些科级以上干部到吉田视察后，大家不太满意。县委和"四清"工作分团党委根据大家意见，放弃省建筑设计院的建筑规划，再从乐昌县建制公司请来技术员周东华重新设计，将县委、县人委办公室调整到莲花村西侧边山坡。至1966年底，基建办人员克服重重困难，建起20多栋砖木结构平房或两层的普通楼房，面积1.3万平方米（不含外单位和下属单位的基建数），建设电影院和县城自来水厂的困难最大。1967年春，县属各单位陆续从永和搬到吉田新城办公，但街巷还是黄泥路面。搬新县城工作刚刚起步，却遭遇"文化大革命"开始，连续的十年动乱导致党政机关职能失控，单位任意建筑房屋，造成新县城街道弯曲，布局欠佳，污水横流。

第九节 "文化大革命"时期

一、发动"文化大革命"

1966年5月4日至26日，中共中央政治局扩大会议在北京召开，通过了《中国共产党中央委员会通知》（简称"五一六通知"），对形势作了错误的判断。8月，中共八届十一中全会又通过了《中国共产党中央委员会关于无产阶级文化大革命的决定》（简称"十六条"）。9月，按照中央和上级党委的部署，县委成立文化革命小组，"文化大革命"在连山很快铺开，首先从教育线开始。

1966年10月18日，受到《毛主席和百万文化大军在一起》影片影响的连山中学和广东连山农业学校的师生，派出代表赴京串连。他们回来后，向学校师生作了专场报告，并开始成立"红卫兵""红小兵"组织。接着，第二、第三批师生陆续赴京串连，学校被迫停课。同年11月后，根据上级的要求，县委、县人委在太保、吉田、永丰、福堂、小三江设立革命串连接待站。

1967年春，传达中央文革小组组长陈伯达的报告《无产阶级文化大革命中的两条路线》后，转入对"资产阶级反动路线"的批判，于是把斗争的矛头逐渐指向县委和"四清"工作队，运动逐步从学校扩展到县机关和各公社。3月，县武装部根据中央军委的指示精神，开始介入地方，担负起"三支两军"（支左、支农、支工和军管、军训）的任务，成立县抓革命促生产指挥部，负责指挥全县工农业生产和维护社会秩序。

1968年3月22日，连山壮族瑶族自治县革命委员会（简称"革委会"）正式成立，内部机构按部队的建制设置政工组、办事组、生产组、保卫组、民事组（同年12月改称"后勤组"），取代原县委、人委各部门的职能，负责统管原县委、人委的各项工作。同时，各公社和企事业单位也相继成立了革委会或革命领导小组。

1968年3月23日至28日，县革委会召开第一次全体会议，着重研究落实党中央和毛泽东指示，开展"斗、批、改"的问题。7月26日至8月4日，召开县革委会第三次全委扩大会议，布置清理阶级队伍的工作。会间召开了四千人誓师大会，贯彻落实中共中央、国务院、中央军委、中央文革颁发的"七三"、"七二四"布告，预防在连山可能发生的武斗事件。

在"改"的方面，主要是"教育革命"。一是从1968年起，组织工人、贫下中农和解放军组成的宣传队进驻学校，将参加学校的"斗、批、改"，作为"打破知识分子独霸的一统天下"的重要措施，并且把全县中小学教师下放到农村与社员一起劳动挣工分，"接受贫下中农的再教育"；二是改"统一考试，择优录取"的招生办法为"群众推荐，领导批准和学校复审相结合的办法"；三是改学制，小学由六年改为五年，中学从"三三制"（初中和高中各三年）改为"二二制"。"教育改革"后，由于大中专院校不招生，学生升学率低，工厂不招工，商业和服务行业处于停滞状态，致使城市的初、高中毕业生既不能升学，又无法就业，于是县革委会执行关于"知识青年到农村去，接受贫下中农再教育"的号召，到农村插队落户。1968年，县拨款107万元为知青建筑住房和购买生产生活用具，安置了574名韶关市知青和50名连山县城镇知青到农村安家落户。1976年，学校又普遍开展"学朝农"和"学屯昌"经验，把学校作为农业学大寨的一个单位来抓，大办农场，全县中小学的农场基地面积达2078亩。

二、兴办"五七"干校

1968年至1972年，按照毛主席的"五七"指示精神，各级在连山办了四所"五七"干校，作为下放和安置被精简干部与知识分子的场所。"五七"是指1966年5月7日毛泽东给林彪写信，信中要求全国工农兵学商等各行各业的人员，要以一业为主，兼学别样，要学工学农学军，也要批判资产阶级。"文革"开始后，这封信被林彪、江青集团利用。

1968年10月，县革委会在吉田胡村建成连山县"五七"干校，先后将324名县机关干部、知识分子下放到干校进行劳动锻炼。1968年11月，中共中央中南局借用国营上草农林垦殖场的生产基地创办的上草"五七"干校，首批下放干部83名，后来达到695名。这些被下放到干校进行劳动锻炼的干部，有的养牛，有的养猪，其中厅、局级以上领导干部近百人，如金明、吴南生、王匡、梁嘉等。1969年4月，中南科学院在永和黄背岭办了一所"五七"干校，陆续有525名干部和知识分子下放在该干校进行劳动锻炼。还有一所是中山医学院东风"五七"干校，1970年春，中山医学院把原在三水县的干校搬迁到连山福堂澄田，共有400多人。这些干部和知识分子，除参加干校和体力劳动外，还经常深入农村，运用他们的专长帮助群众防病治病，开展动植物防治工作，传播科学技术与科学知识，教群众唱革命歌曲，与当地农民建立了深厚的情谊。但他们也因此消耗了许多宝贵时光，有的甚至献出了生命，如中山医学院范正绂教授的尸骨就埋在澄田的青山里。

1971年9月以后，下放到干校劳动的干部被逐步安排回原单位工作。到1972年底，在干校劳动的干部和知识分子已基本上重返工作岗位，四所干校也先后撤销或搬走了。

开展农田水利设施建设

　　1974年4月，组织任命刘先禄为连山县委书记、革委会主任。他主持连山工作期间，十分重视农田基本建设。1975年10月底至11月初，为传达全国和上级召开的农业学大寨会议精神，县召开四级干部会议，根据刘先禄的布置，黄开昺代表县委、县革委会作了《全党动员，大办农业，苦战五年，为把连山建设成为大寨县而奋斗》的报告。会后，全县利用冬季大搞农田基本建设，福堂组织全公社70%的劳动力，修筑了石龙嘴至猫儿颈的河堤，全长约1.6千米；小三江组织全社劳动力修成田心河堤，长约1.2千米；县城机关组织干部职工和师生修筑吉田石鼓河堤；永和公社组织劳动力整治了中阳、红阳河堤；太保、大富、上帅、禾洞等各公社都整治了受灾害的河堤。对连山主要河堤的修整，既扩大了农田种植面积，提高了防洪防旱能力，又进一步改善了全县的农业生产条件。

　　永丰河和福堂河每逢暴雨时节，沿河两岸面积约7000亩农田和5000多名居民都要受灾受难，损失惨重。整治这两条河流，减少洪灾，是当地居民的一直以来的心愿。1976年冬，福堂公社率先组织2000多名民工修筑涩田水石龙头至木材站段河堤。1977年底，县委根据上级大批促大干的精神，从各公社抽调9300多人，加上机关干部和学校师生，共一万多人，并集中了全县超过三分之二的拖拉机和其他机械设备，组织开展整治永丰、福堂河堤的大会战。经过两个多月的连续奋战，完成土石方120多万立方米，筑成两岸河堤13.5千米，疏通河道8.3千米。这次整治扩大造田面积1300多亩，也使沿河两岸基本上消除了洪灾隐患，保护了永丰、福堂河边两岸的农田和村庄的安全。

6

第六章

改革开放时期

第一节 开展拨乱反正工作

一、贯彻党的十一届三中全会精神

1978年12月18日至22日，中共十一届三中全会在北京召开。全党从根本上实现了拨乱反正，走上以经济建设为中心的轨道，中国进入了历史发展的新时期。

中共连山县委召开几次全县三级干部会议传达贯彻党的十一届三中全会精神。第一次是在1979年2月13日至17日，全会提出停止使用"以阶级斗争为纲"这个不适用于社会主义建设的口号，把党的工作重点转移到社会主义现代化建设上来。动员全县各族人民同心同德向前看，发展全县安定团结的政治局面；解放思想，鼓足干劲，全力以赴把农业生产搞上去。第二次是在5月21日，县委作出决定：进行一次全面轮训党员干部工作。县委党校分四批负责轮训各公社党委委员、革委会委员、各部门负责人、大队正副书记和大队长以及县属机关厂矿股级以上干部和党员。然后各公社再举办学习班，负责轮训公社一般干部、大队支委、生产队正副队长和党员。轮训内容是认真学习党的十一届三中全会的文件和《中共中央关于加快农业发展若干问题的决定（草案）》，以及《关于党内政治生活的若干准则》，为拨乱反正，落实党的各项政策，扫清了思想障碍。

二、落实干部政策

"文化大革命"不但严重地破坏了国家的安定团结的政治局面，也使国民经济走向崩溃的边缘，党的思想建设和组织建设受到了严重的损害。

1978年5月11日，《光明日报》发表了《实践是检验真理的唯一标准》的特约评论员文章后，很快引发全国性的大讨论。连山也一样，对这个问题展开了专题讨论，并在讨论中开始解放思想。同月，按照党中央和上级的部署，成立县委摘掉右派分子帽子领导小组。6月，重新成立县委落实干部政策领导小组，全面开展对反右斗争案件和"文化大革命"案件的复查工作。11月28日，县委召开第一次落实干部政策大会。县委书记郭宝在讲话中对落实干部政策问题提出了明确要求，并表明了县委的态度和决心。县委副书记李国新宣读了县委《关于为县属机关在林彪、"四人帮"反革命修正主义路线下遭受诬陷迫害的同志平反昭雪的决定》，在这个决定中明确：对在林彪、"四人帮"反革命路线指导下，被错批、错斗的同志进行彻底平反，恢复名誉；扣在他们头上的"叛徒特务""国民党残渣余孽""走资派""反革命分子"等各种帽子一律去掉；所作的错误决定、错误结论全部撤销；一切诬蔑不实之词予以推倒；所写的检讨书、交代书、请罪书以及所谓的揭发材料全部清理销毁；对被迫致死或被害去世的为其平反昭雪，一律以病故干部待遇处理，由原所在单位补办追悼会；对被迫勒令退职或撤职的收回安排工作，恢复职务等等。该决定公布后，连山加快了落实干部政策工作的步伐。

1979年1月，中共中央发出《关于地主、富农分子摘帽问题和地富子女成份问题的决定》。该决定指出："考虑到我国农村完成土地改革和实现农业集体化以后，地主、富农分子已经过了

20多年以至30多年的劳动改造，他们当中的绝大多数已经成为自食其力的劳动者。""凡是多年来遵守政府法令、老实劳动、不做坏事的地主、富农分子以及反革命分子、坏分子，经过群众评审，县革命委员会（县人民政府）批准，一律摘掉帽子，给予农村人民公社社员的待遇。""地主、富农家庭出身的社员子女，他们的家庭出身应一律为社员，不应再作为地主、富农家庭出身。""今后，他们在入学、招工、参军、入团、入党和分配工作方面，主要看本人的政治表现，不得歧视。"县委、县革委对以农夫为首的"反党集团"案、肖柏模案进行复查核实、平反。经复查连山全县共有"四类分子"（地主分子、富农分子、反革命分子、坏分子）782名，除继续监管7名和长期外流下落不明2名外，先后批准摘除"四类分子"帽子756名，占96.7%；纠正错划、错戴17名，占2.2%。宣布2015名地富子女为公社社员，将2417名地富出身的子女改为社员成分。同时，还复查各类政治刑事案件108宗125人，其中"文化大革命"期间反革命案件68宗85人，"文化大革命"前有申诉的政治案件16宗16人，有申诉的刑事案件24人。经复查全部平反45宗57人，部分平反2宗2人；有关人员已故的，平反后对其家属和子女进行抚恤、救济。对"文化大革命"期间非正常死亡121人，其中基本群众57人，"四类分子"64人，属他杀64人，自杀死亡57人，重新作出结论，并发给死者家属抚恤救济款共15869.3元，安排子女顶替工作1人。

县委根据1979年1月中共中央同意批转中央统战部等六个部门提出《关于落实对国民党起义、投诚人员政策的请示报告》和中共广东省委批转《关于落实起义人员政策中存在的问题和处理意见》的通知，按"爱国不分先后"与"既往不咎"的精神，对起义、投诚人员的政策已复查落实。根据中共中央1979年发布的国家保护华侨房屋所有权的政策，妥善处理好和落实好侵占华侨房屋问题的政策。

县委根据中共十一届三中全会精神，把各项政策落实好，正确处理人民内部矛盾，有效地调动社会各个阶层的人员积极性，对促进社会的安定团结、巩固和发展爱国统一战线、推动现代化建设事业的发展起到了重要的作用。

第二节 加快改革开放步伐

一、政治体制改革

进行政治体制改革，是要纠正"文化大革命"时期革命委员会那种党政不分、政企不分、包办一切、干预一切的"一元化"的领导体制。

1980年8月，邓小平在中央政治局扩大会议上作《党和国家领导制度的改革》讲话，指出："权力过分集中的现象，就是在加强党的一元化领导的口号下，不适当地、不加分析地把一切权力集中于党委，党委的权力又往往集中于几个书记，特别是集中于第一书记，什么事都要第一书记挂帅、拍板。党的一元化领导，往往因此而变成了个人领导。全国各级都不同程度地存在这个问题。权力过分集中于个人或少数人手里，多数办事的人无权决定，少数有权的人负担过重，必然造成官僚主义，必然要犯各种错误，必然要损害各级党和政府的民主生活、集体领导、民主集中制、个人分工负责制等等。"①邓小平这次讲话，为全国党的地方组织进行政治体制改革指明了方向。

1980年6月，县第四次党代表大会召开后，县党委常委根据邓小平上述指示精神，开展民主政治建设，筹备好县人大常委会

---

① 《邓小平文选》（1975—1982年），人民出版社，1983年7月第1版，第288—289页。

和县政协委员会领导成员的考察与推荐。9月，宣布撤销县革命委员会及其一切机构，恢复县人民政府及其一切工作机构，县委与人大常委会做好党政分开的思想工作和组织工作。组织有关领导学习党章并掌握其涵义。县委重点是组织党员干部学习党的十一届三中全会以来制定的路线方针政策，把党的工作着重点转移到社会主义现代化的建设上来。要求从思想上落实好党的干部和知识分子政策；抓好经济体制改革，做好农村土地家庭联产承包制的落实、山权林主的落实。

1983年11月，县下属机构由公社改为区，全县设12个区，区委书记不再兼任行政的区长职务。1986年12月，再由区改为乡镇，大区改为镇，小区改为乡，全县设5镇7乡。

1984年12月，中共连山县委、县政府成立县农村改革领导小组，着重调查研究经济结构。其中要求各行各业各部门加快改革步伐，改革核心是简政放权，政企分开，办活企业和搞活流通。在流通体制改革要变"少统死"为"多放活"，把流通渠道疏通，发展社会主义统一的大市场。

1996年7月，为了转变职能，精简机构和人员以适应发展市场经济的需要，县委、县政府按照上级的部署，进行第二次党政机构改革。县委工作部门由原来6个减到5个，县政府工作部门由原来28个减到24个，将一些行政单位改为县政府直属事业单位和省市驻连山的单位。

2002年，县委、县政府根据中共中央国务院和省委、省政府关于县级机构改革的精神，进行第三次党政机构改革，县委工作部门由5个恢复为6个，县政府工作部门机构由24个再减为18个。县委按照精简、统一、效能原则，于2003年12月将三水镇并入吉田镇，大富、上草两镇并入永和镇，永丰镇并入福堂镇，加田镇并入小三江镇。全县从12个镇整合为吉田镇、永和镇、太保镇、福堂镇、小三江镇、禾洞镇、上帅镇，减为7个镇，72个行政村整合为46个。依照《中华人民共和国村民委员会组织法》和《广东省村民委员会选举办法》的规定，村民委员会班子成员由村民直接民主选举产生。2004年，县委、县政府根据省委、省政府制定的《广东省市县人民政府机构改革实施意见》，开展第四次机构改革，县政府工作部门仍是设18个机构，按照政事与企事分开进行事业单位机构改革。

"十一五"时期，连山始终坚持不断深化改革、扩大开放，努力创新体制机制。重点领域和关键环节改革扎实推进，政府机构改革全面完成，事业单位改革逐步深化。取消和调整一批行政审批事项，机关行政效能明显提高。进一步规范土地出让招拍挂、政府投资项目招投标、政府采购、机关事业单位工作人员公开考录等一系列制度，有效规范了用权、理财、管人行为。教育、医疗卫生体制、农村土地流转、粮食流通、户籍管理、农村信用社、财政管理体制等各项改革顺利进行。

2012年11月中国共产党第十八次全国代表大会召开后，县委、县政府于次年1月召开县十二届三次全会，深入学习贯彻党的十八大、省委十一次党代会和市委第六次党代会精神，学习贯彻习近平总书记视察广东的重要讲话，全面贯彻实施广东"桥头堡"的发展战略。县委、县政府引导全县各级党组织和党员以及各族人民群众，把思想和行动统一到中央、省委和市委的决策部署上来，深入贯彻落实市委、市政府的区域协调发展战略和立体功能区规划。结合连山实际，制定出连山主体功能区的规划实施方案，努力把连山打造成广东省西北部生态屏障、全省重要的水源涵养区、重要的生态旅游示范区、人与自然和谐相处的示范区。

2014年1月召开县委第十二届五中全会，认真学习贯彻落实党的十八届三中、四中全会，省委十一届三次会议和市委六届六次、七次会议精神，全面推进"生态文明、经济发展、民族和谐、宜居宜游"幸福美丽连山建设。从2011年以来连山全县经济社会全面稳定发展，顺利完成了"十二五"规划的任务。

2016年，连山贯彻落实党的十八届三中、四中、五中、六中全会精神，抓住省深入实施粤东西北振兴发展战略、扶持民族地区加快发展和广清对接帮扶的机遇，坚持绿色发展理念，围绕县第十三次党代会提出的"4483"发展思路，推进产业发展，抓项目、强基础、稳增长、惠民生，全县经济社会继续保持稳中有增发展势头。

二、恢复人民代表大会制度

1949年9月中国人民政治协商会议举行第一届全体会议，通过《中国人民政治协商会议共同纲领》，确定中华人民共和国的政治制度是民主集中制的人民代表大会制度。

1953年2月，根据《中华人民共和国代表大会及地方各级人民代表大会选举法》，全面进行基层选举工作。连山县于1954年6月召开了第一届人民代表大会第一次会议，选举产生出席省第一届和第二届人代会代表。1954年9月，第一届全国人民代表大会第一次会议召开，制定中华人民共和国第一部宪法，明确规定：中华人民共和国的一切权力属于人民。人民行使国家权力的机关是全国人民代表大会和地方各级人民代表大会。至此，人民代表大会制度在全国范围内正式确立和实行。在1957年1月召开的连山县第二届人民代表大会第一次会议上，代表强烈要求成立连山壮族瑶族自治县。1962年3月，国务院第115次会议通过，撤销连南瑶族壮族自治县，恢复连山壮族瑶族自治县。9月，连山壮族瑶族自治县第一届人民代表大会第一次会议宣布连山壮族瑶族自治县正式成立。出席第一届人民代表大会的123名代表，包括了在连州各族自治县人民代表大会继续保留代表资格的50名，以及全县补选75名人大代表。

《中华人民共和国宪法》规定，地方和乡、镇的人民代表大会每届任期3年。在自治县召开第一届人民代表大会第二次会议后，特别是"文化大革命"时期，人民代表大会制度遭受严重的破坏，县人民代表大会停止了一切活动。1979年7月，第五届全国人民代表大会第二次会议修改制定的《中华人民共和国地方各级人民代表大会和地方各级人民政府组织法》，规定县级以上地方人民代表大会设立常务委员会，作为各级人民代表大会的常设机构。1980年9月，在自治县第二届人民代表大会第一次会议上，设立连山壮族瑶族自治县人大常委会（以下简称县人大常委会），差额选举产生常务委员会组成人员，任期与本级人大任期相同，为每届4年。1982年12月4日，县人民代表大会改4年一届为3年一届。1993年，全国统一将人大的任期改3年一届为5年一届。2010年，县人大常委会内设1个办公室和6个工作委员会。

县人大常委会切实贯彻民族区域自治法，在选举和任命自治县行政机关领导人员时，都有壮族或瑶族公民担任。选举和推荐各级人大代表时，确保实行自治的民族按照法律规定的名额当选。作为地方的国家权力机关，县人大及其常委会具有地方立法权、监督权、人事任免权和重大事项决定权，是实现社会主义民主的根本途径，对各方面工作的重大事项起着决定作用；对县内各级国家机关及其工作人员起着监督作用；在法制建设中发挥着其他国家机关不可替代的作用，对于维护民族团结、保护少数民族权利起着关键的作用；是联系群众和反映、体现民意的重要渠道。

1988年3月，《连山壮族瑶族自治县自治条例》经县第四届人民代表大会第二次会议通过，6月省第七届人民代表大会常务委员会第二次会议批准。1999年，《连山壮族瑶族自治县自治条例》修订经县第七届人民代表大会第三次会议通过，报请省第九届人民代表大会常务委员会第十次会议批准。2009年3月，《连山壮族瑶族自治县自治条例》修订经县第九届人民代表大会第三次会议通过，7月省第十一届人民代表大会常务委员会第十二次会议批准，9月9日正式公布实施。

三、发展人民政协事业

1980年9月，县政协第一届委员会第一次会议召开，设置界别16个，委员56名。县政协遵循《中国人民政治协商会议章程》，在县委的正确领导和上级政协的指导下，高举爱国主义和社会主义旗帜，牢牢把握团结和民主两大主题，充分发挥广大政协委员的界别和主体作用，积极主动履行政治协商、民主监督、参政议政职能。

随着改革开放和社会主义现代化建设的进程，人民政协事业得到了蓬勃的发展。坚持以多种形式开展协商议政，利用一系列的会议对全县政治、经济、社会各个方面各个时期的重大方针政策、重大举措、政府工作报告、地方财政预算决算、人事变动、行政区划变动和人民群众生活等重大问题进行协商，组织委员开展调查、视察和考察活动，撰写提案，为县委、县政府科学决策提供了参考。充分发挥文史资料存史、资政、团结、育人的作用。注重横向联系，扩大交往是新时期政协工作的趋势。加强联谊交往，巩固和发展爱国统一战线。为民办实事好事，为群众排忧解难。

四、农村经济体制改革

中共十一届三中全会后，要求把工作重点转移到经济建设上来。1979年2月召开全县三级干部大会，传达贯彻党的十一届三中全会和中央工作会议精神，认真讨论了党的工作着重点转移到社会主义现代化建设上来的重要意义，动员全县党员和各族人民同心同德向前看，发展全县安定团结的政治局面，解放思想，鼓足干劲，全力以赴把农业生产搞上去。县委又根据1979年4月召开中央工作会议制定的对国民经济实行"调整、改革、整顿、提高"的方针和《中共中央关于加快农业发展若干问题的决定》及关于给农民休养生息的指示，结合连山实际，作出《关于落实党的政策的十项规定》，其主要的内容：一是规定"社员的自留地、家庭副业和集市贸易是社会主义经济的必要补充部分，任何人不得乱加干涉"。县委决定于1979年起恢复社员的自留地，让社员搞家庭副业，开放农贸市场，圩期改为公历一、六日。地方政府拨款改建全县10个圩场，对促进商品流通起到一定的作用。至1981年8月，又将全县8个公社圩期错开：永和、上帅公社为一、六日，太保、小三江公社为二、七日，福堂、禾洞公社为三、八日，吉田公社为四、九日，永丰公社为五、十日。圩期错开，大大促进了商品的流通和市场逐渐的繁荣昌盛。二是规定"全国粮食征购指标继续稳定在1971年至1975年一定五年的基础上不变，绝对不允许购过头粮"。三是"规定统购粮食价格从1979年夏粮上市的时候起提高20%（即从1971年三号谷每担9.8元提高到11.95元）。超购部分再加价50%（即从每担12.74元提高到17.93元）"。四是规定"发展生猪和家庭副业要加以鼓励，社员私养肉猪每头落实饲料的自留地0.03亩"。这样，进一步纠正"文化大革命"期间的极左的做法，对当时活跃农村经济和发展农业生产起重要的促进作用。

1979年9月，中共十一届四中全会通过《关于加快农业发展若干问题的决定》，为保障农村的体制改革敞开了大门。1980年

5月，邓小平关于农村政策问题的谈话，讲到"农村政策放宽以后，一些适宜搞包产到户的地方搞包产到户，效果很好，变化很快"。①

1980年起，县委、县政府在福堂公社和吉田公社个别生产队试行：定人员、定地段、定产量、定工分报酬、定奖罚的"五定一奖"联产承包责任制。这是清远"洲心公社"的经验。至次年在全县642个生产队中，搞小段包工，定额管理的有259个生产队，占总队数的40.3%；搞统一经营联产到劳的有110个生产队，占17.1%；搞统一经营联产到组的有144个生产队，占22.4%；搞专业承包联产计酬的有36个生产队，占5.6%；搞包产到户的有27个生产队，占4.2%；搞包干到户的有66个生产队，占10.4%。这样，进一步调动农民生产的积极性。1982年，中央肯定："'包产到户、包干到户'都是社会主义集体经济的生产责任制，是合作经济的一个经营层次。"这样，从1982年5月起，全县逐渐实行家庭联产承包责任制。

实行家庭联产承包责任制后，把集体所有的土地包给各家农户经营使用，农业生产基本上变为分户经营、自负盈亏，农民生产的东西"保证国家公购粮任务，留足上调集体的，剩下都是自己的"。这种责任制使农民获得生产和分配的自主权，把农民的责、权、利紧密结合起来。它既不同于农业合作化以前的小私有经济，又没有否定合作化以来集体经济的优越性；而是做到有统有分，统分结合，既发挥集体经济的优越性，又发挥农民家庭经营的积极性。这种制度适合当时的生产力水平，受到农民的普遍欢迎，提高了农民的劳动热情，促进了农业生产的发展。根据县

---

① 《邓小平文选》（1975—1982年），人民出版社，1983年7月第1版，第275页。

志记载，1980年全县粮食总产量39570吨，比1976年26685吨增加12885吨，增长48.3%。农业人口人均口粮达524千克。工农业总产值4677万元，比1975年（"四五"计划末年）增长138.39%。

1980年1月16日，邓小平在《目前的形势和任务》一文中提出："我们提倡按劳分配，对有特别贡献的个人和单位给予精神奖励和物质奖励；也提倡一部分人和一部分地方由于多劳多得，先富裕起来。"①根据这一精神，为了鼓励农民树立起先富与敢富的思想，中共连山县委、县人民政府决定于1983年春，召开全县第一次劳动致富暨三级干部大会。会上，县委、县人民政府对连山人均收入1千元、售粮5吨以上的94户劳动致富农民给予表彰和奖励，公开鼓励一部分农民树立起先富与敢富的思想。这次大会要求农民从思想观念上来一个转变，加快农村的改革步伐。

连山是广东省主要林业县之一，党的十一届三中全会后，认真做好落实山林权政策，促进林业生产的发展。1980年5月9日，县革委会印发《关于封山育林的若干规定》，要求做到"五有"和"五不准"。"五有"是：有明显的封山育林界址，有护林防火林带，有专职护林员常年巡山护林，有组织领导机构，有奖罚制度。"五不准"是：不准砍树；不准削枝；不准人畜进入，有特殊情况需要进入者，要经护林员同意，护林领导小组批准始能进入；不准携带火柴、扩火机等引火物进山；不准在封山区内垦荒种杂粮和割草烧灰积肥。

1981年，根据中央、国务院颁布的《关于保护森林资源，发展林业若干问题的决定》，县委成立落实山林权领导小组，组织工作队下公社、大队做好山林界线的划定工作，确立山权林主。当时，还按在册的社员每人划出一亩以上的自留山，并由县人民

---

① 《邓小平文选》（第二卷），人民出版社，1994年10月第2版，第258页。

政府颁布了山权证和自留山使用证。划给社员的自留山只有使用权,山权仍属管理区（现村委会）集体所有。

1984年1月,中共连山县委、县政府发出通知,要求在1980年决定划给农民每人1亩自留山,全县共划自留山面积62435亩的基础上,各区（由公社后改为区）在可能的情况下扩大和落实农民自留山工作。1984年,全县再增划自留山面积274344亩。两次总共划出自留山面积336779亩,人均面积4.5亩。由县人民政府发给自留山使用证,农民可以自种、自管、自营,承包期一般定为30年至50年。这样,真正做到了"山定权、林定主、人定心",进一步调动了农民群众造林的积极性。是年,全县人工造林面积84108亩。

1985年,广东省委、省政府作出:"五年消灭荒山,十年绿化广东"的决定。县委、县政府结合连山实际,提出建立丰产速生杉林基地、标准化松树采脂林基地、造纸林基地以及以沙田柚为主的水果基地,并向省提出承诺:"三年消灭荒山,五年绿化连山"的目标。经过全县人民的共同努力,1991年3月,连山被绿化委、林业部、人事部授予"全国造林绿化先进单位"的称号。1992年,全县森林覆盖率达76.1%,林业用地栽种率达95.2%,林业用地绿化率达89.5%,县城绿化覆盖率达31.9%,村庄绿化率达39.6%,省市管养公路边栽种率分别达95.7%和92%,如期实现了绿化达标县的目标。1980—1989年,全县人工造林面积共71.5万亩,其中用材林面积67.2万亩,经济林面积4.3万亩。至2000年连山已将境内的笔架山、大风坑、芙蓉山、天堂岭、犁头山、大旭山共70多万亩作为省、市生态公益林。

1984年12月,连山县委、县政府成立县农村改革领导小组,着重调查研究经济结构。一是调整农业与工业产值的比重关系。

二是继续完善农村管理体制改革，大力发展农村的商品生产，要扶持各种专业户的发展和做好林业"两山"（责任山和自留山）、"两制"（区乡林场承包制和封山育林责任制）的落实。接着，县委、县政府提出1986年农村经济工作方针和"七五"期间连山工作的重点。1986年农村经济工作方针简述是：一稳、二促、三发展、四着眼、五转变、六跟上。"一稳"是稳定粮食生产全县90万担。"二促"是促林业、促畜牧水产业。"三发展"是发展乡镇企业（加工业），发展引联项目，发展流通的运输业。"四着眼"是着眼山上，着眼畜牧水产业，着眼农业改制，着眼工副业。"五转变"是由单一抓粮食转变抓多种经营，单一抓水田转变为抓山上作物，单一抓低产值作物转变为抓高产值作物，从单一粮食种植种转变为畜牧业增值，单一行政管理型转变为发展商品经济的综合服务型。"六跟上"是领导思想要跟上，部门服务要跟上，管理工作要跟上，技术指导要跟上，宣传工作要跟上，思想作风要跟上。县委、县政府提出"七五"计划期间，连山经济工作重点是：抓好"一个基础"是粮食生产，"两个支柱"是林化生产、电化生产，"三个基地"是速生丰产杉林、松香林、沙田柚基地，"四个发展"是苎麻、畜牧养殖业、经济作物、乡镇企业的发展。

2005年，根据《中共中央 国务院关于推进社会主义新农村建设的若干意见》，县委、县政府认真落实免征农业税等各项惠农政策。在农村税费改革中，先后取消乡镇统筹费、屠宰税、农业特产税、农业税附加、劳动积累工和义务工及农业税。同时，为确保农民负担减轻不反弹、确保镇级机构和村级组织正常运转、确保农村教育费正常需要的"三确保"，由省财政每年安排农村税费改革转移支付资金900万元，专项用于镇级机关、村级组织的正常运转（含计生、优抚、村道、水利、五保等），实现了农民零税赋，从根本上减轻农民负担。①继续抓好农业结构调整，认真抓好优质稻、沙田柚、生姜、淮山等特色农产品种植，沙田柚、优质大米、大肉姜、淮山、莲藕等5个品种通过无公害认证。抓住县养殖发展有限公司、神农庄东山羊发展有限公司、水果生产服务公司被列入市第一批重点农业龙头企业的机遇，积极争取上级支持，做大做强这几项龙头企业。

2005年10月25日，县政府向清远市政府申报建成林业生态县；清远市政府抽查审核，并推荐上报省政府组织验收。是年底，省政府正式批准连山为广东省林业生态县。

五、城镇经济体制改革

随着农村经济体制改革的开展，1981年实行农村土地联产承包责任制的同时，国营工业企业内部也普遍开展实行责、权、利紧密结合的生产经营管理制度，推广"超计划利润提成奖"的"清远经验"。1981年3月24日，县政府制定了《关于地方国营厂矿企业奖励办法》的激励机制，对完成生产质量、产值、销售收入、利润（不超亏）等指标的，按全厂标准工资10%至20%发放综合奖。是年连山地方企业实现了扭亏增盈，盈利14.1万元。

1984年10月，中共十二届三中全会通过的《中共中央关于经济体制改革的决定》，是城乡进行全面经济体制改革的纲领性文件。次年3月，中共连山县委召开全县三级干部大会，认真学习贯彻中共中央十二届三中全会精神。该决定总结了中华人民共和国成立以来特别是中共十一届三中全会以来城乡经济改革的经验，比较系统地提出和阐明了经济体制改革中的一系列重大理论

---

① 连山壮族瑶族自治县志编纂委员会：《连山壮族瑶族自治县志》（1979—2005），方志出版社，2010年9月第1版，第228页。

和实践问题。提出中国社会主义经济是公有制基础上有计划的商品经济，是对社会主义认识上的一个新突破。过去人们总认为发展商品经济就是搞"资本主义"或者担心搞成"资本主义"，这是一个长期有争议的问题，也是束缚人们思想的问题。中共十一届三中全会后，人们思想进一步解放，认识到商品经济不是资本主义特有的，而是人类几个社会形态共有的，它可以促进社会分工和促进生产社会化以及技术的进步。因为商品进入交换，可以促进专业化协作，做到工多艺熟，熟能生巧，有利于发明创造；商品市场上是认货不认人，谁的商品物美价廉就在市场占优势，否则就处于劣势。这种优胜劣汰的平等竞争，迫使商品生产者要改进技术和管理。所以商品经济是一种历史的进步现象，不是坏现象。既然商品是几个社会形态共有的，又是一种历史进步现象，资本主义可以利用其为发展资本主义经济服务，无产阶级也可以而且必须利用其为发展社会主义经济服务。该决定为城镇经济体制改革指明了方向。

（一）国营企业体制改革

1982年，县主管部门对预算内企业采取划小核算单位，实行分级管理，把企业职工的责、权、利三者结合起来，将指标分解落实到各部门和车间、班组以及每个生产者，克服原管理过分集中的状况，以保证各项指标的实现。从1984年起，中共连山县委、县政府对县内地方工业企业按照政企分开，实行所有权与经营权分离原则，促进企业向市场主体的转变。首先，明确厂长是企业法人代表，对企业负全面责任，形成"厂长全面负责，党支部监督保证，职工民主管理"的新型领导体制。是年，县水泥厂率先实行厂长责任制，实现扭亏为盈，随后全县工业企业中普遍推行厂长（经理）责任制。厂长有了经营决策指挥权，包括企业中层干部任免权、干部和工人的工资奖金分配权、计划外产品的销售权及原材料的比价采购权、行政机构设置权。其次，推行多种形式承包经营责任制，即实行国家所有、集体经营、核定上缴基数、明确经营者的责权利。1987年，县汽修厂实行定额上交，个人与企业承包；县印刷厂、食品厂、石灰厂等企业实行定额超产奖；县造纸厂实行按记分计奖。县农机厂实行定额计件、定额浮动工资等。通过层层立下"军令状"，变压力为动力。1987年底，对完成任期目标和经营承包合同指标较好的厂长（经理）17人，有关部门给予晋升一级浮动工资的奖励。第一轮承包经营的期限于1990年底结束。是年全县工业总产值达1210.9万元，比1987年增长56.4%；销售收入1713.64万元，比1987年增长120.5%；税利收入251.09万元，比1987年增长123.4%。全县城镇居民在岗职工年平均工资2701元，比1984年的1143元增长1558元，增长1.29倍。

（二）价格财税金融体制改革

中共十二大召开后，工农业产品定价采取调放结合的方式。先提高了粮、棉、猪肉、木材等18种农产品的收购价格，提高幅度20%至50%，同时降低棉布、电风扇、解放鞋、电表、电视机、手表等品种的价格。至1983年，除列名管理的120种轻工业品价格外，其余商品价格全部放开，逐渐由市场调节。中共连山县委、县政府根据中共中央国务院于1985年1月颁发的《关于进一步活跃农村经济的十项政策》的要求，从1985年起，除粮食从统购改为合同定购外，其他产品如生猪、水产品及一切农副产品，逐步取消了派购任务，让农民自由上市，自由交易，随行就市，按质论价，发展农村的商品经济。价格政策一放宽，农村的商品经济就一下子发展起来。全县各地随即出现一批养猪、鸡、鸭、鱼的专业户，农村的经济被搞活了。同时，流通渠道打破了地区封锁，日用工业产品流入社会大市场，从此那种靠凭证、排长队的购物历史一去不复返。1992年4月，县委、县政府根据上级要求，粮油市场全面开放，取消城镇居民粮油的定量供应。农村改革的成功经验，为以城市为重点的整个经济体制改革提供了有利的条件。1990年全县生产总值13606万元，比1980年的4202万元增长2.24倍；农村居民年人均纯收入551.4元，比1980年的118元增长3.67倍；城镇居民在岗职工年人均工资2701元，比1980年的778元增长2.47倍。

（三）物资体制改革

县委、县政府根据中共中央1983年1月印发《当前农村经济政策的若干问题》的通知第（七）项第四点："农村个体商业和各种服务业，经营灵活，方便群众，应当适当加以发展，并给予必要扶持。"是年11月，成立了县个体劳动者协会，鼓励个体劳动者在国家规定的范围内适当发展。1983年，全县个体商业、服务业从1979年18户发展到415户512人，其中从商业322户399人，饮食业61户81人，长途贩运的服务业32户32人。为了解决产地商品的积压与销地缺货物的矛盾，县工商行政管理局改变过去的"卡""压"而转向服务，以服务促进管理，搞活商品流通；为个体商贩安排摊档、通报商品需求信息，允许个体商贩批发日用工业品下乡零售和从外地长途贩运农副产品进入县内集市贸易。这样，广西等外地的猪苗、鸡苗、鸭苗源源不断地进入连山县内，满足一些专业户的需求，对繁荣农贸市场起到了很大的促进作用。城市从农村广辟流通渠道的经验中得到启示，计划调拨商品的体制逐步改变为多渠道、少环节的开放型物资流通体制，发展社会的统一市场。1985年起，国家逐年减少统配物资及计划分配物资。至1990年度基本上取消计划分配，转为社会主义统一市场的调节供应。

（四）商业供销体制改革

县商业、供销等物资流通部门为了适应商品经济发展变化的需要，逐步推行经济目标责任制和公司承包责任制。1978年前，县商业系统按县下达的计划任务进行经营，盈不奖，亏不罚。从1979年后，县国营商业部门逐步进行一系列改革：1981年起，经县政府批准开始实行包干利润上缴财政的前提下，商业局对各公司核定利润指标，实行超利润分成奖，对没有完成定额指标或出了事故的进行惩罚，把企业经济效益同各公司、职工个人利益结合起来，体现出国家多收、企业多留、个人多得的责任制，责权利得到较好的结合，取得一定效果。1983年商业系统除猪肉，上海产的自行车、缝纫机还实行凭证供应，其余商品均敞开供应。1985年起县商业局根据《中共中央关于经济体制改革的决定》的精神，把人事管理权、财务管理权、购销业务权、价格管理权、计划管理权均下放公司管，实行国家所有、集体经营、按章纳税、自负盈亏的管理体制。1987年后，开展公司经理一级任期目标责任制和承包经营责任制：实行经理一级任期目标责任制的有糖烟酒公司、石油公司、百货公司、五交化公司、纺织品公司，实行承包经营责任制的有食品公司、饮服公司、储运公司、民贸永和分公司。1988年商业系统实现利润106.9万元，比上年增加51.9万元，增长94.4%；上缴国家税利67.3万元，比上年增加21.5万元，增长46.9%。随着改革的深化，在坚持国有商业为主导的同时，放手让集体或个人发展零星服务业、商业，建立起四通八达的流通网络，逐渐变"官办"为"民办"。

县供销系统于1979年5月起，先在基层供销社实施定人员、定销售、定资金、定费用、定利润奖励的"五定一奖"责任制，开始打破"吃大锅饭"的平均主义。在统一领导、统一计划、统一政策、统一制度、统一核算和分配的"五统一"前提下，实行企业内部民主管理，适当分权，做到层层有管理、级级有考核、店店要核算，把个人物质利益同完成国家计划经济任务相挂钩，正确处理好国家、企业、个人三者的关系。贯彻国家、集体、个人一起上的方针，搞活县的商品流通，保持市场的繁荣与稳定。1981年11月基层供销社推行民主管理，从任命制变为选举制，从终身制变为常任制，职工直接参与企业的决策、管理与监督。1987年12月，进一步深化供销社企业改革，实行企业任期目标管理责任制。由县社逐一与公司、基层社签订含企业经济效益、企业发展、社会效益、企业管理、精神文明建设和职工收入及福利等目标的合同书。县供销社等部门从1987年起，实行经理任期目标管理责任制。1988年10月，为发展和完善供销社企业经营承包责任制，按照企业所有权与经营权分离和"核定任务，核定资金，超额分成，欠额自补"的原则，使承包门店自主经营，自负盈亏，彻底改变门店长期亏损的局面。实行经营承包责任制原则上以原店职工集体承包为主，也可以职工个人或职工合伙承包，个别门店还可向社会招租。承包期门店要上缴承包费，职工工资、资金、福利、医疗费用、退休统筹金自理，承包时限原则上定3年以内，承包期满重新进行招标。1992年开始，全县供销系统共79个门店实行大包干的责任制。由过去单位提供资金，采取商品统一进货和调拨、统一定价、门店核算、定额上缴的做法，改为采取自筹资金、自主经营、自负盈亏、包定基数、人员自由组合、工资福利自行确定、门店自由用人、职工能进能出等做法。这样做取得明显的经济效益，职工收入明显增加，基本上杜绝门店经营亏损状况。坚持多种经济形式和经营方式的共同发展，是社会不断前进发展的需要。

（五）粮油与医药体制改革

1978年前，粮食系统与全国一样执行国家粮食统购销政策，设立县粮食局并下设12个粮所，由国家专营经销，保证供应城镇居民的定量粮食。而城镇居民经粮食部门核定购粮定量，每户发给一本"城镇居民购粮本"到指定粮所购买当月定量数，不能超定量。如果居民增减人员，粮食定量随之变更，应持"城镇居民购粮本"及户口簿到指定的县粮食局办理增减手续。如不及时办理者，特别是人口减少的，一经发现查实，多购定量每千克粮要罚2元（即十倍），管理严格。党的十一届三中全会后，连山大力推广种植杂交水稻，1983年后落实好家庭联产承包责任制，粮食连年增产。1983年，全县粮食部门几乎无仓囤粮，改向农户收取购粮代金。粮食部门每担（50公斤）上造谷补3元，下造谷补4元的差价给农民，而不收购粮食了。因为连山距大城市远，而大城市居民用粮是先到距离城市近的县调运，而连山几年都不需调拨粮食，故无仓囤粮了。1992年4月起，根据省政府下达的文件，全面放开粮食价格，实行市场供需；对本县城镇居民粮食凭证定量供应完全停止。1995年县设立储备粮管理公司，负责军供粮油外，不再销售粮食，完全实行市场供需。

1979年以前，医药工商企业曾先后隶属县供销社、商业局、卫生局及市医药等部门。1980年10月，在药品公司基础上组建县医药生产供应公司。1984年2月，改为县医药公司和县药材公司。1987年，又改为县医药总公司。20世纪90年代初成立县医药管理局，建立起全县医药统一管理体制，对全县中西药品、医疗器械、化学试剂的供应实行统一规划、统一计划和统一管理，结束医药多头领导、分散管理的状况。

（六）多种经济成分共同发展

根据县志记载，1978年前，连山全县国营、集体所有制占市场份额的99%以上，而个体工商户只有18户。1982年9月党的十二大召开后，邓小平在开幕词中指出："把马克思主义的普遍真理同我国的具体实际结合起来，走自己的道路，建设有中国特色的社会主义，这就是我们总结长期历史经验得出的基本结论。"①这年全县个体工商户迅速发展到211户，比1978年增长11倍。1983年12月成立县个体劳动者协会，还在吉田、永和、太保、福堂、小三江成立5个分会，进一步推动个体工商户发展。这年全县国营企业73户，集体企业57户，个体私营企业507户。至1989年全县个体工商户达1310户，从业人数2108人，其中商业608户966人，饮食业204户409人，工业、手工业115户266人，服务业83户117人，修理业73户111人，交通运输业227户239人。是年，个体注册资金553万元，占注册资金总数的7.5%，年营业额1748万元，缴纳税金150万元：国营企业263户，注册资金4811万元，占注册奖金总数的65%；集体企业264户，注册资金2017万元，占注册资金总数的27.3%。国营、集体注册资金仍占主体地位，而个体只占总数的7.5%。1992年全县国有企业331户，注册资金12663万元，占全县注册资金总数的79.6%；集体企业259户，注册资金2657万元，占注册资金总数的16.7%；个体企业1514户，注册资金589万，占注册资金总数的7.7%。开始形成国有、集体、个体共同发展的趋势。

六、市场经济建设和发展

1993年3月，县第八届党委会认真学习贯彻中共十四大精神的要求："切实转换企业经营机制，把企业推向市场，增强企业活力。""要认真贯彻《企业法》和《条例》落实企业自主权。通过理顺产权关系，实行政企分开，使企业真正成为自主经营、自负盈亏、自我发展、自我约束的法人实体和市场竞争主体，使

---

① 《邓小平文选》第三卷，人民出版社，1993年10月第1版，第3页。

企业有权经营国有资产前对资产的保值增值负责。""企业要在'转'字上下功夫，进一步完善承包经营责任制，有计划地进行股份制试点，搞好企业组织和经营形式改革。"①

1993年起，县委、县政府确定全县工业企业转换经营的目标，逐步落实经营自主权。对县商业系统企业，通过完善承包责任制，县商业局把人事管理权、财务管理权、购销管理权、价格管理权、计划管理权都下放到各公司，实行"国家所有、集体经营、按章纳税、自负盈亏"的管理体制，因此许多工业品就由公司门店自由购销。随着改革不断深化，县商业局在坚持国有商业为主导的同时，放手让集体（公司）或个人承包。县供销系统企业试行"所有权与经营权分离和核定指标，核定资金，超额分成，欠额自补"的原则，下放到基层社和门店，自主经营，自负盈亏。国有企业经营机制的转换，促进了国有企业、集体企业、个体企业、合资企业等多种经济成分共同发展。1995年全县国有企业保持396户，注册资金2038万元，占注册资金总数的77.65%；集体企业293户，注册资金4769万元，占注册资金总数的18.17%。个体私营企业1577户，注册资金达1097万元，占总数4.18%，其中个体工商户1572户，从业人员2159人，注册资金682万；私营企业5户，从业人员170人，注册资金415万元。

第三产业如商业、饮食业、修理业、旅游业、金融、保险、通信、法律事务、文化教育、科技事业等，是衡量现代化社会经济发达程度的重要标志。改革开放后，连山于1984年起出现个体经营的饮食业。1992年9月，为了拓宽物资交流，在连山承办

---

① 中国共产党连山壮族瑶族自治县历次代表大会编写委员会：《中国共产党连山壮族瑶族自治县历次代表大会》（1949—2001），内部出版，2001年，第424页。

粤、湘、桂三省（区）边界的17个县经济技术协作交流会，打通和扩大物资交流，促进了连山集市贸易额的逐年递增。1993年10月开始，县劳动服务公司为组织连山下岗职工及农村剩余劳动力的输出，在县城吉田镇举办首届劳务集市，邀请县外工业企业34家到连山招聘。初步统计，连山全县长期在外务工人员约2万人，年创经济收入约1亿元。县工商部门为了促进全县工商业的发展，于1983年12月成立县个体劳动者协会，先后在吉田、永和、太保、福堂、小三江等地成立分会，全县个体工商户迅速发展。1995年，县委、县政府制定加快发展个体和私营经济的政策，全县个体私营企业达1577户，注册资金1097万元。1998年发展到1799户，注册资金1386万元。1998年全县生产总值37382万元，其中第一产业18611万元，占比重为49.8%；第二产业8686万元，占比重为23.2%；第三产业10085万元，占比重为27%。

建立社会主义市场伓制，除大力发展商品市场外，还要培育包括债券、股票、有价证券的金融市场，以及发展人才、技术、劳务、信息和房地产市场，形成全面开放的市场体系。自改革开放后，连山的科技、教育、医疗卫生人才大量流失。为补充山区人才的欠缺，由组织人事部门牵头，县委、县政府于1984年10月在《羊城晚报》刊登招聘人才广告，是年引入或调入大中专毕业生14人。1987年至1996年，先后从云南、四川、湖南等地引进科技、教育、卫生等专业人才384人，补充县内乡镇这些方面的专业人员的不足。县劳动服务公司于1993年10月在县城吉田镇举办首届劳务集市，引进县外工业企业到劳务集市招聘。2004年、2005年举办第二、第三届劳务集市。县劳动服务公司有组织、有建制、上规模、有序化地做好劳务输出的准备工作。从1993年至2005年，连山共输出5.65万人（次），年创经济收入可观。

　　1992年，县委、县政府决定开发房地产市场。这年制定在县城工作的干部职工住房（含离退休干部职工）制度改革方案。即是县城各单位自管的和房管局管理的职工住房（除影响办公、教学、科研、交通、保密和安全的设施住宅之外），每户（一对夫妻）限购1套，价格以1979年建成的住房造价为标准：砖混结构的每平方米为115元，框架结构的每平方米为126.5元，砖木结构的每平方米为85元。不同年份建成的住房的房价，以1979年的房价为基数，前减后增一定的百分比。属1978年前建成的，以1979年房价为基数，逐年递减1%。属1980年至1986年间建成的，每年递增1%；属1987年至1989年间建成的，在1986年房价基础上逐年递增2%；1990年至1991年间建成的，分别在上一年房价的基数上递增1%。住房面积的标准：处级为110平方米，科级为95平方米，科员及以下为85平方米。对超标准的住房部分加价：超标5至25平方米的加价20%，超标26至35平方米的加价40%，超标36至45平方米的加价60%，超标46至55平方米的加价80%，超标56平方米以上的按造价计算。房主付清全部房款后，到房管部门办理有关手续，领取房产证，房权归个人所有。至2003年底，县城参加首批房改的有98个单独核算的单位，共出售公有住房950套，发放房产证236份，面积66800平方米，全县回收售房资金926.8万元。1987至1988年，县房地产管理所开发建起两栋混合结构楼房，建筑面积10800平方米，均以微利形式发售给家庭人均收入低于县内最低生活保障线、家庭无住房或人均现住房建筑面积在6平方米以下的城镇非农业常住人口的干部职工。从1988年至2005年全县房地产交易住房共4485宗（含公有房改房），建筑面积为517081平方米，征收房地产交易契税704318.39元。

　　县还发行国库券与福利彩券。1981年至1994年由县财政局向党政机关、人民团体发放国库券（又叫公债）744.39万元。1995

年至2005年由县银行直接发行1446.41万元。1994至1995年，为筹集扩建吉田至福堂公路段所需资金，向行政和事业单位干部职工发行"公路建设债券"263.52万元，面值100元，至2001年开始还本息。2005年共还本息305万元，余数在2006年全部还清。1988年，连山开始发行社会福利彩票，进行扶贫济困募捐活动。至1992年共发行77期，发行额共有30.37万元。1996年开始实行电脑联网发行福利彩票，发行额18万元。1987年发行即开型赈灾社会福利彩票100万元，销售60万元；电脑联网发行额20万元。1988年传统型电脑联网彩票销售点两个，发售额30万元；发行即开型赈灾社会福利彩票80万元，销售80万元。

随着国有企业转换经营机制，把企业推向市场，县委、县政府根据《中华人民共和国企业破产法（试行）》和《国务院关于在若干城市试行国有企业破产有关问题的通知》精神，制定县《关于国有企业破产若干问题实施办法》。全县22家地方国有企业全部破产，对其职工作出"两个置换"的改革：一是置换企业产权，解除企业对政府的依附关系，使企业由政府的附属变为真正的市场主体。二是置换职工身份，解除职工对企业的依附关系，使职工由单位人变为社会人，不再保留国有企业职工身份。对置换职工给予一次性安置费补偿。此外，还安置好粮食、商业、供销系统等流通渠道的国有企业职工。

"十一五"时期，经济持续快速增长。2010年与2006年相比，全县生产总值达到17.8亿元，增长115%；县级一般预算收入首次突破亿元大关，达到1.008亿元，增长228%；工业总产值突破10亿元，达到11.91亿元，增长40.6%；固定资产投资完成14.61亿元，增长18.5%；农业总产值7.16亿元，增长8.7%；社会消费品零售总额3.76亿元，增长19.6%；在岗职工年平均工资收入32219元，农民年人均纯收入4802元，分别增长16.5%和13.5%；城乡居民储蓄存款余额9.47亿元，比2006年初增长19.4%。

工业经济规模扩大。鑫德装饰材料有限公司建成投产，小三江硅粉基地、大龙山矿业建设步伐加快，鸿星金属加工增资扩建顺利推进。全县规模工业发展到11家，规模以上工业产值达到9.85亿元，增长46.2%。全年收购电量7.35亿千瓦时，创历史新高。打造"富基"等优质大米品牌9个，注册商标3个，年加工能力达到5万多吨。

农村经济稳步发展。在稳定粮食生产的基础上，大力发展生态特色农业，有机稻种植面积达到3万亩，水果、生姜、南药等种植面积继续扩大。申请注册"梅洞肉姜"等农产品商标3个，新增有机米认证2个，新增农民专业合作社15家。畜牧业养殖规模扩大，养殖大户增加到100多户，年生猪饲养量9.4万头。组织实施杂交水稻选育及推广应用等3个省级科技计划项目，推广测土配方施肥技术10万亩，繁育水稻不育系"吉田A"获市科技进步一等奖，县民族食品有限公司获省"科普惠农兴村计划"先进集体称号。

第三产业加快发展。积极开展广东省旅游特色县申报工作，推进鹰扬关景区改造和金子山景区建设，福林苑民族风情表演更具特色，大旭山景区转让企业经营，成功争取壮瑶民族生态旅游度假区列入省2011年预备重点建设项目，成功举办第五届"七月香"戏水节暨壮瑶民族民间艺术节，旅游推介取得积极成效。全年接待旅游人数16.8万人次，旅游总收入5040万元，比"十一五"计划末年分别增长11.2%和12%。深入开展"家电下乡"等促销活动，有效扩大社会消费需求。城乡连锁、超市等商业服务业进一步发展壮大，房地产开发步伐加快，通信、保险、物流、中介咨询等现代服务业快速发展，全县个体工商户发展到2585户。

县委第十二届委员会任期五年来，结合连山实际，发展思路不断优化，积极探索山区发展途径，把握自身优势，找准科学定位和发展方向，提出以建设"生态文明、经济发展、民族和谐、宜居宜游"的幸福美丽连山为奋斗目标，形成全县上下的凝心聚力，加快发展动力。2015年是"十二五"计划末年，连山全县生产总值达29.41亿元，与2010年"十一五"计划末年相比增长11.61亿元，增长65.22%，年均增长速度为7.87%，其中第一产业6.42亿元，增长44.27%；第二产业8.7亿元，增长56.47%；第三产业14.29亿元，增长83.44%。工农业总产值达34.68亿元，增长81.86%，其中工业总产值为23.92亿元，增长1.1倍；农业总产值为10.76亿元，增长50.27%。县级一般预算收入为1.39亿元，增长37.89%。城镇居民在岗就业人员年人均工资为52182元，增长61.96%；农村居民人均纯收入9946元，增长107%。全县金融机构存款余额35.95亿元，增长150%。全县市场繁荣，物价稳定，社会消费品零售总额5.47亿元，增长10%。

2016年，连山贯彻落实党的十八届三中、四中、五中、六中全会精神，抓住省深入实施粤东西北振兴发展战略、扶持民族地区加快发展和广清对接帮扶的机遇，坚持绿色发展理念，围绕县第十三次党代会提出的"4483"发展思路，推进产业发展，抓项目、强基础、稳增长、惠民生，全县经济社会继续保持稳中有增发展势头。全县生产总值完成31.13亿元，增长3.8%，其中第一产业增加值7.37亿元，增长5.1%；第二产业增加值8.86亿元，下降2.8%；第三产业增加值14.9亿元，增长7.6%。全县工业增加值5.9亿元，下降5.9%。其中规模以上工业增加值1.96亿元，下降22.8%。农业总产值12.19亿元，增长5.5%。由于缺乏大项目拉动，固定资产投资完成5.14亿元，下降2.3%。社会消费品零售总额6.24亿元，增长10.2%。一般公共预算收入1.23亿元，下降

6.8%。农民年人均纯收入11636元，增长17%；城镇居民可支配收入19813元，增长10%。

2017年，连山认真贯彻落实党的十九大和县第十三次党代会精神，紧抓省扶持民族地区加快发展和广清对口帮扶的机遇，坚定走绿色发展道路，按照"4483"发展思路，加快生态产业发展，积极推进抓改革、惠民生各项工作，基本完成县十一届人大二次会议确定的目标任务。全县生产总值31.45亿元，比2016年增长0.1%，其中第一产业7.9亿元，增长5.1%；第二产业8.3亿元，下降12.7%；第三产业15.25亿元，增长6.5%。三大产业结构为25.12：26.39：48.49，人均生产总值33351元，比2016年下降0.9%。全社会固定资产投资完成5.57亿元，增长8.5%。公共财政预算收入10010万元，下降15.7%，公共财政预算支出100418万元，下降43.6%。金融业健康稳步发展，信用村、农村金融服务站实现48个行政村100%全覆盖。农村居民人均纯收入12005元，比2016年增长8.6%；城镇居民可支配收入22051元，比2016年增长10.3%。全社会消费品零售总额 6.78亿元，比2016年增长8.7%。

七、加强党的建设

1954年，成立中共连山县委纪律检查委员会。1956年，改称为中共连山县监察委员会。1961年，恢复连山县，重建中共连山县监察委员会。同时，成立县行政监察室。1979年，重建中共连山壮族瑶族自治县委纪律检查委员会，作为县委工作部门。1986年，根据上级指示精神，升格为县五套领导班子之一。1987年，设立县监察局。1993年，县监察局与县纪委合署办公。2012年，成立县预防腐败局。

为纠正"文化大革命"的"左"倾错误，提高党员思想水平，1983年3月12日，县委根据中共十二大精神和全国全省党员教育工作会议的要求，作出决定：在全县城乡分期分批对党员进行一次轮训。通过轮训，要求党员达到"四个明确"和"三个知道"。"四个明确"是明确党的性质、宗旨、指导思想、最终目标及现阶段的任务和三项基本要求，坚定共产主义信念，树立全心全意为人民服务的思想；明确党员标准和党员干部的基本要求，提高做一个合格党员和党员干部的自觉性，努力纠正不正之风；明确健全党的民主集中制和加强党的纪律的重要性，提高党员的组织性和纪律性，在思想上和政治上同党中央保持一致；明确党的基层组织的八项任务，提高党支部的战斗堡垒作用。"三个知道"是知道党员标准的内容，真诚拥护党的纲领，遵守党的章程，充分履行党的义务，言论符合党章规定；知道自己与党员标准的差距在哪里；知道怎样努力做一个合格党员。

1983年12月23日至28日，县委组织全县各公社（区）、场、镇开展党风党纪大检查，重点是检查一年来抓党风党纪建设情况，领导班子建设情况，各级党委党支部执行党的政策情况，各单位的经济、财务管理情况。由于加强了党的思想建设，检查结果总的情况还是好的，一些长期拖欠公款等问题也得到了纠正。

1985年7月开始，中共连山县委根据中共十二届二中全会作出的决定进行全面整党。连山用了两年时间，基本完成了县、乡、村三级整党任务。在整党中，经过组织党员学习整党文件，开展否定"文化大革命"教育，进行检查对照，组织处理和党员登记等几个阶段，突出解决好各级党支部和党员中存在的主要问题。全县参加整党的党支部有247个，正式党员3790名，合格进行党员登记的3744名，占党员总数的98.7%；开除党籍的9名，留党察看的1名，党内严重警告的1名，不合格不予登记的4名，暂未讨论登记的31名。其中农村党支部68个，正式党员2121名，合格进行党员登记的2039名，占农村党员总数的96.1%；开除党籍的1名，留党察看的1名，党内严重警告的1名，不合格不予登记的4名。通过这次整党工作，全县各级党组织和全体党员进行了一次深刻的党性、党纪、党风教育：一是进一步统一了思想，纠正了一切违反四项基本原则，违反党的十一届三中全会以来制定的路线"左"的或右的错误倾向，实现了全党思想上政治上的高度一致。二是整顿了作风，纠正了各种利用职权谋取私利的不正之风，反掉了对党对人民不负责任的官僚主义，进一步发扬了全心全意为人民服务的精神。三是加强了纪律，反掉了"文化大革命"的派性和无政府主义、自由主义、分散主义，改变了一些党支部软弱涣散的状况。四是纯洁了组织，按照党章，将"文化大革命"中的"三种人"（追随林彪、江青反革命集团造反起家的人，帮派思想严重的人，打砸抢分子）查清，经报韶关市委核查办审查批复，查出有5名犯有严重错误的人，分别给予党纪处分。

1985年10月，中共连山县委作出《关于建立和健全各级领导班子抓党风工作责任制的决定》。次年8月，又作出《关于纠正不正之风"十不准"的规定》。规定要求：一是不准超标建房和乱占耕地建私房；二是不准利用职权在工资福利以外搞不正当收入；三是不准利用职权在招工招干上谋私利和私自安排自己子女亲属到单位工作；四是不准利用职权为自己的子女亲属搞农转非；五是不准拖欠公款；六是不准利用职权和自己的声誉关系为自己经商谋私利；七是不准利用职权无代价动用公家车辆为自己办私事；八是不准乱收费、乱摊派、乱罚款或巧立名目为自己小团体谋利搞"小钱柜"；九是不准利用行业特权敲诈勒索，向外单位、下属单位或群众索取财物，对属于"霸"字号人物严肃处理；十是不准违反财经纪律，滥开支，滥发钱物和公款旅游。要求各级党组织的领导带好头，抓好党员教育，健全党组织生活和民主生活，抓好纪检队伍建设，深入调查研究，把党风工作抓好，使党风有所好转。

1989年6月30日，中共连山县委发出《关于认真学习贯彻党的十三届四中全会精神的通知》。通知要求：一是认真把中共十三届四中全会精神学习好、宣传好、贯彻好，用四中全会精神统一全县党员干部群众的思想行动；二是密切联系实际，深入开展党的基本路线教育，坚持四项基本原则，坚持改革开放，切实加强思想政治工作；三是振奋精神，积极工作，齐心协力，努力完成四中全会提出的各项任务，进一步维护安定团结的政治局面，把连山的改革开放和"两个文明"建设推向前进。7月11日至13日，县委召开县委常委扩大会议，进一步学习党的十三届四中全会文件，认真抓好如下几项工作：一、县委根据上级党委部署于1989年8月起组织全县党员开展首次民主评议党员工作。二、同年10月7日，中共连山县委又发出《关于认真学习宣传江泽民总书记在庆祝国庆40周年讲话的通知》。三、县委、县政府还决定加强廉政建设。四、同年11月16日，县委、县政府根据国务院召开全国电话会议精神，开展打击卖淫嫖娼、制作贩卖传播淫秽物品、拐卖妇女儿童、私种吸食贩运毒品、聚众赌博、利用封建迷信骗财害人、黑社会组织等社会丑陋现象斗争。五、1989年12月，中共中央通过《关于坚持和完善中国共产党领导的多党合作和政治协商制度的意见》，县委于1990年2月发出通知，要求认真贯彻落实该意见的精神，把各级党组织和党员的认识统一到该意见上来，增强统战工作意识，扩大政治协商范畴，积极培养和选拔无党派人士担任政府职能部门的领导职务；在县人大、县政协安排适当比例的无党派人士。

1990年4月，县委根据中共中央和省委的要求，组织全县党组织和党员，普遍进行马克思主义基本理论、党的基本路线和党的基本知识教育。县委根据广东省委的指示，于1991年4月15日成立县农村社会主义思想教育领导小组，领导全县农村开展社会主义思想教育（简称为"社教"）工作。通过"社教"，用爱国主义、集体主义、社会主义的思想，团结教育和引导农民，深化农村改革，发展农村经济，加强社会主义精神文明建设，促进农村社会治安的综合治理，增强社会主义必胜的信念。1991年7月，县委组织全县党员和党员干部，开展党内法规教育，重点是学习中共中央纪律检查委员会从1988年以来颁发的党员的党纪处分的八个规定以及党章的有关章节。通过组织学习、讨论，使党员明确了党的政治纪律、组织纪律、群众纪律、保密纪律的涵义，提高党员知纪、守纪、护纪的自觉性。

1993年2月，中共连山第八届县委提出："我们一定要坚持党要管党和从严治党的方针，大力抓好党的思想、政治、组织、作风建设，把各级党组织建设成为领导改革开放和现代化建设的坚强领导集体。"一是切实加强党的思想建设，二是切实加强各级领导班子建设，三是切实加强党风廉政建设，四是进一步密切党群关系。

中共连山第九届县委提出："今后五年，我们的指导思想是毫不动摇地高举邓小平理论伟大旗帜，坚持社会主义初级阶段的理论，深入贯彻落实党的十五大精神，坚持以经济建设为中心，努力建立和健全社会主义市场经济体制，进一步调整优化人才结构，加强党的建设，健全民主与法制建设，加强精神文明建设，按照'三个有利于'的标准，解放思想，更新观念，把握机遇，开拓进取，同心同德，艰苦创业，努力将连山改革开放和各项事业全面推向二十一世纪。"

2003年3月9日，召开中共连山县第十次代表大会，学习贯彻"三个代表"重要思想，全面建设小康社会，开创中国特色社会主义事业新局面。

2003年8月起，中共连山县委根据党中央和省委部署，开展"固本强基工程"的建设。广东省委决定，组织"十百千万"干部下基层驻农村：分期分批派"十个"以上的省级干部、"百个"以上的厅级干部、"千个"以上的处级干部、"万个"以上的科级干部和一般干部到农村驻点，用三年多时间帮助集体经济纯收入3万元以下的贫困村委会，开展农村的各项工作。

2004年11月，中共连山县委决定，从2005年1月开始用一年半左右的时间，在全县开展以实践"三个代表"重要思想为主要内容的保持共产党员先进性教育活动。

2006年11月27日至29日，召开中共连山县第十一次代表大会，布置开展深入宣传贯彻落实科学发展观活动。

2009年3月至8月，县委根据党中央和上级党委部署，组织全县党员干部深入开展科学发展观的学习与实践。

县委第十二届委员会任期五年来，以习近平总书记系列重要讲话为指导，着力加强党的思想建设、组织建设、党风廉政建设。

县委认真组织广大干部群众学习习近平总书记系列重要讲话精神，深入贯彻落实党的十八大及十八届三中、四中、五中全会精神，强化政治规矩和政治纪律意识，开展严以修身、严以用权、严以律己和谋事要实、创业要实、做人要实的"三严三实"专题教育和学党章党规、学系列讲话、做合格党员的"两学一做"学习活动，切实加强思想建党和制度治党，全面提高各级党组织的组织建设水平。

着力加强党组织建设。推广"三级联创"服务型党建工作，进一步增强党建工作的针对性和实效性，充分发挥"述评考"这一指挥棒作用，倒逼各级党组织落实抓基层党建工作的责任。进一步健全基层党建工作考核和责任追究制度。这届党组织建设不断加强，人才培养、选拔任用、政绩考核等制度进一步完善，干部和人才素质不断提升。

着力加强党风廉政建设。深入开展"正风"行动和"公述民评"活动，严格落实中央八项规定，深入整治"庸懒散奢软"以及不作为、乱作为、慢作为等作风问题。坚决以零容忍的态度惩治腐败，强化源头治腐，广泛开展纪律宣传教育活动，全面加强对权力运行的监督和制约。增强办案工作合力，积极推进纪律审查各项工作，始终保持反腐的高压态势。县纪检监察机关全面开展述责、述廉、述德活动，促进党委（党组）主体责任落实。加强电子监督系统建设，强化电子监察，加大网上办事大厅日常监督力度，开展各类明查暗访和开展"正风行动"及"公述民评"活动。因违反中央八项规定而被查处24人，其中科级干部2人，各镇纪委自办案件18宗18人。县廉政账户收到领导干部主动上交1个金额9万元的"红包"。通过学习活动和"正风行动"，对庸懒散奢软的问题，对不作为、乱作为、慢作为等作风问题得到有效整治，党风廉政建设颇具成效。

第三节 发展社会事业

一、社会保障体系建设

一是建立县社会劳动保险公司。1984年7月，设立县社会劳动保险公司。9月起，县为试行合同制工人、临时工的社会养老保险制度。1985年6月，全县全民所有制企事业单位开始实行退休金的统筹。1986年3月，在县属、区、镇集体所有制试行退休金由企业统筹，统一按规定缴纳到县社会劳动保险公司统一管理，统一核算。 9月，县政府按国务院发布的劳动制度改革的四项暂行规定，正式实行退休、养老社会保险制度。建立起有中国特色社会主义的社会保障制度后，使职工老有所养，工伤、女工生育有所依，病有所医，失业遣散按规定发给生活补贴。

二是建立城乡救济和低保制度。1979年前，农村孤寡老人和孤儿由生产大队、生产队集体供养，国家民政给予必要救济，实行保吃、保穿、保住、保医、保葬和（孤儿）保教。1981年起，以生产大队（管理区）为单位，承包户按每亩负担稻谷1.5千克，在夏粮入库时由承包户缴交到粮所，"五保户"凭证到粮所领取口粮。1990年后，由省民政厅拨部分经费，县财政划拨部分，保证"五保户"的供养问题。

三是对农村贫困户实行救济。1978年前，政府通过民政部门发放棉衣、棉被等防寒物资。1987年开始，对贫困户进行经济扶持，帮助其发展生产，增加收入。1990年10月，由民政部门对贫困缺劳力、收入极其低微的贫困户，实行最低生活保障的救济；对受灾或其他原因出现生活困难的农户实行临时救济；对残疾人生活与就业给予扶持。1998年4月起，对城镇无经济来源、无法定抚养人、无单位的"三无"人员和生活困难人员，实行差额救济。通过上述的方式，有步骤地建立起具有中国特色的社会主义的社会保障制度，确保社会的安定与和谐。

2003年1月起，国家干部职工实行基本医疗保险制度，由参保单位和参保人共同缴纳，并建立个人账户和统筹资金，每人每月缴纳5元，参保人可凭社会保险卡，自由选择本地所属的定点医疗机构诊治或定点售药店购药。住院限额报70%，个人负担10%，实现病有所医。2004年7月起，实行全县统筹、镇级管理的农村合作医疗模式，筹集资金统一划入县农村合作医疗账户，实行统一核算、统一结算，共同承担风险。

随着国有企业转换经营机制，连山有22家国有企业破产，对1100个干部职工作了"两置换"，发给一次性的安置补偿金。同时县粮食、商业、供销三大流通系统企业，共遣散了1160人。部分人下岗失业后的就业问题仍待解决。

县委、县政府于2004年4月10日，在连山县城吉田镇举办清远市富余劳动力就业现场招聘会，当场全县有280多人签订了外出务工的意见书。2005年6月15日，全县举办富余劳动力招聘会，有106个企业招聘人员，县内外逾万人参加应聘，现场录用2581人。在连山境内共举办过三届大型劳务输出现场招聘会。

"十一五"时期，社会保障进一步完善。超额完成社保扩面任务，在全市率先开展新农保省级试点工作，全县参加"五险"和新农保达71483人，发放保险金4325万元。城乡低保、"五保"实现应保尽保，10804名符合低保条件的城乡居民实现应保尽保，累计发放低保金2789.57万元。新农合保持100%参保率，保障水平提高，城镇居民医疗保险顺利推进。抓住"双转移"机遇，加大劳动力免费培训和转移力度，累计转移劳动力34898人（次），新增城镇就业岗位7144人，各类培训26026人（次），城镇登记失业率为3.09%。积极推进保障住房建设，较好地解决了部分城镇低收入群众住房问题，全面完成市下达的保障住房建设任务。社会救助、社会福利、社会慈善事业加快发展。

贯彻落实《中华人民共和国社会保险法》。2012年全县参加养老保险12124人，养老保险费征收3517万元，支付养老保险待遇3685万元。参加医疗保险共108969人，医疗保险费征收4094万元，支付医疗保险待遇4582万元。参加失业保险4027人，失业保险费征收244万元，支付失业保险待遇244万元。参加工伤保险3023人，工伤保险费征收71万元，支付工伤保险待遇69万元。参加生育保险2530人，生育保险征收72万元，支付生育保险待遇21万元。参加新农保险37564人，新农保险费征收186万元，支付新农保险待遇949万元。

2015年1月起，提高城乡低保待遇：一是城镇居民低保标准由每人每月370元提高到410元，补差水平由每人每月333元提高到374元；二是农村居民低保标准由每人每月230元提高到260元，补差水平由每人每月147元提高到172元。全县全年低保金支出1527.45万元，其中农村低保支出1404.97万元，城镇低保支出122.48万元，保障城乡低保群众的基本生活。全年医疗救助人员12700人（次），资金支出502.01万元，其中救助住院737人（次），资金支出379.95万元；门诊救助116人（次），资金支出2.676万元。资助参保人数11719人，资金支出35.16万元；发挥城乡居民临时救助工作"及时雨"的作用，全年临时救助420人（次），发放救助金27.22万元。全县"五保"供养对象450人，孤儿38人。从2015年1月起，"五保"供养对象标准由原来每人每月385元提高到454元，孤儿养育金每人每月为814元。全年通过银行发放"五保"供养经费共242.28万元，发放养育金37.53万元。投入购买"五保"服装资金19万元。春节期间，做好"五保"户、孤儿的慰问工作，支出15.24万元。全年发放80岁以上老人高龄保健津贴2303人，共支出资金136.5万元。全县参加城镇养老保险12898人，养老保险费征收3982万元，支付养老保险待遇6474万元。参加医疗保险109426人，医疗保险费2218万元。参加失业保险3745人，征收失业保险费192万元，支付失业保险待遇15万元。参加工伤保险6398人，征收工伤保险费103万元，支付工伤保险待遇202万元。参加生育保险6380人，征收生育保险费147万元，支付生育保险待遇18万元。参加城乡居民保险39052人，其中被征地农民537人。各项社会保险待遇均通过国有商业银行实行社会化发放。

二、医疗卫生事业建设

连山县委、县政府不断地加强医疗卫生事业的建设。由于原基础差，中华人民共和国成立初期全县只有一所卫生院，医疗工作人员5人，是个缺医少药的穷地方。到20世纪50年代末，全县12个公社办起卫生院或卫生所。1957年，县设在永和的卫生院升格为县人民医院。20世纪60年代中期，县城从永和搬迁到吉田，县人民医院也随迁到甲科村东侧的田岭坪，重建几排平房作为新址。因为"文化大革命"，连山医疗卫生事业的基础设施恶化，至1980年县人民医院在田岭坪才建起留医部楼房1幢，分开门诊部与留医部，全院医技人员共84人。可以说，连山医疗卫生事业还是到了20世纪80至90年代才逐渐发展起来的。

至1990年，全县医疗机构增至18所，病床（含全县卫生院）205张，医务工作人员351人，其中医技人员273人，行政人员23

人，工勤人员55人。医疗条件有所改善，初步缓解看病难的问题。但是，改革开放后，医技人员流失严重等新问题继续出现，需通过不断深化改革来解决。

"十一五"时期，深入推进医疗卫生体制改革，在全市率先开展实施国家基本药物制度试点工作，认真组织实施公共卫生服务项目，镇级卫生院实行国家基本药物零差率销售，建立部分城乡居民健康档案。县镇村三级卫生基础设施建设加强，实现镇级初级卫生保健达标。有效防控禽流感、甲型H1N1流感等疫情。全面完成156宗农村饮水安全工程建设任务，惠及6.8万群众。

县十二次党代会召开后的五年：2011年开始拨款156万元完成国家重大改厕项目3900户，卫生厕所普及率达63.31%。全县农村饮用自来水受益人口达9.52万人，自来水普及率达82%。同年县人民医院投入40多万元，对医用制氧机进行技术改造升级；利用上级专项资金250万元配备呼吸机、监护仪、C型臂机、除颤心电监护仪、麻醉机、手术无影灯、纤维支气管镜、尿液分析仪等共32台（套），其中进口设备12台（套）。广东恒大地产集团有限公司捐款200万元，用于购置重症监护室医疗设备。县卫生检验中心投入10万元，建设艾滋病初筛实验室，并通过验收投入使用。同年11月佛山第一人民医院捐赠县人民医院全新救护车1台，价值18.2万元。省中医药局扶持资金200万元给县中医院，购置中医理疗器材及装修康复理疗室用房。

2012年县人民医院利用中央专项资金250万元购进呼吸机等先进医疗设备共32台（套）；利用广东恒大集团公司捐款100万元，购进彩色B超等医疗设备8台（套）。

2013年为加强基础医疗卫生机构业务用房标准建设，投入200万元（县财政30万元，省投入资金100万元，中央专项资金70万元），建太保镇中心卫生院新门诊综合楼，建筑面积1200平方米。香港万家磷捐赠一批价值29万元的临床器械。同年投入150万元（其中香港方润华基金捐资40万港币）给小三江镇加田谭远良卫生院建门诊综合楼，建筑面积1150平方米。这年加快连山公共卫生信息系统建设，实现信息共享传输，实现县内外医疗信息的互联互通。同年还加快全县农村改厕进程，完成改厕项目任务指标500户。推进省卫生村建设，吉田镇福安村、沙坪村、太阳村、石鼓村为省级卫生村。

2014年按《乡镇中心卫生院建设标准》投入770万元，改建小三江镇卫生院。同时投入770万元改建福堂镇卫生院。投入330万元新建禾洞镇卫生院综合楼1幢，建筑面积1100平方米。继续推进卫生村建设和农村改厕，做好水质卫生监测。市爱卫会授予禾洞镇满昌东坑村、梁屋村，上帅镇香寮岭坪村、连官东君村、东南福庆村，福堂镇永丰竹径村，小三江镇登阳拥希等村卫生村称号。

2015年继续推进卫生村建设，小三江镇创建为市卫生镇，省卫生村8个：吉田镇东风岭尾村、沙田新庆村，福堂镇永丰德建村、竹径村、太平洞心村，太保镇黑山大塘基村，小三江镇登阳拥希村，上帅镇东南班翁村。

2014年规划将县人民医院整体搬迁至县职业技术学校，按二甲医院标准进行改建，完成工程立项、用地批文、整体规划、工程预算等工作。2015年继续加强县人民医院建设，完成新建住院综合楼主体工程。完成慈祥楼改造工程，进行室内、外墙体装修。还为镇卫生院购置"五个一"设备，即救护车、全自动生化仪、心电图、500毫安X光机、B超。2015年10月起，县人民医院实施新的医疗服务价格，推进公立医院改革试点工作，破除"以药补医"机制，提高基本医疗和完善工作机制，减轻群众看病费用负担。

三、创建全国卫生县城

县城吉田镇从1998年后，投资1.5亿元建设市政设施、道路、街道硬底化，下水道覆盖整个城区。市政卫生设施配套到位，布局合理；城镇街道、道路以及市容环境卫生整洁，措施到位，制度健全，垃圾达到日产日清，乱摆、乱卖、乱停、乱放等现象得到了有效控制。饮食行业、农贸市场等特殊行业"两防"（防尘、防腐烂变质）设施完备，卫生质量逐年提高。除"四害"（老鼠、苍蝇、蚊子、臭虫）措施落实，成效显著，灭鼠达标通过市验收，灭蝇达标工作通过省专家调研考核。同时，通过定期组织大搞环境卫生活动，环境得到了美化、净化、绿化，县城吉田镇基本上符合省级卫生镇标准要求。于是，县爱卫办向清远市爱国卫生运动委员会提出对吉田镇创建省卫生镇工作进行考核验收申请。

2002年9月18日至19日，经广东省卫生镇考核鉴定委员会考核鉴定，连山在创建省级卫生镇工作中，基本达到省委、省政府提出的"高起点规划、高标准建设、高效益管理"要求和省级卫生镇的各项指标：

（一）做到组织健全，措施落实，人员经责任务落实，已形成一个较为健全的爱国卫生工作的网络。

（二）广泛开展健康教育，效果显著。设立健康教育所，有专人负责健康教育工作，各中小学校健康教育开课率100%；现场抽查学生40人，健康知识知晓率和健康行为形成率分别为92%和86%；现场抽查职工、居民，健康知识知晓率和健康行为形成率分别为86%和81%。

（三）市容环境卫生整洁。沿街主要建筑物经"穿衣戴帽"后，整齐美观；保洁措施落实地段到人，"门前三包"责任落实；镇容镇貌卫生整洁，公厕有专人管理，内外清洁，通风采光良好，无蛆无蝇，基本无臭；城中村、城乡结合部无垃圾、无污水横流，卫生整洁。

（四）卫生基础设施日趋配套完善。镇区道路硬底化率达98.5%以上；下水道管网基本覆盖；镇区内自来水普及率100%，农村自来水普及率75.6%；城区绿化覆盖率38.3%，人均绿地面积5.6平方米。

（五）重视环境保护，环境质量稳定。环保机构健全，近年相继颁布《连山壮族瑶族自治县城饮用水保护区防治污染管理规定》和《连山县城区环境噪声污染防治暂行规定》等环境保护规章制度。县城大气层每立方米悬浮微粒年日产平均值小于0.3毫米，二氧化硫每立方米年日产平均值小于0.6毫克，饮用水源水质和地面水质达标率95%以上，医源性污水和医源性废弃物等处理基本符合省卫生标准要求。

（六）认真贯彻《公共场所卫生管理条例》，公共场所和饮用水卫生达到标准要求。镇区各类公共场所49间，均领取卫生许可证并亮证经营。直接为顾客服务的从业人员118人，体检率和卫生知识培训率达100%，检出"五病"人员4人，全部调离工作岗位。现场抽查美容理发业、旅游业的公共场所8间，有自身管理制度，"三证"齐全，室内外卫生状况好。

（七）认真贯彻《中华人民共和国食品卫生法》，食品卫生基本达到标准要求。县城各类食品生产、经营单位共228家，均持卫生许可证经营，从业人员持有效健康证上岗，卫生知识培训率达95%以上，"五病"调离率100%。现场抽检食品生产经营单位和集体食堂12家，内外环境卫生状况好，有相应卫生制度，食具消毒保管基本落实到位，未发现出售变质或不洁食物。

（八）卫生防疫部门认真贯彻执行《中华人民共和国传染病

防治法》。对传染病加强监督与控制，疫情报告、隔离、消毒等制度健全，多年来无甲、乙类传染病暴发流行，无脊髓灰质炎病例发生；常住人口"四苗"单苗接种及新生儿乙肝疫苗接种率分别达96%和93%以上，预防接种符合规范要求，基本落实传染病防治措施。

（九）灭鼠成果巩固，灭蝇达标。每年除"四害"工作有计划、有检查、有总结，经费落实；现场检查，灭鼠各项指标达到省卫生镇规定的要求；未发现违反规定使用灭鼠杀虫药的情况；灭蝇工作坚持以环境治理为主，并辅以化学药物和人工拍打等方法消灭成蝇，在重点场所不断完善防蝇设施，经省灭蝇工作考核鉴定委员会考核达标。

（十）积极开展创建卫生先进单位活动。现场检查两个居民区、五个单位有专（兼）职卫生管理员，并配备环境卫生保洁员；道路硬底化、下水道系统及各种卫生设施完善，环境整洁；现场抽查本地居民和过往旅客105人次，对市容环境卫生、绿化、美化，餐饮业、公共场所和厕所卫生等项目评价，满意和一般满意的达95.2%。

四、加强法制建设

进行政治体制改革的目的，就是要发展社会主义民主，健全社会主义法制。邓小平于1978年12月在《解放思想，实事求是，团结一致向前看》一文中指出："为了保障人民民主，必须加强法制。必须使民主制度化、法律化，使这种制度和法律不因领导人的改变而改变，不因领导人的看法和注意力的改变而改变。"[1]1982年12月，五届全国人大第五次会议通过了由彭真主

---

① 《邓小平文选》（1975—1982年），1983年7月第1版，第136页。

持修改的《中华人民共和国宪法》，逐步完善法律的制定，逐步做到"有法可依，有法必依，执法必严，违法必究"。县委、县政府决定1981年1月，成立县司法局，为组织学习、宣传社会主义法制提供了组织的保障。1985年6月，县委决定成立县普及法律常识领导小组，有组织、有计划地学习法律。1987年，县人大常委会内设法制科，有专人负责加强对县有关的公、检、法、司、法制、民政、信访等单位的工作联系，推动普法宣传教育，促进依法行政、公正司法、加强执法监督和法律服务。1996年，把实施依法治县摆上重要议事日程，在全县范围内深入进行学法、知法、用法的宣传活动。

1986至1990年"一五"普法期间，组织干部职工学习"十法一例"，即学《宪法》《刑法》《刑事诉讼法》《民法通则》《民事诉讼法》《森林法》《兵役法》《经济合同法》《婚姻法》《继承法》《治安管理处罚条例》。后来，还增加学习《民族区域自治法》《环境保护法》。

1991至1995年"二五"普法期间，重点学习《宪法》《刑法》《农业法》《未成年人保护法》《消费者权益保护法》《交通管理条例》《森林法》《水法》《食品卫生法》《妇女权益保护法》《企业法人登记管理条例》《广东省青少年保护条例》《广东省维护老年人合法权益条例》《广东省劳动安全卫生条例》。

1996至2000年"三五"普法期间，以领导干部作为重点对象学习《宪法》《行政诉讼法》《香港特别行政区基本法》《行政处罚法》《国家赔偿法》《行政复议条例》《国家公务员暂行条例》。同时，学习《经济合同法》《产品质量法》《反不正当竞争法》《消费者权益保护法》《税收征收管理法》《对外贸易法》《担保法》《企业破产法》等。县委、县政府坚持依法治县，强化依法行政，依法办事，落实责任制。坚持执法、司法和普法教育协调发展。强化人民民主专政，发挥人民武装作用，逐步充实警力，改善装备，提高执法人员的政治素质，加强社会治安综合治理，严厉打击各种刑事犯罪活动和经济犯罪活动，扫除"黄、赌、毒"等社会丑恶现象，净化社会风气，维护社会稳定。

2001至2005年"四五"普法期间，组织学习《宪法》《劳动法》《工会法》《人口与计划生育法》《行政许可法》等。县委、县政府坚持严打方针，深入开展打击车匪路霸、"两抢一盗""六合彩"赌博、禁毒人民战争等专项整治，加强对传销防范监控，及时化解社会治安突出问题。积极预防群体性事件，妥善处理一批历史遗留难题。重视群众来信来访，落实县领导包案制度。

2006至2010年"五五"普法期间，组织学习《行政许可法》《公务员法》《气象法》《中小企业促进法》《档案法》《劳动合同法》等。

五、社会治安良好

连山县委、县政府高度重视普法工作，加强人、财、力的投入；县人大、县政协把普法工作作为依法治县的重要基础性工作，进行经常性的检查指导。

县普法部门认真履行职责，扎实开展工作。一是制订全县"六五"普法规划，就全县"六五"普法的目标、任务、要求和措施提出明确的要求，对指导全县"六五"普法工作的深入开展发挥重要的作用。二是抓好"六五"普法的宣传发动，通过层层动员部署，为全县"六五"普法营造极为浓厚的社会氛围。三是抓好组织、协调、检查、指导工作，促进全县"六五"普法工作的深入开展。四是突出重点，抓好宪法和国家基本法律的宣传，抓好领导干部、青少年、企业经营管理人员、农村干部群众的普法教育。五是创新普法内容和工作方式，如结合自治县的特点，在干部学法中增加学习民族区域自治法和自治条例的内容；2013年首次组织全县科级正职领导集中考试；大力开展"法律六进"（进机关、进村居、进学校、进社区、进企业、进单位）活动，特别是结合少数民族山区县的特点，深入农村、少数民族聚居地，根据壮、瑶民族的不同特点，采取"听、宣、讲、释"等方式开设"法律大讲堂"活动；切实抓好"民主法治示范村"的创建工作，进一步推动全县农村基层的民主法制建设等。

连山普法工作因表现突出、成绩显著，得到了省、市检查督导组的高度评价。2014年4月，连山被全国普法办评为"六五"普法中期先进县，成为清远市唯一一个全国"六五"普法中期先进县。这是连山县继"五五"普法被评为全国先进县后再一次获得如此高的荣誉。

2011年，依法治县工作坚持以科学发展为主题，坚持发展是第一要务，稳定是第一责任，法治是第一保障，强化法治在加快转变经济发展方式，着力保障和改善民生，深化改革开放，推动经济又快又好发展，提升软实力，加强和创新社会管理各方面的作用，初步建成执法严格高效、司法公正权威、法治氛围良好、社会和谐稳定的法治县。

2012年县构建"党委领导、政府监督、行政管理、企业负责、社会监督"的安全生产工作新格局。2013年根据习近平总书记重要指示精神和李克强总理批示要求，全面落实安全生产"党政同责、一岗双责、齐抓共管、失职追责"制度，严格贯彻"安全第一，预防为主，综合治理"方针，加强对道路交通、非煤矿山、危险化学品、烟花爆竹、建筑施工、消防安全、小水电行业等专项整治，加大安全生产日常监管和执法力度，扎实做好安全生产综合监管工作。2015年县食药监局实施农贸市场食品安全规范化、标准化建设，建立"来源可溯，去向可查"食品安全追溯体系。

基础设施建设大提速

一、国、省道全面升级改造

国道323线东起江西瑞金，西止云南临沧，县内路段东起鹿鸣关，西止鹰扬关，全长58.8千米，途经太保镇、吉田镇、永和镇。

1938年，徙驻连县的广东省国民政府下令修成简易公路，时称连贺公路，路面结构为泥结碎石，桥梁均为木架。1944年，为阻止日寇进攻，县政府奉命将公路桥梁毁坏。1954年冬，修复鹿鸣关至太保路段。1956年冬，修复太保至永和路段。1958年冬，修复永和至上草路段。1966年，修复上草至鹰扬关路段。路面结构仍为泥结碎石，木架桥梁。随后，桥梁逐年改为石拱或混合结构。1982年，改称国道323线。1985年，省交通厅拨款125万元，扩建吉田至永和9千米为山区二级沥青路面，将吉田经黄家岭至井头的山路改由沿上吉河下至甲科经布田、元珠到井头，再把沙田水电站经谷钱岭至永和的山路改为从沙田水电站西岸劈山降坡填冲至电石厂西岸沿河到永和，里程缩短0.5千米。1990年，投资1750万元，将吉田至连南三江路段32千米改建成三级沥青路。2002年10月，省投资2900万元新修建国道323线县城过境公路，全长3.87千米，按照一级水泥路面标准建设，路基宽20米，路面宽16米，中间设有分隔带。2005年，由省投资2.26亿元的吉田至连南三江路段改建工程竣工，全长34.75千米，采用山岭重丘二级公路技术标准，路基宽12米，水泥混凝土路面宽11.5米，其中分水坳经上坪至太保圩改由经山口至太保圩，鹿鸣关路段改为架设高架桥。2009年，总投资1.59亿元的吉田至鹰扬关路段改造工程竣工，全长21.98千米，其中吉田到永和段扩建成双向四车道。2015年，完成太保山口至永和路段24千米的升级改造，路段由水泥路面改成柏油路面。

省道263线（原称省道1960线），亦称四（会）连（山）线，南起四会县大沙镇，北至吉田，全程240千米，与国道323线在吉田镇"Y"字形相通。县内路段南起小三江大歇界与怀集路段交接，途经小三江、福堂、吉田镇，全长59.8千米。1958年5月，修通吉田至福堂30千米。1960年12月，修通福堂至小三江20千米。1963年，修通小三江至大歇界9.8千米。路面结构为泥结碎石，属等外公路。2001年，由省投资1.0亿元的吉田至福堂段30.86千米改建工程竣工，采用山岭重丘二级公路技术标准，路基宽12米，沥青路面宽9米，土路肩2×1.5米，由经茅田界、龙水至永丰圩改为经水口、三水、白庙至永丰圩。2005年，由省投资1.35亿元的福堂荣丽至小三江治平段28.8千米改建工程竣工，采用山岭重丘二级公路技术标准，路基宽12米，沥青路面宽12米（其中3.5千米水泥路面9米，土路肩2×1.5米）。经改造后，省道263线连山路段共59.2千米。2010年，投资5200万元对吉田至福堂路段30.5千米进行升级改造。2015年，对福堂至水下路段28.8千米进行升级改造。

二、二广高速走进壮乡瑶寨

2010年4月，国家发改委核准二广项目可行性研究报告。随后，省交通集团成立广东二广高速公路有限公司，担负项目的建设和管理重任。二广高速公路是国家规划"7918"高速公路网中的第六纵G55线，连州至怀集段全长191.7千米，总投资166.17亿元，全长桥隧比例约30%，隧道总长约18千米，桥梁总长约40千米，分设41个建设标段。

2014年12月31日，经上万名建设者4年多夜以继日的施工，三省通衢、快捷便利的坦途最终建成。二广高速连山段全长71千米，总投资71多亿元，自东北至南设立太保、吉田、福堂、小三江4个出入口，白沙、小三江2个服务区，有鹿鸣关、竹盖山、茅田界、抛石界等多个超过2千米的隧道，以及羊公其、永丰等特大桥。该项目贯穿连山县域，打通连山南融北拓的陆地通道，迅速提升了连山的区位条件，成为连山通往珠三角西部最便捷的高速公路通道。二广高速不仅结束连山没有高速公路的历史，还实现了广东省民族自治县全部通高速公路目标，圆了12万壮瑶汉人民翘首以盼的高速公路梦，助推连山融入"珠三角2小时生活圈"，对连山的经济社会发展产生了巨大的带动作用。正是"古来连邑步行难，峻峭崇山阻此间。舟楫既无通水道，航空尤是望天边。四年大众挥汗雨，二广神龙卧壑峦。喜看坦途铺富路，壮乡瑶寨俱欢颜。"

三、县、镇、村道建设

中华人民共和国成立至1978年，先后开通永和至大富、太保经禾洞至永和、沙田至三水、小三江经加田至水下等地方公路。此外，林业部门为了开发森林资源，以公助民办形式开通上草至小眼、福堂至梅洞、黄连水至大龙山等林道、村道88.5千米。形成以县城为交通中心的公路网络，各乡镇通班车，全部管理区和60%的自然村可通汽车。1978年，全县县道、乡道、村道公路总里程为223.2千米，均为沙土路面，弯多路窄坡陡，晴天尘土飞扬，雨天泥泞难行。

1979年，开通上帅至洞仔公路5.5千米。1983年，开通禾洞农场大高疗至石碧水公路15千米。1986年，开通禾洞区所在地至永和区所在地公路24千米。1987年，开通广东境内至湖南江华码市交界禾黄公路7千米。1989年，开通禾洞农场石碧水至钗和田公路7千米。1990年，开通禾洞农场至大龙水、水竹坪公路7千米。1994年，开通上帅至七里公路5.1千米。1996年，开通上帅至龙爽公路2.5千米。1999年，禾洞至永和、禾洞至黑山、禾黄公路铺上沥青总长24千米，开通上帅香寮至墩头公路5.2千米。2006年，禾洞至永和、禾洞至黑山公路建成硬底化路面。

2005年，县内国道、省道、县道全面消灭沙土路。县道、乡道、村道公路总里程为629.82千米，县道6条共100.015千米，其中高级路面53.973千米，次高级路面36.542千米，中级路面9.5千米；建成路基宽7.5米、路面宽6米的高级和次高级沥青砂砾石路面。乡道111条共435.519千米，其中高级路面40条163.535千米，中级路面71条271.984千米，均以山岭重丘级技术标准建设，路基宽4.5米，路面3.5米。村道92条共94.292千米，按路基4.5米、路面宽3.5米的要求建设。乡道、村道公路大部分实现硬底化。

2006至2017年，县镇村公路建设步伐加快，X363（小三江到水下）、X399（湖南江华黄石至虎叉塘）、X400（永和至禾洞农林场）、X401（永和至大富）、X402（福堂至广西贺州南乡）、X411（怀集下帅至上帅）、X842线（太保圩至分水坳）等7条县道先后进行升级改造建设。禾洞至湖南江华码市、福堂至广西贺州南乡建成高等级出省通道。X842线、X411线、X400线、X399线等路段建成文明样板路。对福堂至新溪、小三江至鹿鸣、禾洞至铺庄、上帅至香寮等镇通行政村窄路基路面进行拓宽改造；建成福堂至华丽，永和上迳至平头，小三江省洞至榕树，禾洞至黄柏，上帅的洞仔、加淹、石古等300多千米新农村公路。全县乡道、村道路面基本实现硬底化。太保至欧家、天鹅至天鹅湖、加田至大风坑、上帅至龙爽、大富至永梅等5条30千米的景区公路如火如荼地进行建设。

四、通信网络建设

1978年，县邮电局开办国际，中国港澳地区长途电话，国内长途电话业务。1979年，全县12个邮电局（所）均可办理长途电话业务。

1989年，县城3000门史端乔自动电话机投产使用，结束"摇把子"和人工接驳的历史。

1992年，县城始办4个公用电话代办点。随后在县城、乡镇的主要街道安装100台IC卡话机，大部分临街商店都代办公用电话。

1994年，建成移动电话信号接收发射基站，首次开通模拟移动电话，用户37户。建立无线寻呼发射站，开通无线寻呼业务，拥有198/199全国高速网，126/127、128/129、96555全省联网，991/99118区域寻呼网及988/9818本地寻呼网。自动、人工寻呼用户为398户。信号覆盖范围达全县12个乡镇，县内信号总覆盖率达99.8%以上，并和全国、省港澳、市区域联网。

1997年，开通数字移动电话，用户增至318户。

2001年，移动电话取消入户费，降低选号费，用户上升到4618户。

2003年，开通ADSL宽带，容量96线，可用于传输大量数据的视频、音频、图像信息。

2005年，移动通信有全球通、神州行、大众卡、动感地带四大品牌产品线以及全球通俱乐部、VPMN集群网等6条产品线，网号有134、135、136、137、138、139。全县农话主杆中继光缆

185.3千米，全县移动电话用户26000户，县城开设5家网吧。

2006年开始，全县数据通信、移动通信、宽带互联网进入飞速发展时代，基础设施建设日益完善，用户增长迅猛。2017年，光纤网络基本覆盖全县，光纤宽带网络城市覆盖率98%，行政村覆盖率100%，镇级以上地区家庭具备100Mbps光纤接入能力，行政村全部实现50M宽带接入能力，光纤宽带用户占比100%。4G网络信号全面覆盖城乡、交通干线；公共WLAN网络基本覆盖各旅游景区、主要公共场所。全县互联网普及率49%，行政许可事项网上办理率100%，每百人互联网网上购物人数16人。

老区建设如火如荼

一、加强市政建设

县城从永和镇搬迁至吉田时，受"文化大革命"和"左"的影响发展缓慢，全城只有20多幢砖木结构的平房或两层的普通楼房，总建筑面积为1.2万平方米，街巷还是黄泥路面。

进入改革开放时期，中共连山县委、县政府借迎接自治县成立20周年之机，于1982年投入528.6万元新建房屋和办公楼，当年竣工面积18690平方米，次年竣工面积13474平方米，其中学校校舍面积4800平方米。还筹集资金135.88万元新建了县城公共厕所3间和民族中学桥梁1座，吉田河堤工程1.8千米，修建县城下水道3.千米，加宽改造部分环城路、金山路、健康路、吉祥巷、财政巷、莲花村道，铺设水泥路面长0.93千米，面积11856平方米。

1984年，铺设吉田供电所至县城小学（现广德中学）水泥路面，吉田桥头至金山幼儿园的水泥路面和建成大冲饮用水工程。1985年，在勤政路口新建起县民族图书馆，建筑面积1722平方米，内设有检索室、书库、成人阅览室、少儿阅览室、视听室、电脑室等。1987年，筹集资金66.5万元铺设新桥路、市场路、勤政路及太保圩街道为水泥路面，新建了广山公园，还改建了吉田、上草、加田、三水等乡镇的农贸市场。

1988年县投资45万元，后又追加15万元兴建多功能的可容纳1200多人观看多种体育项目比赛的县民族体育馆。还新建了福堂、禾洞等乡镇农贸市场以及兴建县城良溪引饮用水工程，缓解了县城饮用水的紧张状况。

1987至1991年，全县共投入资金2175万元，扩建和新建县办公用房和干部职工宿舍面积11.37万平方米，新建了县民族博物馆，还改造了县城一些街道和污水的排水设施，使县城的美化、绿化、净化基本达到了要求。这期间，投入152万元新建和扩建县中医院和连山第二人民医院（设在福堂镇）的房屋面积6450平方米，改善了连山医疗条件。1991年，投入180万元建起县天峰山电视差转台，电视信号可覆盖全县12个乡镇。国家银行在城中路投资建成中国银行连山支行大楼11层，县水电局大楼、商业大楼也落成完工。这些为建设繁荣昌盛的新连山打好了基础。

为了适应社会主义市场经济发展的需要，县委、县政府把全县的农贸市场逐渐扩大，增设了配套的设施和设备。全县有吉田、永和、太保、福堂、小三江、禾洞、上草、永丰、加田、上帅10个市场。为了拓宽流通渠道，促进物资交流，县委、县政府决定改变对市场的管理方式。县工商行政管理局从原来用"卡""压"的方式，不准本地产品自由外流，改为全面开放。从1992年4月起，根据上级文件指示，全县粮油市场都全面开放，取消城镇居民定量供应，实现了粮油的购销市场化。改革开放后，县工商管理部门以服务促管理，搞活商品流通。并为个体商贩划出地段安排摊档，还允许从外地长途贩运农副产品进入连山县内集市贸易，促进了市场的日益繁荣。

从1992年4月起，县委、县政府决定：将吉田（山城）、永和、太保、福堂、小三江等县内比较大一些的市场，由原每旬统一为公历的"一、六"两个圩期，错开改成三个圩期。将永和圩、小三江圩的圩期改为每旬的"一、四、七"，太保圩、福堂圩的圩期改为"二、五、八"，吉田（山城）的圩期改为"三、六、九"，上帅圩、永丰圩的圩期改为"一、六"，禾洞圩的圩期改为"三、八"，加田圩、上草圩的圩期改为"五、十"。这样，更加方便个体、私营商贩和群众的购销，促进整个社会商品市场的发展。

1992年9月，为了扩大边界县的物资交流，连山承办粤湘桂三省（区）边界的17个县经济技术协作交流会，共设18个馆，300多个排档，总成交额达9329万元。由于拓宽了物资的流通渠道，连山城乡集市贸易的成交额逐年递增。1990年度，全县集市贸易的成交额为2910.42万元。2004年度全县集市贸易的成交额达16878.12万元，比1990年度增长4.8倍，比1979年度增长51.6倍。

1998年城镇建设发生了巨大的变化。最为显著的是县城吉田镇的建设，高楼多如雨后春笋，鳞次栉比；街道宽且直，绿树成荫，呈现美化、绿化、净化的新气象。尤其是一河两岸，面貌巨变，昔日的荒凉和泥泞小道被宽敞的沿江和滨江两路所取代，两岸已成为山城人民休闲的好去处，山城已成为粤西北一颗璀璨的明珠。

2002年，围绕自治县成立四十周年大庆的契机，县城大搞一批市政设施的建设，规划县城扩大到5平方千米。在这届县委、县政府的五年任期内，建设累计投入1.5亿元。重点是搞好县城东和西出口环岛、花坛、城雕工程，县城沿江公园的景点、亭阁，文化公园雕刻，沙坪蓄水坝，吉田河岸道路的延伸，民族中学桥梁的加宽，县城主街道的"穿衣戴帽"工程，县政府大院内的扩建和装修，民族中学教学楼装修。还有金山商贸城，粮食购销批发中心，供电局大楼，淘金坪电站职工大楼，残联大楼，县民族文化中心，县检察院、法院、司法院办公大楼，建委大厦等建筑，都在自治县成立四十周年大庆前完成。县城人均拥有公共绿化地面积增加到10平方米，城市的品位得到提升。2002年12月，广东省爱国卫生运动委员会授予连山吉田镇"广东省卫生镇"称号。县城面貌焕然一新。

"十一五"时期，"品牌"创建积极开展。全面部署启动了国家卫生镇、省文明县城、省教育强县三个"品牌"创建工作，制定实施方案，加强宣传工作，开展了创建省教育强县募捐活动，启动实施一批项目建设。把开展"品牌"创建与城乡清洁工程、宜居城乡建设、"三边"整治、县城建设结合起来，对照创建标准，全力推进各项工作，取得较好的成效，部分指标基本达到创建考核要求。

突出县城建设为重点，累计投入2.5亿元，实施绿化、美化、亮化、净化工程，加快市政设施和旧城区改造建设，大力推进县城市政公共设施建设，重点完成了县城主要道路和市场改造，双龙湖公园、新文化广场、路灯装饰、道路绿化等市政建设，加强"一河两岸"美化、绿化建设，县城品位提升。建成县行政服务中心、劳动力培训基地、国税办公大楼、森防绿化指挥中心等重点项目，旧城区改造建设加快。县城建成区面积发展到3.32平方千米，人均道路面积23平方米，人均公共绿地面积16.7平方米。进一步完善城乡管理体制，加强城监、环卫队伍建设，开展市容环境、各镇集贸市场综合整治，建成各镇垃圾填埋场和主要公路沿线村庄垃圾池。认真做好《县城区总体规划》《县城区控制性详细规划》修编前期准备工作。"三旧"改造地块标图建库成果通过省国土资源厅审批。城乡规划、建设和管理水平提高，集镇面貌有了新的改观，宜居城乡建设取得新进展。

2009年，积极推进城镇化，加强生态文明建设，深入开展城乡清洁工程，城乡面貌进一步改善。投入4000多万元进行县城基础设施建设，公共配套设施不断完善，"一河两岸"更加美化。深入推进城乡清洁工程，加强城监、环卫队伍建设，突出"脏、乱、差"现象的综合整治，投入400多万元整治县城市场道路、三鸟市场、水果摊档和各镇农贸市场，投入200多万元建成各镇垃圾填埋场和全县主要公路沿线村庄垃圾池，城乡面貌进一步改善。严格落实耕地保护制度，做好开发补充耕地工作，投入700多万元完成了福堂永丰片土地整理工程，全年新增补充耕地2100多亩。单位生产总值能耗下降3.58%，全县推广使用节能灯1万个。投入5123万元建设的县城污水处理厂首期和集污管网工程，已投入试运行。全县建成沼气户1600多户。积极开展珠江综合整治和防护林建设，加大生态公益林保护、水源管护和生态修复力度，迹地更新造林通过国家林业局验收。

2011年，投入300多万元搞市政建设，完成金山路（商贸城段）、沿江中路、鹿鸣中路、鹿鸣西路和滨江路（沙坪桥至上吉桥段）等路段的扩建工程，扩建道路长2610米。投入120万元完成鹿鸣东路人行道改建工程，长约1300米。投入3000多万元完成县城主干道加铺沥青混凝土路面工程，总长8.532千米，总面积137793平方米，沥青路面厚10厘米。

2012年，加大市政基础设施建设，总投入共3500万元。完成了石鼓村西面市政道路建设、广德大道扩建、国道323线、原吉田小学段排水沟建设、市场垃圾中转站建设、鹿鸣西路人行道改造等工程项目，逐步完善县城市政基础设施。

2013年，投入资金5万元对小三江、太保、福堂市场进行补漏和设施维修。投入156万元启动县城山城市场升级改造工程，包括山城百货商场升级改造，调整市场功能分区，按经营行业、品种细分经营区，达到功能分区清晰、经营秩序整齐规范的效果。

2014年，投入78.8万元，完成双龙湖公园至福安公园绿道建设延伸，工程占地面积3000平方米；完成沿江路路缘石花基维修工程、县武装部仓库路面地坪改造工程；完善吉田镇高莲行政村新村下水道管网工程。12月底，县生活垃圾填埋场一期工程完工投入使用，完善县城功能，保护生态环境和居民生活环境。还投入257.6万元进行县城园林绿化建设，完成沿江东路河堤绿化改造升级，滨江东路河堤绿化改造升级，连山文化广场绿化改造升级，沿江公园绿化升级，广德大道北高楼桥至双龙桥绿化改造升级，沿江路种植红花荷工程，国道323线石鼓段樱花种植、人行道树补种、种植大树工程等。

2015年投入636万元升级改造吉田镇市场道路、福江路、广德大道，加铺沥青路面及人行道路，工程合计占地面积58320平方米。投入42万元建设县城生活垃圾卫生填埋场至高级中学段的污水管网，总长度1300米。投入45万元改建民族小学（位于吉田镇石鼓自然村）至国道323线排洪渠工程。投入97.5万元完成吉田河道及亲水广场河道清淤工程，完善县城排污排水设施，提高排污排水能力。投入7.1万元建设县城生活垃圾渗漏液处理站化验室。投入51.8万元建设县城生活垃圾填埋场护坡工程。投入56万元扩建改造15万平方米的县城园林绿化、养护管理工程。

二、革命老区的宣传教育

2004年，县政协学习和文史资料委员会、上帅镇政府编纂《上帅风韵》一书。共分概况、人事兴替、春华秋实、山水奇观、三边文踪、丝竹清音、追源溯本、偏隅淳风、乡贤举例等9篇，包括老区历史、生产建设、文教体育、各界人物、群众文艺、当地风俗、名山秀水、民间文学等方面的内容。县政协原副主席陆上来赋诗："上至明清数百年，帅名真传世长绵；风和日丽胜前时，韵味淳新艳阳天。"

2007年12月，由市委宣传部、市老促会组织清远日报社、清远电视台、清远广播电台、清远广播电视报社、广东源流杂志社等新闻单位组成"老区行"新闻采访小分队，深入到上帅、禾洞镇，了解老区镇经济社会发展，采访县老促会理事

宣传革命老区的书籍（李凯2017年摄）

长陈泗的先进事迹，实地参观南药种植，解决群众饮水难问题，了解村道建设等情况。

2009年，贯彻落实时任省委书记汪洋对老区建设工作的讲话精神，省委办、省政府办印发《关于进一步加强革命老区建设工作的意见》。8月至10月，县老促会与县广播电视台、南方日报社深入老区镇采访，拍摄和播放专题片，刊登老区建设宣传文章，促进革命老区建设和发展。

2012年，县老促会通过参考《中国共产党连山地方史》《中共连山历史资料汇编》《政协县文史资料》《粤桂湘边纵队史》《桂东武装斗争》等史书，以及考察走访，收集整理县城思源室文稿，分红色火种、新民主主义革命时期连山中共组织、新中华暴动、解放战争时期连山的革命武装、永丰农民协会、烈士英名录、老区新貌、美好连山共七部分3万多字及大量图片，并完成思源室的布置展示工作。2013年，分别在革命老区镇禾洞、上帅中心小学建成禾洞（连山）中队纪念馆、上帅特编连纪念馆两个

思源室。"一室两馆"教育阵地成为开展当地斗争史教育、革命传统教育、爱国主义教育的课堂。

2012年，在鹰扬关红色旅游景区已修复古关城楼、城墙、战壕、堡垒、铁索桥等基础上，县先后投入300万元增建红七军纪念馆、红七军广场、红军战士浮雕、廉政警句格言塑石等。先后被定为县级文物保护单位、广东省红色旅游景区、市爱国主义教育基地、市防空教育基地、省国民旅游休闲示范单位、省级森林公园、清远市中共党史教育基地、中共广东省党史教育基地。

2013年，县政协提案和文史工作委员会、禾洞镇政府编纂《禾洞岁月》一书。共分组织沿革、经济建设、文教卫生、沥沥往事、人物简叙、禾洞特产、民俗风情、传说故事等9篇。

2014年，县老促会编辑出版《红色足迹》一书，分十三章，共有8万字及大量图片，它既是一本革命斗争史料，又是一本集老区民族风情、老区建设新貌的地情书。同年，县史志办公室追寻邓小平领导百色起义后红七军的足迹和有关史料，挖掘整理鹰扬关党史教育基地史料，编著出版《最早抵达连山中共武装——红七军纪事》一书，共分起义北上、革命火种传连山、会合中央红军、名垂青史四部分。正文前有重大事件相关图片、红七军主要人物和走出的将军照片、红七军序列表和长征路线示意图，文中插有相关事件图片，全书12万余字。为了解连山的革命历史，教育后人，发扬革命精神，提供了很好的教材。

2015年，鹰扬关红七军纪念馆展出《最早抵达连山中共武装——红七军纪事》，展陈内容包括入口形象、将军风采、起义北上、连山事迹、战斗场景、辗转千里、名垂青史等，重点突出红七军经过连山和对连山革命影响的部分内容，附有重大事件相关图片、红七军主要人物和走出的将军照片、红七军序列表和长征路线示意图。

三、老区镇、村建设

1989年12月30日，根据党的十三届五中全会《中共中央关于进一步治理整顿和深化改革的决定》第二十一条的精神，为组织和调动各方面力量，促进连山县"老少边穷"地区经济建设，经县委研究决定，成立县老区建设研究促进会，由黄开昺任理事长，黄定家、陈泗为副理事长，张礼顺、钟伯扬、吴文波、黄云想为理事，并由钟伯扬兼任秘书长，办公地点在县委党史办公室。

2000年2月25日，清远市人民政府同意评划禾洞镇、上帅镇共41个自然村为解放战争游击根据地，禾洞镇、上帅镇被评定为革命老区镇，这是连山各族人民的光荣。

2000年6月，县老区建设研究促进会更名为县老区建设促进会（简称"县老促会"）。理事会理事长陈泗，副理事长黄开昺、黄定家、张礼顺（兼秘书长）。作为县委、县政府的参谋助手的促进会，它向"促"字做工作，在"进"字上见成效。县老促会认真贯彻中央国务院指示精神，坚持"四个依靠"，即依靠县委、县政府是做好老促会工作的关键，依靠省、市老促会是做好老促会工作的先决条件，依靠有关部门支持是老区建设的重要保证，依靠老区镇党委、政府和老区人民是建设老区的力量之源。做到"四个主动"，即主动向县委、县政府和分管老促会工作的领导请示汇报，取得关心、重视、支持；主动与有关部门联系，求得团结一致，同心协力建设老区；主动与老区镇、村干部群众联系，准确了解掌握各方面的情况，更好地为老区人民办好事实事；主动向省、市老促会汇报请示，取得他们的关心重视。在省、市相关部门和对口扶持单位的大力支持下，"高看一眼、厚爱三分、同等优先"，不断加大对老区人力、财力、物力的扶持力度，切实帮助老区解决"行路难、读书难、饮水难、灌溉难、看病难"等问题，加快经济社会发展，取得了显著成效。

落实"五老"人员生活定补是贯彻"三个代表"重要思想的体现。"五老"人员即人民政权老干部、老秘密情报员、革命根据地老堡垒户、老游击队员、老共产党员。1979年，省委批准省民政厅党委《关于加强我省老区根据地建设的意见》。2000年，省政府同意印发《关于对在乡"五老"人员实行生活定补的意见》。县成立"五老"人员生活定补工作领导小组，深入禾洞镇、上帅镇逐村逐户核实，进行一系列的调查，分清"五老"人员与四种人员（即民兵、农会会员、妇女会会员和支前队队员）的史实界线，核实确定"五老"人员20人，其中禾洞镇李晚妹、胡世芳等19人，上帅镇黄万珍1人。12月，县委、县政府批准"五老"人员生活定补标准，每人每月领取定补费80元。禾洞镇的"五老"人员曾豪迈说："划定老区得到政治荣誉，落实生活定补，享受经济待遇，党的恩情比海深。"随着经济社会的发展，2012年每人每月领取定补费600多元，2017年9月前每人每月领取定补费751元，10月起提高月定补费为786元。

"十五"期间，省、市、县各级政府，省、市、县老促会，佛山市委、市政府，省交通厅、省农业厅、市交通局等单位及个人扶持资金674万元，支持老区镇村发展养殖、种植项目，建设学校、改（扩）建杬道、建设饮水工程、解决贫困学生入学问题等。其中省、市老促会支持资金120万元装修上帅镇东南、香寮小学，禾洞镇满昌、禾坪小学；支持65万元新建禾洞镇中心小学1200平方米；分别支持30万元上帅镇中学新建教师宿舍450平方米、禾洞镇禾联小学新建教学楼450平方米；市老促会扶持140名贫困学生免费就读清远市成人中专学校；香港潮语书社黄潮勇支持资金5万元用于上帅镇连官、红旗、陂头饮水工程建设。

"十一五"期间，省、市、县各级政府，省、市、县老促会，省交通厅、省财政厅、省农业厅、市交通局、市财政局，县交通局、县供电局、县农业局、县水务局、县国土局等单位扶持资金3254.61万元，支持老区兴建高压输电线路、建设硬底化村道、改扩建村道、修建桥梁、修建水坝、改善农田灌溉、建设饮水工程、支持贫困学生入学、举办种殖技术培训班。其中，县供电局投资1500万元兴建禾洞至永和段高压输电线路18千米；县交通局投资328.5万元铺设禾洞圩至湖南省江华瑶族自治县码市出省通道沥青路面7.3千米；县交通局等建设村道50千米；县水务局等部门改善45个自然村8000名群众饮水问题；省民委、市财政局、县卫生局共扶持80万元建设上帅卫生院；市老促会扶持37名贫困学生免费就读清远市成人中专学校；香港慈善机构扶持16万元建设禾洞镇满昌村横冲儿水坝、改善农田灌溉面积700多亩、引进残疾人士轮椅150张。

2011—2017年，省、市、县各级政府，省、市、县老促会，省财政厅、省社科联、县交通局、县科农局、县扶贫办、县水务局、县林业局、县教育局、县民政局、县住建局等单位扶持资金6542.57万元，支持老区镇村改造中小学校、建设文化室、建设文体广场、建设排污工程、建设硬底化村道、修建村道、修建桥梁、修建水利工程、改善农田灌溉、建设饮水工程，发展集体经济、发展种养业；安置高寒山区移民搬迁；帮助低收入住房困难户修建住房。其中，省财政厅扶持上帅镇陈屋村239.85万元建设农田灌溉设施、村道，改造饮水工程，建设文化室，扶持上帅镇陈屋村80万元、禾洞镇禾坪村50万元入股县小水电公司发展集体经济；省社科联扶持禾洞镇贫困户参加茶叶、竹鼠、蔬菜专业合作社，村民参加新型农村合作医疗；县扶贫办筹资114万元对38户高寒山区移民实施搬迁、帮助108户低收入住房困难户修建住房；县科农局协助禾洞镇建成有机油茶示范基地种植面积3000亩、资助老区镇农民购置农业机械66套；县老促会等筹资建设上帅特编连纪念馆、禾洞镇连山中队纪念馆，协助建成上帅镇陈屋村，禾洞镇禾联村、林屋村文化室共11间；县委办协助禾洞镇16个整洁村项目全面施工，上帅镇23个自然村进行美丽乡村建设。

四、老区经济社会发展

连山从革命老区的实际出发，按照科学发展观，坚持以人为本、尊重自然、统筹兼顾、协调发展的原则，不遗余力地促进老区镇村经济社会发展。促使老区镇村社会稳步发展，人民群众安居乐业，改革发展成果亮点纷呈，取得一系列的荣誉。上帅、禾洞创建成广东省教育强镇，校园成为镇上最靓丽的地方；镇村医疗卫生设施设备日益完善，服务水平不断提高；涌现出上帅七里、禾洞政岐等一批美丽乡村、卫生村。形成"一乡一品"特色产业化的生产发展格局，工业、农业总产值，农村人均纯收入逐年快速增长。

附：革命老区镇部分年份经济发展一览表

单位：总产值：万元，纯收入：元

年份	禾洞镇			上帅镇		
	工业总产值	农业总产值	农村人均纯收入	工业总产值	农业总产值	农村人均纯收入
1998年	—	—	1850	—	—	1615
2003年	—	—	2439	—	—	2243

（续上表）

年份	禾洞镇			上帅镇		
	工业总产值	农业总产值	农村人均纯收入	工业总产值	农业总产值	农村人均纯收入
2004年	204	1382	2504	600	1165	2356
2005年	—	2341	3181	1079	1023	2503
2006年	—	3320	3388	—	—	—
2007年	1208	3023	3694	1522	1808	2927
2008年	1571	3772	4173	1995	2419	3415
2009年	2018	4267	4737	2563	2178	3888
2010年	3410	4590	5378	3362	2698	4423
2011年	—	5599	5521	—	1976	5544
2012年	4463	5958	7269	5185	2105	7000
2013年	4954	6314	8361	5657	2245	7702
2014年	6360	5969	9447	6262	4879	8892
2015年	6764	7351	10674	6725	5961	10042
2016年	—	8267	11827	—	6090	11357
2017年	—	8267	12417	—	6679	12515

第六节 扶贫开发卓有成效

一、扶贫政策措施

1985年连山全县农村人均年纯收入是398.4元，而收入在250元以下的贫困人口为31890人。1985年，广东省第一次山区工作会议，划定连山为全省47个山区县和全省31个贫困县之一。1996年，被定为全省16个特困县之一。2003年，被改称省扶贫开发重点县。

全省第一次山区工作会议后，省委、省政府相继制定一系列扶持山区发展经济的政策措施，包括支持山区发展林业、"三高"农业、乡镇企业，开发小水电资源，加快山区公路、通信等基础设施建设，发展山区对外经贸，实行财政补贴，增加信贷资金投入，经济发达地区与山区对口扶持和省直机关挂钩扶贫，给予山区企业税收优惠，实施"异地开发、异地安置、异地就业"，推动人力资源发展以及建立和完善农村合作医疗保障制度等。1996年3月，省委、省政府作出《关于进一步扶持山区加快经济发展的若干政策规定》，并且对少数民族地区脱贫致富工作进一步给予政策照顾。2002年，省委、省政府又作出《关于加快山区发展的决定》，同时制定配套措施。2003年，省委、省政府开展"十项民心工程"，再次加大对山区的扶持力度。

为落实省的扶贫政策措施，"七五"时期县委、县政府先后制订在县内发展工矿企业、乡镇企业、林业、开发性农业生产和"三来一补""三资企业"等的优惠政策和措施。"八五"时期,县委、县政府作出《关于加快本县扶贫开发步伐的决定》。"九五"时期,县委、县政府分别就高寒山区少数民族人口迁移、实现脱贫达标、山区综合开发、农村农房改造等事项作出明确的规定。

二、"造血型"工业

县委、县政府利用国家扶贫优惠政策和连山资源优势,在省驻连山扶贫组的全力支持下,"七五"时期,兴办淀粉厂、旭水二级电站、人造水晶厂、电石厂、硅铁厂、制漆厂、油墨树脂厂、脉金选矿厂8个骨干企业。"八五"时期,兴办食用酒精厂、酒厂、香料厂、食品保鲜厂、果子食品厂等产品加工企业和新水泥厂以及异地开发"体外造血"企业——清远市扶贫开发区连山经济小区。"九五"时期,兴办金山食品有限公司。

三、扶持基金

1996—1997年,省特困县办公室先后拨扶贫基金1800万元扶持连山兴建沙田柚基地(扩种)、瘦肉型猪繁殖场、大肉姜基地、凡立水生产线、淘金坪水电站、清科巧克力食品股份企业6个扶贫重点项目。其中1996年兴建沙田柚基地(扩种),总投资480万元,省基金扶持200万元;兴建瘦肉型猪繁殖场,养殖规模5万头,总投资538万元,省基金扶持200万元;兴建大肉姜基地,种植面积4000亩,总投资200万元,省基金扶持100万元;兴建凡立水生产线,总投资200万元,省基金扶持200万元;兴建淘金坪水电站,装机容量7500千瓦,总投资5450万元,省基金扶持800万元。1997年,兴建清科巧克力食品股份企业,总投资1673万元,省基金扶持300万元。

四、省直单位挂钩扶持

广东省委、省政府于1986年11月指派省石化厅牵头组成省第一批扶贫工作组,由汪益廷为组长带队进驻连山开展扶贫工作。至2004年,先后共有18批119人次。牵头单位先后有省石化厅、省化肥公司、省设计院、省进出口公司、广州航道局、电子部第七研究所、广州海洋地质调查局、中航广州凯迪自行车公司、省烟草公司等。

据不完全统计,1986至2004年,省扶贫组共投入资金2030万元,支持化肥指标9569吨,汽油824吨,柴油1032吨,机械设备74台(套),钢材287吨,汽车10辆,化工原料334吨,农药17.5吨,沥青400吨,衣物12134件,图书8780册,教学设备、办公设备、家电、家具各一批。扶持的主要项目有:帮助建成人造水晶厂、淀粉厂、油墨树脂厂、电石厂、制漆厂、硅铁厂、旭水电站、脉金选厂、香料厂、金山食品公司,帮助造纸厂、明华电化厂、水泥厂进行设备更新,投入支持发展东山羊养殖和支持农村合作医疗,在福堂镇龙口村建成"龙口金叶新村",支持7个贫困村委会参股小水电开发,支持70多个自然村铺设硬底化村道、架桥梁和进行农田水利建设等。

五、珠三角地区挂钩扶持

1991年,广州市越秀区挂扶连山,帮助办起华达钢钉厂,并牵线搭桥引来香港同胞捐资,在上帅、福堂小学建成教学楼各一幢、希望小学一所和县民族幼儿园一所。

1996年3月,省委、省政府安排佛山市扶持连山,佛山市安排顺德市和三水市、高明市共同挂扶。同时,顺德安排杏坛与太保、大良与吉田、陈村与三水、德胜与永丰、北滘与禾洞、勒流与加田、龙岗与福堂、乐从与小三江、桂洲与大富、伦教与上草、均安与永和、容奇与上帅等"结对子"扶持，并给帮扶镇15万元和20个管理区各2万元作启动资金。不完全统计，1996至2005年，佛山市及顺德、三水、高明共扶持资金4000多万元，其中最先安排400万元，建成佛山希望小学。

六、连山工业村

1992年，清远市创新扶贫模式，率先在清城区龙塘镇设立扶贫开发试验区，由市政府统一征地，安排所属县（市、区）建厂开办企业，利用试验区距广州近（约60千米）的地缘优势吸引投资者，所得税利返还办厂（企业）的县（市、区），实现"体外造血"，增加县级财政收入。同年4月18日，县委、县政府在扶贫开发试验区3号区建立连山小区（后改称连山工业村），并成立管理委员会和自治县（清远）经济发展总公司，负责项目开发。工业村土地使用面积7020平方米。1993年和1998年，县政府共投资800万元，建成面积6300平方米的厂房1幢和2200平方米的工人宿舍1幢，先后引进永丰鞋业有限公司、三强制罐有限公司、天宝电器有限公司、美亚塑料有限公司、多捷食品有限公司、连丰针纺织袜有限公司等企业。

七、人口迁移

1996—1997年，省拨给连山高寒山区少数民族贫困人口的迁移补助经费1900万元，县配套资金190万元，按每户补助11000元的标准组织1900户9500人实现迁移，共建成移民新村（安置点）57个。迁移户的建房标准是每户80平方米，红砖钢筋结构，县委、县政府帮助移民新村（点）实现通路、通水、通电，迁移的学生就地入学。其中上帅镇从香寮、东南迁移陈屋、官旗的有90

户450人，迁移资金中省支持90万元、县配套9万元、迁移户自筹126万元。

八、扶贫攻坚

1996年9月23日，中央扶贫工作会议召开，江泽民所作的《为实现八七扶贫攻坚计划而奋斗》报告中指出："到本世纪末基本解决我国农村贫困人口温饱问题，这是党中央、国务院既定的战略目标。""今后五年不管扶贫任务多么艰巨，时间多么紧迫，都要下决心打赢这场攻坚战，啃下这块硬骨头。"这是党的宗旨和社会主义的性质决定的，是党面临的历史任务决定的，是维护改革、发展、稳定的大局决定的。"加快贫困地区发展步伐，不仅是一个经济问题，而且是关系到国家长治久安的政治问题，是治国安邦的一件大事。"①

江泽民作出指示后，各级党组织高度重视扶贫工作。广东省委、省政府确定1997年为全省基本消除绝对贫困的扶贫攻坚年。开展以解决农村绝对贫困人口的温饱为中心，实现四个层次五项指标达标的部署。要求县、乡（镇）分别成立以党委书记为总指挥的扶贫攻坚指挥部。

1997年12月26日，中共广东省委常委、副省长欧广源一行到连山考察高寒山区移民和检查"三高"农业情况。从1996年至1997年省拨给连山高寒山区贫困人口的迁移补助费1900万元，县配套资金190万元，迁移户自筹资金2660万元。以每户补助11000元为标准，连山全县共组织迁移1900户，人口9500人。其中小三江镇共迁移470户2350人，省支持资金470万元；加田共迁

---

① 中共中央文献编辑委员会：《江泽民文选》第一卷，人民出版社，第547—548、550页。

移370户1850人，省支持资金370万元；福堂镇共迁移336户1680人，省支持资金336万元；永丰共迁移184户920人，省支持资金184万元；大旭山林场7个自然村迁入吉田巷旭新村92户460人，省支持资金92万元；吉田镇东风拆迁38户190人，联合、三水口从原高地向低迁移共141户705人，省支持吉田镇资金179万元；上帅镇共迁移90户450人，省支持资金90万元；太保镇共迁移158户790人，省支持资金158万元；永和镇共迁移13户65人，大富迁移8户40人，省支持永和镇资金21万元。迁移户建房标准每户80平方米，均是红砖钢筋结构。县委、县政府帮助移民新村（点）实现通路、通水、通电，人民群众的生活条件进一步改善。

　　1997年在省市扶贫组的帮助下，积极开展"百佳种植能手""千干扶千户"和"一帮一"活动。全县组织1428名干部，其中处级26名、科级375名、一般干部882名、管理区干部（后改为行政村干部）220名，分别挂扶24个管理区和1个乡999户绝对贫困户。1997年3月，清远市委书记骆雁秋挂扶太保黑山管理区，市人大副主任陈偶盛挂扶福堂涩田管理区，副市长杨瑞先挂扶永丰西山管理区，市政协副主席陈国胜挂扶上帅陈屋管理区。首先对999户绝对贫困户每户落实挂扶种子、种苗等生产资料折款1500元，落实好"短、平、快"的项目，共投入资金210.5万元，其中省安排99.9万元，县配套支付100万元，干部投资10.6万元。至1997年底共有829户4150人消除绝对贫困，达应消除贫困户总数的83%。1997年全县农村人均纯收入为1578元，比1996年增长20.6%。

　　全县管理区年经济收入未达到3万元以上标准的有24个管理区：上帅镇陈屋、香寮，小三江镇鹿鸣、振兴、立星、治平、江联，福堂镇读楼、乐快、涩田、新生、联丰、永丰、元西，太保镇黑山、百丈、上坪、山口，永和镇永和圩、卢屋寨、白羊、吉庆，吉田镇六联、新田）。全县安排帮扶管理区资金194.95万元，发展"一乡一品"或搞小水电站技改。至1997年底，有20个管理区年经济收入达到3万元以上，达标率为93%。

1978年上帅乡被省定为省级贫困乡，1988年省扶持技改资金5万元办木衣夹厂，1994年争取省扶贫贴息贷款25万元用于福庆水电站技改，至1997年乡财政收入达到38万元。1996年，大富乡成为全县12个乡镇收入未达30万元的贫困乡之一，1997年县扶贫办配合省扶贫组重点扶持投入13.4万元养殖罗氏沼虾40亩，当年大富镇（大富乡当年由乡改为镇）政府财政收入达35.5万元，摘掉了"贫困乡"的帽子。

1999年冬，连续开展以"山、水、田、林、路"综合整治为主要内容的"大禹杯"竞赛活动。1999年，投入18万元重点整治永丰河堤，加固4千米河堤和西山耕作区的排灌渠，受益的自然村16个，农户1350户，保护农田面积1800亩。2000年，投入资金20万元重点整治吉田石鼓河堤3千米，使石鼓洞农田区1350亩避免受洪涝灾害，有24个自然村农户6320户受益。2001年，投入74万元新建上草河堤和永丰河堤的维修共7千米，保护农田面积3000亩，受益的自然村5个农户312人。2002年，投入资金20万元重点整治永和河堤1.5千米，保护农田面积1920亩，受益自然村7个农户504户。2003年，投入资金63万元整治上帅榕树陂和小三江鹿鸣陂头及水圳，保护小三江班罗水电站的供水及5290亩农田的灌溉，受益自然村30个农户1082户。2004年，投入资金80万元整治上帅香寮至连官的水渠、太保马鬃陂、大富冬青陂，保护6157亩农田的灌溉，受益自然村25个农户1646户。2005年，投入资金45万元，整治永和油榨陂、吉田沙田官陂、福堂抛利陂，保护4600亩农田的灌溉，受益自然村18个农户1021户。

九、"两大会战"

2000年下半年，开展全县行政村实现"四通"（村村通路、通讯、通电、通邮）和"四个一"（贫困户每人半亩"保命田"、每户输出一个劳动力、挂靠一家龙头企业、学会一门实用技术或一条致富门路）工程大会战。经过150天的艰苦奋战，到11月止，共投入资金696.14万元（其中省支持101.5万元），群众义务投工13.09万个劳动工作日，新建村级公路3条，总长16.5千米，维修村道21条，总长126.6千米。完成了太保镇百丈，福堂镇良洞、梅洞，小三江镇高明、六联等5个未通电话、未通邮、未通电和未通机动车路的行政村的"四通"任务。完成了715户半亩"保命田"的任务，共垦荒面积1321亩，是任务面积815.6亩的161%。全县通过多种途径输出劳动力共1.6万多人，其中贫困户输出1793人，扶贫读书户输出229人，挂上一个龙头企业的贫困户2433户，找到一条致富路的贫困户2522户。

十、民族工业园

清远民族工业园成立于2008年5月，位于清远市北部，由市人民政府主导，连山、连州、连南（简称"三连"）共同协办，是广东省第一个由民族自治地区创办的跨县（市）区域合作互动的工业园区。民族工业园主园区位于连州市区城南，面积50平方千米。民族工业园以全新的管理运作机制，整合"三连"地区的土地、人力、环境、能源、矿产等优势资源，利用国家扶持民族自治地区发展的优惠政策，引进人才、资金和先进技术，承接珠江三角洲各类产业的转移，重点引进非金属矿深加工产业，带动商贸流通、电子、汽配、轻纺、制衣、鞋业等轻工产品、民族特需商品、食品及农产品深加工等其他产业，逐步形成劳动密集型、资源型、资本技术密集型等产业集群，实现粤西北"三连"地区经济建设跨越式发展。

连山充分利用本地资源，进一步拓展招商渠道，创新招商方式，突出抓好"特色招商、合理招商、服务招商"，全力为入园企业提供优质高效的一站式服务，促使企业进得来、留得住、能发展。2009至2011年，连山先后引进红日精细化工项目、李宁体育用品有限公司等服装企业，大理石加工、农特产品深加工等项目落户民族工业园A区，合同总投资总额近2亿元。

十一、"双到"工作

随着广东经济社会发展，城乡区域发展不平衡问题也日益突出。为全面贯彻落实党的十七大和全省扶贫开发工作会议精神，2010年广东省委、省政府提出"规划到户，责任到人"的扶贫战略，鼓励对口帮扶部门以及社会各界深入贫困地区开展帮扶，推进民生工程建设工作，解决群众住房难、入学难、看医难、读书难问题。

"十一五"时期，全面落实扶贫开发"双到"对口帮扶措施，积极开展"扶贫济困日"活动，创新扶贫开发方式，加大投入力度，投入扶贫开发"双到"资金达5149.7万元，大力扶持村集体发展经济，帮助贫困户发展生产，改善生产生活条件。经省市考核，全县37个贫困村集体经济收入全部达到3万元以上，1.6万贫困人口有6550人通过帮扶实现脱贫。

2011年，全县有省级贫困村37个、贫困户4751户、贫困人口16232人（有劳动能力的贫困户2931户，贫困人数11647人）。帮扶的有省直单位12个、佛山市三水区单位39个、市直单位5个和县直属单位75个；派出驻村工作组37个，驻村干部77人，联络员147人（次）。以村有变化、农民增收为核心，以"三业"

（兴产业、创家业、干事业）为抓手，围绕贫困村兴产业、贫困户创家业、帮扶干部干事业的工作思路，县、镇、村级均有明确的目标任务、详细的实施方案和具体的帮扶措施。各级驻村干部深入贫困村、贫困户做好对口帮扶衔接工作，其中各帮扶单位领导到帮扶村1885人（次），单位与村"两委"干部研究工作1680次，干部职工到户11801人（次）。对各类贫困户进行登记造册，并实行电脑管理，做到户有卡、村有表、镇有册、县有系统。在实践中努力探索农业产业化带动、基础设施建设拉动、互助金组织和农民专业合作社启动、劳务输出促动和移民搬迁推动等行之有效的帮扶方式。全县成立互助金组织19个，投入本金381万元，入股农户729户；成立专业合作社52个，入社人数近2000人。如小三江镇登阳村的佛手种植、福堂镇荣丽村的生姜种植、太保镇上坪村的禾花鱼养殖等专业合作社组织促进村民丰产增收。各级帮扶单位继续加大资金投入力度，注重项目帮扶，特别是工业项目及农业产业化带动，使贫困村集体经济收入稳步提高，贫困人口明显减少。据统计，各级帮扶单位扶持发展集体经济项目115个，帮扶贫困户发展项目达1.2万个。全县37个省定贫困村集体经济收入全部超过5万元，平均为8.8万元以上，最高的达18万元，户平均纯收入5167.9元，实现年初制定的脱贫任务。

同时，推进贫困地区交通、水利、教育、文化、卫生、住房等基础设施建设，新建硬底化道路40多千米，300人以上的大自然村全部实现硬底化道路；新增农田有效灌溉面积28505亩；解决低收入住房困难1195户；移民搬迁"两不具备"（不具备生产、生活条件）的294户，新增解决饮水安全问题的农户11101户；帮助贫困村建设文化卫生设施项目736个。全县贫困农户100%参加农村合作医疗；符合条件的贫困户全部纳入低保、五保，实现应保尽保；贫因村义务教育入学率达100%；贫困村通电、通邮、通讯、通广播电视率均达100%。大力开展贫困人口劳动技能培训和实用技术培训，邀请专家深入37个贫困村开展"菜单式"培训，想方设法提高贫困户的综合素质，增强其脱贫致富能力。全年开展各类培训110期，培训9763人（次），组织劳务输出2139人。积极转变扶贫方式，变"输血式"扶贫为"造血式"扶贫，突出抓好农业产业化带动、互助金试点和搬迁扶贫，有效增强贫困村和贫困人口自我发展能力。

2011—2012年，各级帮扶单位共筹集1.23亿元投入省定贫困村的帮扶工作，其中到村资金9138.93万元，到户资金3673.29万元。扶贫项目涉及交通建设、经济发展、民生保障、农田水利设施建设、发展生产启动资金资助、村委会办公条件改善等。

福堂镇荣丽生姜种植基地（李凯2011年摄）

2011年至2015年，根据省、市的部署，组织了移民搬迁工作，全县总任务1918户，后修改为1825户。移民搬迁补助每户3.5万元，其中省财政补助每户3万元，市财政补助每户0.5万元。建设10个移民搬迁集中安置点，集中安置640户，分散安置1185户，其中禾洞镇集中安置点2个，移民搬迁323户，上帅镇移民搬迁55户。

十二、精准扶贫

党的十八大结束不久，习近平总书记在河北省阜平县考察扶贫工作时指出，"帮助困难乡亲脱贫致富要有针对性，要一家一户摸情况，张家长、李家短都要做到心中有数"。2013年11月，习近平总书记在湘西调研扶贫工作时，明确提出扶贫工作"要科学规划、因地制宜、抓住重点，不断提高精准性、有效性和持续性"，"要实事求是，因地制宜"，"要精准扶贫，切忌喊口号，也不要定好高骛远的目标"。12月，中办、国办印发《关于创新机制扎实推进农村扶贫开发工作的意见》，明确提出建立精准扶贫工作机制和健全干部驻村帮扶机制的工作要求。精准扶贫是指针对不同贫困区域环境、不同贫困户状况，运用科学有效程序对扶贫对象实施精确识别、精确帮扶、精确管理的治贫方式，要求做到对象精准、目标精准、内容精准、方式精准、考评精准、保障精准的"六个精准"。

2013年是连山新一轮扶贫开发"双到"工作开局之年，贫困村、贫困户的调查摸底、核实和确认是2013年至2015年扶贫工作的首要、关键任务。经核查确认全县新一轮贫困户为2784户11699人，其中省重点帮扶贫困村9个915户3719人，非省重点帮扶贫困村43个（含4个居委会）1869户7980人。在9个省重点帮扶村中，小三江镇的三才村、太保镇的沙坪村、永和镇的白羊村、福堂镇的读楼村、禾洞镇的禾坪村依次由省邮政公司、省邮政管理局、省人防办、省保监局、省社科联帮扶；吉田镇的联合村、太保镇的黑山村由市委市政府办公室、市财政局、市民族宗教局、市城管局帮扶；上扪镇的陈屋村、小三江镇的高明村由县水务局、县人武部、县公共资源中心、县委农办、县小水电公司、连山人保财险等县直单位帮扶；其余43个非重点帮扶村（含4个居委会）由县国土局、县交通局、县林业局、县财政局等81个县直单位挂扶。6月中旬，全县9个省重点帮扶村的驻村干部和43个（含4个居委会）非省重点帮扶村的联络员全部按要求完成对接工作，并有序开展一村一册、一户一簿，建立详细的档案和帮扶记录卡册，录入广东省扶贫信息系统网，制定三年帮扶方案和年度帮扶计划等一系列工作。全年9个省重点帮扶村共投入资金2677.39万元，其中村级扶贫项目136个，投入资金2489.89万元；贫困户扶贫项目5297个，投入资金187.51万元。

2014年，全县9个省重点帮扶村共投入资金2624.73万元，其中帮扶单位自筹资金314.43万元、各级财政扶贫资金530.11万元、行业扶贫资金1643.75万元、社会扶贫资金74.93万元。建立村级扶贫项目151个，投入资金2391.84万元；建设贫困户扶贫项目2745个，投入资金232.89万元。

2015年，全县9个省重点帮扶村投入资金2320.13万元，其中帮扶单位自筹资金751.29万元、各级财政扶贫资金1089.19万元、行业扶贫资金462.10万元、社会扶贫资金17.51万元。建立村级扶贫项目79个，投入资金1667.4万元；建设贫困户扶贫项目1825个，投入资金429.66万元。经过三年的扶持，9个贫困村集体经济收入均达11.29万元，贫困户人均纯收入1.05万元。

十三、新时期精准扶贫精准脱贫

2016年，根据中央和省、市部署，全面开展新时期精准扶贫、精准脱贫工作。按省定贫困线人均年收入4000元的标准，核定全县面上贫困人口为1327户3888人，其中有劳动能力的768户3165人；没有劳动能力的低保户和五保户559户723人。3月，县人社局联合县扶贫办、县总工会、县妇女联合会在县城举办"2016年春风行动"大型现场招聘会，组织各市及连山县18家企业参加招聘，提供就业岗位700个。5月开始，市、县向各镇派出驻镇工作组共21人驻镇开展帮扶工作。全年办理移民搬迁户发展生产项目小额担保贷款5笔37万元，办理贫困户发展生产项目小额担保贷款4笔20万元。对没有劳动能力的人员，列入五保、低保实行政策兜底，确保率先脱贫。对弱劳动能力的贫困户，利用各级财政帮扶资金统筹1500万元入股淘金坪水电站和县小水电发展有限公司，每年获得139.25万元固定收益，对特定贫困户按股权进行分红脱贫；对有劳动能力的贫困户，利用龙头企业、合作社和大户带动发展产业脱贫。通过产业奖补政策，小微项目鼓励、贴息贷款引导，有113户522人明确由龙头企业、合作社和大户带动发展产业；142人经培训提高劳动技能，外出务工。引导贫困户就近就业脱贫，其中合作社、农业龙头企业吸收56户贫困户务工。

连山构建从学前教育到高中（职中）教育全覆盖的贫困学生助学体系。加强医疗卫生帮扶，建档立卡的贫困人口1327户3888人100%参加医疗保险，制定贫困户意外伤害保险和疾病住院补充保险实施方案，为贫困户解决新农合报销后所缺医疗费。自筹资金为60周岁以上没有购买养老保险的贫困人口购买养老保险，使60周岁以上的贫困人口100%享受养老保险。县扶贫办引导和扶持农村泥砖房改造，对建档立卡贫困户的居住条件进行多次核查，会同住建部门完善贫困户住房改造方案，按照一户一策分类实施，全年完成30户精准扶贫户的住房改造工作。

2016年，中央财政决贫资金投入10万元、县财政投入资金4.2万元为禾洞镇禾坪村委会茶叶专业合作社建设茶叶基地喷灌工程，实现旱涝保收，带动贫困户脱贫致富。市财政投入5万元为永和镇白羊蔬菜基地修复路基。县财政投入资金11万元在小三江镇田心村委会建设10千瓦光伏发电扶贫示范项目，该项目年收益1.1万元，可推广到全县作为新时期精准扶贫户的脱贫项目实施。县扶贫办争取市扶贫办、市财政局、市老促会支持10万元，为禾洞镇禾坪村委会上直村小组修建一条长330米、宽3米、厚0.2米的牛古田机耕路，解决该村755名群众"耕作难"的问题。县投入283.3万元继续完善移民新村后续各项基础设施建设工作，其中投入38万元完善小三江镇虎鸣移民新村街道、排水沟工程，投入9.6万元完善小三江镇高和移民新村排水沟工程，投入7.1万元完善小三江镇加田移民新村排水沟工程；投入25万元完善禾洞镇学水移民新村道路工程，投入67万元完善禾洞镇学水移民新村桥梁工程；投入8万元完善永和移民新村自来水工程，投入52万元完善永和移民新村（旧姜油厂）街道、排水沟工程，投入48万元完善永和移民新村（旧电影院）街道、排水沟工程；投入21万元完善太保镇白虎头移民新村挡土墙、环山沟工程，投入7.6万元完善太保镇移民新村围墙工程。

另外，继续做好"6·30广东扶贫济困日"活动工作，举办以"扶贫济困，奉献爱心"为主题的募捐活动，全县机关团体、企事业单位、社会各界人士和广大群众踊跃参加，筹措资金61.16万元。善款主要用于精准扶贫户危房改造以及作为县直单位挂扶贫困户发展经济项目的启动资金。

2017年，县扶贫办通过引导发展有机稻、有机蔬菜、中草药、番薯、芭蕉芋和禽畜养殖等短平快项目，确保有劳动能力贫困人口年人均收入超过省脱贫收入要求。结合贫困户实际打造水果、高山茶、油菜种植，蔬菜基地、林下经济、特色养殖等长效项目，通过技术、销售扶持保障贫困户稳定持续发展产业，稳定增收，着眼造血扶贫、可持续脱贫致富。建立贫困户参与机制，结合农村综合改革，依托经济合作社、农民合作社、农业龙头企业等平台，鼓励支持贫困户参与生产，并安排资金、技术、销售等支持，提高贫困人口发展生产能力。通过利益机制，引导龙头企业、合作社带动贫困户一起发展，其中扶贫龙头企业永和镇水口村的金爵食品有限公司，与贫困户签订有机稻、芭蕉芋、红薯种植合同，公司负责提供种子、肥料、农药、技术指导，以保护价收购。贫困户种植有机稻每亩增收790元，芭蕉芋、番薯每亩收入4000至6000元。以经营有机蔬菜为主的丰乐农业发展有限公司与当地32户村民签订土地流转合同，建设180亩有机蔬菜种植基地，带动贫困户参与蔬菜种植，每亩增收1.2万元。禾洞镇瓜蒌种植基地带动贫困户种植，每亩收入1万元。太保镇黑山村利用梯田，举办"稻香节"、自行车赛、摄影旅游等，发展农家乐，带动贫困户就业参股、销售农产品，实现抱团脱贫。同时，为保障贫困户发展项目农产品的销售，县扶贫办探索互联网模式，对贫困户发展网上电商销售和利用互联网销售农产品的企业给予一定奖励。

出台贫困户就业脱贫配套政策，对取得职业资格证书、积极务工取得工资性收入、居家创业的进行奖励，调动贫困户自我脱贫内生动力。实施"一培训一技能"培训计划，县扶贫办联合县人力资源和社会保障局、妇联、工会制定以建档立卡的有劳动能力贫困群众为主的培训、招聘方案，全年举办面向贫困人口外出务工的精准扶贫招聘会两期，组织50多家优质企业进场招聘，提供3156个就业工作岗位；联合二广高速公司、智通公司举办专门招收贫困户的专场招聘会，实现贫困人口350人外出务工就业，优先安排305名贫困户劳动力到护林、保洁等公益岗位就业；开展农技培训两期，贫困户参加种养培训1473人。另外，通过给予专业合作社、龙头企业、能人等经济组织"两免"贷款670万元，带动贫困户就近就业和发展产业400多人。县扶贫办下拨各镇用于贫困户发展产业资金人均1万元，共2778万元，其中吉田镇407万元，永和镇576万元，小三江镇484万元，太保镇208万元，福堂镇570万元，禾洞镇354万元，上帅镇179万元。

对弱劳动能力贫困户，探索资产收益的扶贫方式，建立"项目到户、资金入股、按股分红、按劳分配、规模发展"资产收益脱贫工程机制，利用贫困户的帮扶资金统筹1500万元入股淘金坪水电站和县小水电公司，每年固定收益139.25万元。各镇通过统筹帮扶资金，整合涉农资金等开展资产收益扶持贫困户工作，确保每户贫困户成为股东，使贫困户既参与产业，又享受分红。

根据省、市统一部署，县财政投入县级和镇级扶贫大数据平台建设资金26.48万元，县扶贫办加强对扶贫工作的实时跟踪、精细管理，为督促落实提供有力保障。继续实施精准扶贫户危房改造工程，全年完成贫困户住房改造建档立卡373户。安排精准扶贫微小项目26个，资金193.33万元，其中吉田镇32万元、永和镇29.6万元、小三江镇31万元、太保镇22.73万元、福堂镇17万元、禾洞镇30万元、上帅镇31万元。县扶贫办通过中央财政扶贫资金投入58万元，用于精准扶贫精准脱贫项目建设，其中太保镇丰乐农产品贸易中心和便民服务中心建设16万元，禾洞镇禾联村委会政岐村特色农业项目鹰嘴桃基地建设10万元，吉田镇东风村委会旺冲至虎凹硬底化道路建设32万元。县扶贫办、中国邮政储蓄银行股份有限公司连山支行、县财政局三方协商同意实施贫困户惠农易贷款政策，贷款对象为有创业潜力、有发展项目、有贷款意愿、信用良好且有建档立卡的贫困户或能够带动建档立卡贫困户就业、创业的个体种养大户、家庭农场、专业合作社、小微企业、农业龙头企业。全县建档立卡贫困户单笔贷款最高额度5万元；能够带动建档立卡贫困户就业、创业新型农业经营主体，贷款额度100至500万元，贷款期限不超过三年，贷款利率按中国人民银行公布的贷款基准利率执行，贷款实行贴息补助。全年办理贫困户惠农易贷款共37笔1208万元。

农业科技成绩斐然

一、连山大米名扬四海

连山是以粮食生产为主的山区农业县，以盛产优质大米而闻名。《连山县志》（民国十七年版）卷八记载："香粳、大糯名驰上国……香粳、大糯，清代曾列为朝廷贡品。香粳，民国4年经北洋政府农商部鉴定为全国最优秀的稻种。"

1976年，连山从湖南引进杂交水稻种子进行试种。1977年，开始大面积推广，是全省试种和推广杂交水稻最早、力度最大、效果最佳的县之一。种植杂交水稻迅速提高了水稻产量，使连山从粮食自给不足转变为有大批余粮外运。1989年，被省政府授予"粮食创高产先进单位"。1994年，成为广东省第三批商品粮基地县。1997年，被省政府授予粮食改低创高产先进县。2001年，被列为全省50个商品粮基地县之一，成为重要的商品粮生产基地。

为提高粮食综合生产能力和农业经营效益，从2003年开始，连山利用昼夜温差大、空气清新、水质良好、无工业污染的独特气候环境发展无公害绿色农产品，与华南农业大学建立合作关系，引进有机水稻种植技术研究和推广项目。并与珠海农丰公司合作，率先在太保镇实行"公司+基地+农户"的经营模式发展种植，取得成功后，立即在全县各镇大力推广种植。在种植过程中，严格按照有机食品生产的技术规程操作，应用天敌防治病虫害，如"鸭稻共作"、灯光诱杀害虫、人工除虫技术等有机生态做法，使稻米绿色健康，烹制出的米饭香、甜、软、滑兼具，口味极佳。2005年，连山有机稻米取得香港有机认证中心和中绿华夏有机食品认证中心认证，注册了"香意浓"牌有机大米商标，并荣获第二届中国华南农业博览会金奖。

2006年，连山有机水稻种植面积1.2万亩，总产量0.5万吨，年产值6000万元，实现利税3000万元，农民人均增加收入550元，占农民年总收入的27%。同时，连山建成为全省最大的有机水稻种植基地，走在全国有机水稻开发前沿，有效地带动全县农业生产、粮食加工、产品包装、运输营销等行业的发展，增加了就业岗位，促进了地方特色经济发展，加快了贫困山区脱贫奔康的步伐。2008年，连山被省政府列为优质水稻基地建设县。

2012年初，连山为进一步加强对连山大米（有机水稻）的保护，提高大米产品在市场上的竞争力及实现产业的可持续发展，启动连山大米地理标志产品保护的申报工作。2014年5月，国家质检总局批准对连山大米实施地理标志产品保护，此为连山首个获得国家地理标志产品保护的产品。

2015年，连山创建为全国有机农业（水稻）示范基地，实现了标准化生产、规模化开发和产业化经营，建立起完善的组织管理体系、生产管理体系和监督管理体系，有效地保护了农业生态环境，促进了农业提质增效和农民增收致富，农业生产取得了较好的经济效益、社会效益和生态效益。

2016年，被列入第八批国家级农业标准化示范项目的连山有机稻种植综合标准化示范区以满分100分通过考核验收。连山初步形成集"研发、种植、收割、脱粒、烘干、精细加工、包装、运输"于一体的"产、学、研、销"一条龙的有机农业产业化体系。有机稻生产技术、产品标准和有关农业标准得到较好实施和推广。示范区有机稻种植面积达到3.5万亩，总产量14000吨，总产值7280万元，带动农户2600多户实现增收。创建有"壮瑶家香""壮瑶金爵""采胜""七月香"等品牌，连山大米分别获得国家发展和改革委员会现代农业高技术产业化示范工程项目成果奖、中国绿色食品博览会银奖、第三届中国华南农业博览会优质农产品金奖、广东省名牌产品、清远市土特产等奖项。连山大米具有生态、环保、无公害、纯天然等特点，因米香质软、风味极佳成为供不应求的安全健康食品，畅销广州、深圳、珠海等国内大中城市以及香港、澳门地区。

二、水稻研制硕果累累

1976年，连山从湖南引进杂交水稻种子进行试种，次年推广种植。为解决种子的数量和质量问题，1976至1980年，县委组织农技人员分三批到海南陵水、崖县、东方等地学习杂交水稻的制种技术，并及时将学到的技术带回推广。在此基础上，组织农技人员以县示范农场为基地，开展杂交水稻新品种的研制。1982年，成功研制出第一个杂交新品种汕优836-1，随后研制出汕优616-8、汕优8433、粤优8号、天优628、天优363等优良品种，成为广东改革开放以来研制杂交水稻品种最多的县。其中粤优8号、天优628分别于2002年和2006年通过省农业专家组审定，在粤北、粤西和湖南省等地大面积种植，取得显著经济效益。

连山大规模推广杂交水稻种植后，引起杂交水稻专家"杂交水稻之父"袁隆平的高度重视，1980年初他到连山视察和总结经验，充分肯定连山推广杂交水稻的成效，并吸收对杂交水稻的试种和推广起到很大作用的连山农艺师罗期聪加入全国性"籼型杂交稻协作组"成员，该组1983年荣获国家"特别发明奖"。

连山种植杂交水稻的经验，对推动全省杂交水稻的种植起到积极作用。1978至1982年间，韶关地委先后三次召集各县书记、革委会主任或县长到连山召开杂交水稻种植现场会，湖南省也组织一些县领导和农技人员到连山学习杂交水稻的推广与种植经验。1983年，时任连山农业局长的叶英昌调回家乡新会工作，大力推广连山种植杂交水稻的经验，取得显著成绩，从而推进珠三角地区杂交水稻的种植。

2010年起，连山积极实施科技兴农战略，大力推广农业优新品种和先进的运用技术，加强农业科技教育培训，加快农业科技成果应用转化，促进高产、优质、高效、生态、安全农业发展，为建设现代农业强县和幸福新农村提供科技支撑。县农科所先后培育杂交水稻三系不育系"吉田A"，选育了优质杂交水稻粤优8号、天丰优628、天优363、吉优628等品种。通过运用先进农业实用新技术和优良品种组装，开展粮食高产高效集成技术研究，使连山水稻高产创建单产突破706千克，全县粮食作物高产创建面积达10万亩以上。具有"优质、高产、高抗"特点的优质杂交水稻新品种粤优8号、天丰优628、天优363等，在清远市其他地区和肇庆市等地得到较好推广，并辐射到广西、湖南、江西、湖北周边省区，累计推广种植面积达500多万亩，按每亩增产50千克计算，增加粮食产量2.5亿千克。

与此同时，县农科所创建繁制种基地，除繁制选育自身优质品种外，还加强与省内外知名种业公司合作，签订代制种协议，为农户争取生产订单，大规模开展杂交水稻制种，带动600户农户制种，年制种面积发展到2000亩以上，生产优质杂交稻种子近50万千克，农户增收200多万元。连山建成市级、省级、国家级有机稻标准化示范区。县农科所所长陈嗣建于2011年被国务院评为全国粮食生产突出贡献农业科技人员，并受到国务院总理温家宝等国家领导的亲切接见。"连山有机稻标准化示范区建设"获清远市科技进步二等奖，"优质水稻吉优8号选育"获得清远市科技进步一等奖，"粤北山区冷浸田综合治理技术推广应用"获得省级农业技术推广二等奖。

三、禾洞老区绿色发展

禾洞属高寒山区气侯，地理位置独特，盛产松脂、厘竹、茶叶等。其中厘竹在清朝时期已成为县的主要出口商品，民国时期南海县商人曾长期开设竹厂收购厘竹加工，产量一贯为全县之冠；"禾洞箩"因美观耐用、质量上乘而闻名县内外。20世纪90年代中期种植奈李近千亩，获得成功，随后在全县推广种植，禾洞奈李远近闻名。2005年松脂基地达3.2万亩，年产松脂800多吨，在全县名列前茅。

2010年以来，禾洞镇立足本地海拔高、昼夜温差大、土地广阔、土壤肥沃、水资源丰富的特点，利用中央、省、市各级部门不断加大对"三农"以及革命老区支持力度的大好形势，坚定信心，决定依托红色资源，发展绿色经济。为此，禾洞镇党委以科学发展观为指导，以增加农民收入为目标，以推进农业结构调整、加快绿色产业化发展为主攻方向，以农村综合改革为契机，通过土地入股、流转和整合资金等方式，探索农村"三变"改革，激发农村集体经济活力，大力发展茶叶种植等绿色产业。

同时，禾洞镇成立高山有机茶项目开发领导小组，协调相关部门推进该项工作开展。抓好规模化发展、标准化生产、产业化经营，在改良品种、优化品质、做大品牌、提高品位上下功夫，全力推进茶叶产业发展。按照"公司+基地+农户"模式，积极引导农民成立由村委会委员发起的茶叶专业合作社，着力打造基层党建新亮点，带动广大农户种植。镇政府注重宣传引导，组织提供技术指导服务，提高生态农业建设水平。党员干部贯彻群众路线，充分发挥先锋模范作用，把密切联系群众作为推动茶叶产业发展的有效方法。

2012年初，连山鸿诚隆农业科技有限公司成立，茶叶种植面积近1000亩，年产干茶10吨。该公司以禾洞高山茶等为核心产业，致力打造高端的有机高山茶，其产品有机红茶"王金雪山眉"获得"第十一届中国国际农产品交易会参展产品金奖"。

2017年4月25日，禾洞镇举办广东连山第一届春茶节暨皇后山茶庄园开园庆典。该园区是集有机茶种植、加工、销售和休闲农业观光旅游为一体的生态旅游度假区，是华南农业大学实习基地、教育示范基地、写生摄影学习基地。园区占地面积2400多亩，种植高山有机茶面积800多亩，厂房占地面积2000多平方米，为连山最大的茶叶加工厂房，年产干茶20~50吨，其研发的"壮乡浓高山云雾茶"被推选为首届"连山十大优质农产品"。政岐村积极发挥村党支部、理事会和村民小组长"三驾马车"作用，启动湘江源头客家特色牌楼、特色村道、旅游观光环山路、乡村大舞台、文化广场、客家围屋等建设；利用自身优势，大力发展特色产业，龟鳖孵化养殖项目发展初现规模；种植面积130亩3000株鹰嘴桃树；对村内400亩竹林进行高压微创工艺加工，将秘方泡制的高粱酒注入2万节竹腔内而制成"雪琼液"竹筒酒，年销售量1.5万支，销售额130多万元，农户增收明显。

2017年底，禾洞镇茶叶种植面积3000多亩，其中高山有机茶种植面积近2000亩，进驻茶叶种植加工企业有景源、鸿诚隆、莲山红3家，成立茶叶种植专业合作社7家。以"游高山生态、赏茶园美景、品高山有机茶、购特色茶产品"为主题打造的茶文化关联的旅游产业链正蓄势待发。其他绿化经济快速发展：厘竹生产加工厂1家，年产厘竹500吨；大坪村占地面积50亩的体验式茶园正在发挥引领作用；鲤鱼尾村面积80亩大果山楂长势喜人；满昌村面积160多亩药材种植基地硕果累累；全镇水稻种植面积4836亩。风禾尽起茶溢远，别有洞天春永恒；长风破浪会有时，直挂云帆济沧海。禾洞镇的绿色经济发展在党的十九大指引下正在阔步前进，红色旗帜飘扬得更加鲜艳。

创建广东省林业生态县

　　连山山地广阔，气候温和，土壤肥沃，适宜多种树木生长，森林资源丰富，是"九山半水半分田"的典型山区县，是广东省林业重点县及全国杉木分布中心产区之一。其优势在"山"，其"山"是连山人民生存和发展的重要依托，所以发展林业，治山致富，是切合实际发展的主旋律。1985年11月19日，中共广东省委、省人民政府作出"十年绿化广东"的决定，县委、县政府于1986年初，结合连山实际，提出"三年消灭荒山，五年绿化连山"的目标。经过全县人民的共同努力，连山林业发展取得了辉煌的成绩：1991年被国家绿化委、林业部、人事部联合授予"全国造林绿化先进单位"称号；1992年如期实现绿化达标，成为广东省"绿化达标县"；1994年被省委、省政府授予"绿化广东贡献突出单位"；1998年获得"全国造林绿化百佳县"称号。

　　面对连绵群山，眼望树木青翠，连山人民更加懂得珍惜保护自然生态环境的重要性和必要性。在此基础上，根据广东省政府制定的《广东省创建林业生态县实施方案》的总体目标要求，县委、县政府确定在2005年把连山建成林业生态县。随后立即成立领导机构，制定出具体规划，实施方案，明确相关部门分工，把生态县建设分林业生态和林业产业两个体系来实施。林业生态体系建设工程采用"点—线—面"的布局：点以县城为中心带动7个镇（场）发展，线以打造国道323线和省道263线及6条县道共

208千米的绿色通道为目标，面以2003年界定面积达34957.4公顷的生态公益林和4个重点森林旅游景区为重点，对生态公益林实行全封闭管护措施，逐年改善林分质量，提高生态等级。林业产业体系工程以面积65000公顷的商品林为基础，建设集约化、质量化、基础化的速生丰产林基地，提高林地产值和利用率，缩短经营周期，大力发展绿色经济。同时，出台"谁投资、谁经营、谁受益"的奖励机制，拓宽投资渠道，鼓励、支持多元投资主体参与林业生态建设。落实林木所有者的财产处置权，加快非公有制林业的发展，充分发挥非公有制林业在林业生态建设中的作用。加大执法力度，加强森林资源的监督、监测和核查工作，坚决打击破坏森林资源的违法犯罪活动。实施科技兴林，提高林业生态建设的科技含量，充分发挥科技的先导和支撑作用，提高林业科技发展整体水平，加快林业生态建设的速度。1990—2005年，全县人工造林面积559905亩，其中1996年面积最多，为99276亩。

2005年9月2日至29日，县政府抽调有关部门技术骨干12人组成自查小组，到各镇进行外业调查。自查结果各项指标均达到省政府制定的山区林业生态县标准：（1）森林覆盖率为83.23%，高于省要求65%的指标。（2）林木蓄积量2003年为788.57万立方米，2004年为787.13万立方米，2005年为800.3万立方米，分别比2002年蓄积量756.28立方米计净增4.27%、4.08%和5.82%，都高于省4%以上标准。（3）生态公益林功能等级：在自查的14个自然村13746.4公顷的省级生态公益林中，一、二类林面积共13305.2公顷，占总面积96.8%，高出标准16.8个百分点。（4）水土流失生物治理：省水利厅于1999年遥感探测到连山水土流失面积14502公顷，其中属林业用地水土流失53.53公顷，现达到生物治理标准的有51.37公顷，治理率达到95.96%，超过省标准95%的要求。（5）保护区体系：全县土地面积118161.7公顷，省、市自然保护区15728.1公顷，自然保护小区840公顷，共16568.1公顷，保护区体系比重为14.02%，比省定9%标准高出5个百分点。（6）绿化通道：线路绿化率为95%，通道两侧山地绿化率为99.85%，均超过省标准95%的要求。（7）县城建成区面积332公顷，绿化覆盖面积127.19公顷，绿化覆盖率38.31%，超过省标准35%的要求；公共绿化面积19.11公顷，按是年县城人口1.5万人计算，人均占有绿地12.58平方米，超过省指标10平方米的要求。（8）村庄林木覆盖率为24.13%，超过省标准20%的要求。（9）林地保护管理：林权发证率为96.2%，征占用林地审核面积2003年9.39公顷，2004年为0.86公顷，2005年为0.99公顷，连续3年审核均为100%。（10）森林资源保护：森林病虫害面积占森林总面积，2003年为0.49%，2004年为0.44%，2005年为0.35%，连续3年均控制在省规定的0.5%以下；森林火灾（卫星监控）受害率2003—2005年连续3年均为零，达到控制在0.5%以下的要求。连续3年无重大盗伐、滥伐林木案件和违反野生动植物保护、林地保护法律法规的案件。

2005年10月25日，县政府向清远市政府申报建成林业生态县，清远市政府抽查审核，并推荐上报省政府组织检收。是年底，省政府正式批准连山为广东省林业生态县。

百尺竿头争上游，再接再厉鼓干劲。连山虽然建成省级林业生态县，但是面对殊荣不骄不躁，继续贯彻执行中共十七大提出生态文明建设的目标。立足生态发展区定位，加快林业生态工程建设，抓好县城环城景观林带以及国、省道和二广高速景观林带建设，抓好城镇、公路沿线，河道两旁、景区周边的造林绿化以及生物防火林带建设，不断优化生态环境，促使青山长存，绿水长流，林业生态建设累结硕果。2017年，全县有林地面积由1979

年的67066.67公顷，2005年的97341.9公顷增加至100188.1公顷；森林蓄积量由1979年的320.33万立方米，2005年的800.3万立方米增加至1168.03万立方米；森林覆盖率由1979年的57.2%，2005年的83.5%增加至86.21%；新增纳入国家重点生态功能区，连年入选"全国深呼吸小城"前十位；因负离子含量高，被誉为"氧吧之城"。放眼便是绿，清新沁人心，正是到此"呼吸一口气，难忘一辈子"！

水利建设显光明

一、建成全国水电农村电气化县

1990年，根据国家创建水电农村初级电气化县的要求和标准，连山县政府在制定"八五"计划中提出把连山建成全国水电农村初级电气化县的目标计划。是年，全县有小水电站47座，装机容量27755千瓦。1993年底，连山有小水电站50座，装机容量28970千瓦。提前2年达到国家提出的农村初级电气化县标准，于1994年3月12日至15日经上级验收合格，成为全国第二批水电农村初级电气化县之一。主要指标完成情况为（1）用电面：全县农村用户15591户，用电面占95%，合格通电户率达95%，超过标准90%的要求；（2）用电量4159万千瓦时，人均用电量390千瓦时，超过标准200千瓦时的要求；（3）总生活用电量742万千瓦时，户均生活用电量304千瓦时，超过标准200千瓦时的要求；（4）供电量：全县总供电量9458万千瓦时，其中自供电量9399万千瓦时，超过标准60%的要求；（5）以电代柴7573户，占总户数48.57%，超过10%的要求；（6）综合网损率10.7%，小于标准11%的要求；（7）设备完好率：其中发电设备达95.8%，超过标准95%的要求，输变电设备达96.7%，超过标准95%的要求；（8）电压合格率91.2%，超过标准90%的要求；（9）发电设备事故率0.014%，小于标准0.6%的要求；（10）变电设备事故率0.033%，小于标准0.6%的要求。

1993至1998年，投入1.24亿元，建成旭水一级、加田峡口、三水杉木坪、加田高联、中和等七座小水电站，增加装机容量4340千瓦，淘金坪水电站、小三江大利、禾洞鱼跳、福堂天鹅二级等一批电站正在建设。全县小水电站装机容量达2.8万千瓦，年发电量达1.07亿千瓦时，有5200万千瓦时以上的富余电力输送给国家电网。扩建吉田110千伏变电站，35千伏莲塘变电站、小三江变电站、永和变电站，吉田至淘金坪变电线路工程及吉田至莲塘变电线路工程。解决大富、福堂、太保、永丰和加田等镇10个管理区的无电村1343户的用电问题，全县基本消除无电村的现象。

为了进一步提高全县水电农村电气化水平，2000年9月，连山向省水利厅提出"十五"计划期间建设水电农村电气化县的申请，并制订具体的实施方案。经水利厅审查同意后，由省政府上报水利部。是年底，经国务院批准，连山被列为"十五"全国400个水电农村电气化建设县之一。连山根据水电农村电气化县建设的实施方案，"十五"期间，需要完成28宗电气化重点电源项目建设，其中续建电站7宗，新建电站21宗。总投资为15447万元，其中投资8671万元，新建水电站工程19040千瓦；投资6526万元，新建35千伏以上输变电工程62000千伏安（113千米）；其他建设投资250万元。

为了确保实现以上目标规划，县委、县政府作出《关于加快小水电开发的决定》，执行"谁建、谁有、谁管、谁受益"的政策，鼓励乡镇集体和个人办电，支持外来企业和个人到县内开发小水电。同时，将小水电收购价从每千瓦时0.248元提高到0.29元（2001年至2003年新建电站为0.33元），全方位提高办电的积极性。到2004年12月，全县水电农村电气化的主要指标已提前达到水利部颁发的标准。在小水电建设方面，投资22519万元，为实施方案的259.7%；新增装机容量58785千瓦，完成实施方案的308.74%；完成改造电站8宗，装机容量3895千瓦，为实施方案的124.64%。在电网工程建设方面，投资13595万元，其中新建和扩建35千伏及以上输变电工程5宗，输变电45500千伏安，线路93.6千米，完成10千伏及以下农村电网改造与建设，配变电28755千伏安，线路342千米，基本上完成实施方案，农村到户电价每千瓦时下降到0.79元以下。

2005年6月21日至22日，连山通过省水利专家组核查验收。8月9日，又通过省政府派出的达标验收委员会的验收，综合指标和管理水平符合水利部的《水电农村电气化验收规程》的规定，同意上报国家发改委、水利部审批。是年底，全县运行发电的小水电站共229座，总装机容量120160千瓦，占可开发量13.3万千瓦的90.35%，装机1000千瓦及以上的小水电站有31座共54430千瓦。有110千伏变电站2座，主变3台，容量9.15万千伏安。110千伏输电线路三回112.52千米。

二、龙坑电站——走出脱贫奔康新途径

龙坑电站位于上帅镇内，距县城80千米，是北江流域绥江水系上帅龙坑水开发的第一个梯级电站。该电站集雨（水）面积11.28平方千米，建有可调节水库一座，水库坝高18米，为浆砌石重力坝，水头高208米，为全县水头最高电站，设计流量1.12立方米每秒，输水隧洞长1400米，装机容量3×630千瓦。工程于2003年8月28日兴建，第一台机组仅用120天实现投产发电，第三台机组于2004年10月投入运行。该电站总投资1260万元，是县委、县政府创新扶贫工作思路，转变扶贫方式，为进一步增加镇级经济实力、集中扶贫资金而兴建的。按照县政府与上帅、禾洞等6个贫困镇签订的收益分配协议，上帅、禾洞等镇每年可分别增加20

至30万元的分红收益，加上其他收入，基本上解决镇级可支配财力困难的问题。龙坑电站走出了一条以开发小水电促进脱贫奔康的新途径，实现了水电农村电气化建设与扶贫开发相辅相成的目标。此一举措得到时任广东省委副书记欧广源的肯定，亦成为连山镇村增加财力、贫困户脱贫致富的新路子。

创建广东省教育强县

一、教育事业有序发展

1980—1982年，连山基本完成12至40周岁的青壮年扫盲教育，实现校校无危房、班班有课室、个个学生有台凳的"一无两有"，并成为全国首批基本实现普及五年小学教育的民族自治县。1995年，基本普及九年义务教育。1997年后，重点转向改造薄弱学校及建设规范化学校，多方筹措资金，共投入3000多万元改建、扩建各镇中心小学和初级中学。2002年，完成全县中小学"改薄"任务。2004年，先后完成62所乡村小学、教学点的调整撤并。2005年，全县校舍面积达到219858平方米，小学、初中、高中每个学生平均占有校舍面积分别为9.2平方米、10.9平方米、17.5平方米，分别高于广东省规定的二级、三级和一级标准；县高级中学建成招生，实现初、高中分离办学；积极稳妥推进"小学镇中心办，中学县城办"的模式，使全县的教育环境得到明显优化与改善，校园环境怡人。

2006—2010年，在原县城小学校址上新办广德中学，建成县职业中学、民族中学、福堂初级中学、佛山希望小学（民族小学）等一批教学楼、综合楼。县高级中学通过"清远市一级学校"评估验收，县民族中学通过省、市"现代教育技术实验学校"评估验收，全县普通高中优质学位达到100%，全县优质学位由4000个增加到7000个。开展规范化学校建设，全县65%的义务教育学校建成规范化学校。开通基础教育网,中心小学以上的学校基本实现"校校通"工程。设立"高考专项奖",对在高考、中考及学科质检中成绩突出的学校、教师进行奖励。制定《连山教师激励机制实施方案》,从"连山奖教基金"中拨款对工作突出者进行奖励。开展全县中小学校长竞争上岗试行工作。面向全国以十万元年薪招聘县高级中学校长,以此提高该校教育教学质量和管理水平,提升竞争力。

2011—2016年,全面完成全县中小学校"穿衣戴帽"以及学生宿舍、学生饭堂、运动场地改造升级工程,全县城乡办学条件得到较大改善。实施抓强师兴教、抓质量强校工程,教师自身学历素质不断提高,学校管理趋向规范化、制度化、科学化,幼儿园、小学、初中、高中教师学历达标率分别为100%、100%、97%、92%。永和镇中心小学被授予"全国基层家长示范学校"称号;7个镇创建为省教育强镇;连山被省教育厅授予"广东省教育强县"荣誉称号;创建全国义务教育发展基本均衡县工作顺利通过国家级督促验收,成为全省第二批41个达到评估认定标准的县之一。

合理实施学校布局。县广德中学整体并入县高级中学,办成完全中学;太保镇8所乡村小学的高年级学生及太保中心小学整体搬迁到新建的太保中心学校,办成九年一贯制学校;加田、禾洞中小学校合并办成九年一贯制学校。由广州市教育局、省教育厅、省民族宗教委共同支持资金2500万元兴建的连山民族小学建成开学。该校教学楼、宿舍、饭堂、运动场等设施及教学装备一应俱全,办学规模为24个教学班,可提供900多个优质学位,有效地解决县城小学学位紧张等问题。连山职校实现整体搬迁,新建成一幢建筑面积5730平方米的综合教学楼,与连山党校共同使用。职业(成人)教育本着"立足学校实际,面向人才市场,服务当地经济"的办学理念，坚持特色办学，进行专业改革，注重教学管理质量，办学取得显著成绩：中职毕业生达到1026人，大专毕业生6280人，本科毕业生1426人；开展社会培训45000人，技能鉴定5000人。

教育信息化建设工作有序推进，全面完成县城学校安保工程、"校校通"工程、农村学校（教学点）教育资源数字全覆盖项目。全县学校基本实现"校校通"，所有学校及公办幼儿园均实现网络全覆盖，部分学校建成校园网，信息技术教育基本普及。启动创建"广东省推进教育现代化先进县"工作，筹资1.02亿元用于更新完善全县各中小学校的教育教学设备设施，着重促进学校现代教育装备的达标升级，推动师资队伍在管理和质量等方面的发展。

2017年，全县有57所学校（园），其中高中阶段2所，义务教育阶段33所，幼儿园22所（其中公办9所）。每个镇建有1所中心幼儿园，4000人以上的行政村建有1所幼儿园，学前三年教育普及率达90%。全县33所义务教育阶段学校全部为省义务教育标准化学校。连山中学创建为广东省一级学校，可提供3000个优质普通高中学位。

二、创建成广东省教育强县

2010年4月，连山启动创建广东省教育强县工作，通过召开动员、募捐大会，动员全县干部群众广泛深入参与，采取多种措施，全力推进创建工作。针对经济欠发达、经济基础比较薄弱等不利因素，连山树立"重教为先、兴教为本"和"投资教育就是投资未来"的发展理念，坚持教育优先发展，加大投入，实施"三个增长"，即教育财政拨款的增长连续三年高于财政经常性收入的增长，生均公用经费和生均教育经费逐年增长，教师工资逐年增长；优先保障教育经费；坚持每年筹集资金20多万元用于高中阶段学校招生工作及奖教奖学，留住优质生源等。结合实际，制订《连山县中小学布局调整方案》等，以推行集中办学为突破口，着力抓好教育资源配置，全面推进素质教育，加强师资队伍建设，实施教育信息化和创建规范化学校等工程。注重实效，对创强各项工作进行细化分解，把教育工作纳入县、镇两级党政领导工作实绩考核的重要内容，党政主要领导和分管领导为教育办好事、办实事、解决实际困难问题达50多件。至2013年底，全县共投入创强经费1.47亿元，其中募捐款500多万元，新建镇村级幼儿园、成人文化学校、文化室和青少年校外活动场所一批，创建省一级学校、省重点中等职业技术学校各一所；新建校舍面积3.74万平方米，维修校舍面积0.72万平方米，新增运动场面积2.3万平方米，引进高校优秀毕业生95人，新增优质高中学位2700多个，九年义务教育各项指标达到考核的要求，学前教育入园率达91.6%，高中阶段毛入学率达89.7%。城乡办学条件明显改善，教育、教学质量有效提升，办学思路创新，彰显特色。2013年12月30日，根据省政府授权，省教育厅授予连山县为"广东省教育强县"称号。

三、推进教育优质均衡发展

从20世纪90年代开始，连山县委、县政府进一步落实政府教育责任，以"改造薄弱学校"为抓手，加大资金投入，不断改善办学条件。1999—2001年，对全县63所薄弱学校进行全面改造，有效地改善了办学条件。2004年，在全县小学四至六年级开设英语课和计算机课。2005年，连山高级中学建成。该校首期投资4200万元，拥有教学楼、学生宿舍、食堂、实验楼、音乐舞蹈语音电脑等功能室、体育场所，可容纳2000名学生就读，基本满足了全县高中学位需求，实现了初、高中分离。2009年，实现基本普及高中阶段教育。2012年，县委、县政府因地制宜科学地调整学校布局，推行"中学集中县城办，村小学集中镇中心办"模式，保留较为偏远的学校和教学点，把禾洞镇、上帅镇、太保镇和小三江镇加田片四个学生数较少的镇片整合并办成4所九年一贯制学校，促使教育资源得到有效优化整合，师资得到提升，设施得到加强。

与此同时，筹集资金加快教育现代化基础设施建设，不断提升信息技术，推进校际均衡发展。2017年底，全县中小学、幼儿园通过中国移动光纤接入的互联网宽带接入比例达到100%，建立起教育专网，完成了无线网络建设，实现各级各类学校宽带网络与网络教学环境全覆盖。全县学校教室（实验室）多媒体教学平台覆盖率达到100%，实现优质数字教育"班班通"。建成"连山教育云平台"，网络学习空间"人人通"得到全面推进。全县在校学生用终端2883台，每百名学生拥有终端数21.4台，生机比达4.67∶1，中小学的信息化装备得到质的提升。学校教师用终端1342台，每十名教师拥有终端数11.8台，师机计比1∶1.18。全县中小学建设28个以交互一体机、教育资源云平台等搭建的，拥有数字化学习环境的智慧课堂班级，并将优质教育资源通过共享机制，输送到乡镇学校、农村学校、教学点，初步实现了全县共享优质教育资源目标。

四、资助少数民族大学生上学

根据《广东省人民政府办公厅关于加大力度资助我省少数民族聚居区少数民族大学生上大学的通知》，省财政厅关于《广东省少数民族聚居区少数民族大学生资助资金管理办法》和省民族宗教委《广东省少数民族聚居区少数民族大学生资助资金管理办法操作细则》等文件精神，从2014学年起，省财政设立广东省少数民族聚居区少数民族大学生资助资金，对符合条件的少数民族大学生每人每学年给予资助1万元。2014年，连山贯彻落实少数民族政策，维护少数民族学生的权益，对全县初中升高中23名少数民族学生进行民族成份审核。做好少数民族大学生资助资金审核发放工作，为全县参加高考学生进行民族成份审核和登记工作，审核少数民族学生民族成份563份。为考上大专以上院校的大学生集中进行申报省财政助学金工作，完成2014年秋季入学全县大学生审核、公示、上报申报材料730多份。

2015年，连山审核初中升高中少数民族中考考生民族成份477份，审核和登记参加高考少数民族学生民族成份468份，完成少数民族大学生助学金审核、公示和申报1165份。为符合条件的群众办理变更民族成份手续53份。

2016年，连山发放2015学年全县少数民族聚居区少数民族大学生助学金人数共1048人，金额合计1048万元。8月至12月，办理2016年度全县少数民族大学生申报助学金手续1350人。

第十一节

文体事业长足发展

一、文化事业蓬勃发展

"文化大革命"时期，文化生活很单调。粉碎"四人帮"反革命集团后，一批被禁锢小说、电影、戏剧重新与观众见面，人民群众的文化生活逐步丰富。

改革开放初期，中共连山县委、县政府投入108万元建成连山民族影剧院，建筑面积3520平方米，内设座位1551个。同时，在永和、大富、太保、禾洞、福堂、永丰、加田、小三江、上帅、上草等公社都建有电影院，这个时期，人民群众文化生活内容主要是看电影。1987年9月，县无线广播电台开播，收音机逐步进入居民家庭，除看电影外，人民还可以收听广播节目。

1984年5月，县投入90.7万元新建起电视差转台，接着全县12个区也逐步建起了10W的电视差转台；至1986年县首次安装电视卫星地面接收站，可以接收中央电视台节目，与此同时，黑白电视机已逐渐进入居民家庭，而电影的放映率逐渐降低。1990年县有线电视工程开通，次年又投入180万元建起天峰山电视差转台，电视信号可覆盖全县12个乡镇，均可以收看到中央1、2、3台，珠江台、岭南台、香港中文台等几十个电视台的节目，这时人民群众的文化生活内容主要是看电视。

1978年以来，连山县城先后建成县文化馆、博物馆、民族影剧院、青少年文化活动中心、少年宫、档案馆等；镇级建成文化活动中心等；村级建成文化室、文化书屋等。县民族歌舞剧团长期下乡为群众演出富有地方民族特色的歌舞。县文化主管部门利用新建的金山文化广场、凯旋门文化广场、连山文化广场、广山公园等大型文化场所，组织舞布龙、舞龟鹿鹤、舞龙灯、舞火狗、舞小长鼓、舞春牛、舞木猫狮、舞火蛇、舞犀狮、舞采茶、壮族八音、唱采茶等民间艺术汇演和调演活动；举行春节游园会、迎春烟花晚会、连山山歌、炸火狮等一系列文娱活动；组织开展广场"周末电影"公映活动，送电影送书下乡活动。校园主题文艺汇演，镇村专场文化会演层出不穷，全县形成空前活跃的广场文化、校园文化、乡村文化。

继1997年县志编委会编纂出版《连山壮族瑶族自治县志》后，2002年，县民族宗教局编纂出版《连山壮族瑶族志》《连山壮族瑶族自治县概况》，县民族中学编纂出版《连山民族中学志》。2003年，县卫生局编纂出版《连山壮族瑶族自治县卫生志》。2005年，县社保局编纂出版《连山壮族瑶族自治县社会保险志》。2007年，县史志办公室编著出版《中国共产党连山地方史（1927—1978）》，县教育局编纂出版《连山壮族瑶族自治县科技教育志》，县劳动局编纂出版《连山壮族瑶族自治县劳动保障志》，县人民武装部编纂出版《连山壮族瑶族自治县军事志》。2010年，县志编委会编纂出版《连山壮族瑶族自治县志（1979—2005）》。2011年，县人大常委会编纂出版《连山壮族瑶族自治县人民代表大会志》。2012年，县委、县政府创刊《连山年鉴》，县委统战部编纂出版《天南地北连山人》。2015年，县政协编纂出版《连山壮族瑶族自治县政协志》。另外还编纂印刷一大批文史资料、姓氏族谱等。这为连山开展党史教育、革命传统教育以及地情教育提供本地教材，对促进连山"两个文明"建设起到一定的作用。

民族民间艺术也得到较好的整理与开发，先后出版《民歌集》《民间故事集》《民间文学作品选》《民族民间艺术集锦》《民族民间器乐曲集》，以及纪念连山置县1500周年的《连山文艺丛书》等丛书。

民族文化进行有序保护继承与开发利用，先后推出一批有民族特色的文学、音乐、舞蹈、戏剧等文化精品力作，其中诗歌《永恒的岁月》获全国第四届"屈原杯"优秀奖，剧作《辣椒嫂戏郎》在全国第二届少数民族文艺汇演中演出并获编创金奖，壮族舞剧《连山大哥》获省第五届广东岭南舞蹈大赛创作银奖、最佳音乐创作奖，瑶族舞蹈《火塘情深》获得省第六届音乐舞蹈花会铜奖，《壮春锦》获第三届广东省岭南舞蹈大赛C专业组作品金奖、表演金奖、最佳服饰奖、最佳编导奖、最佳音乐原创奖，一批文艺节目走进全国少数民族运动会、全国少数民族文艺汇演的表演现场，《打凤梆》《迎亲路上》《壮族婚礼》等民族歌舞登上中央电视台节目《欢乐中国行》。

2015年，根据省的统一部署和要求，在县委、县政府的领导下，各镇积极开展自然村落历史人文普查、系统数据录入、调查文稿撰写等工作。县史志办根据旧县志对古驿道的记载，考查梳理出5条古驿道及途经自然村落。2017年，《全粤村情·清远市连山壮族瑶族自治县卷》文稿通过市专家组终审后，交华南理工大学出版社审校。其间，县史志办与出版社沟通，进行四审四校，考证去伪，查漏补缺，求真务实，对普查工作薄弱的镇补充大量的自然村落历史人文资料，组织人员走村入户补拍村落全貌图片130多幅、替换图片50多幅。连山卷分一、二册，收录7个镇517个自然村落，一册包括禾洞镇27个自然村落，二册包括上帅镇31个自然村落，内容涵盖自然村落地理位置、村落由来、隶属关系、姓氏源流、人口状况、生产经营、物产资源、公共设施、风俗习惯、传统建筑、文献、礼仪、文遗、事件、人物以及古驿道现存遗迹等3大部分40项。突出对村落始迁祖、堂号、字辈姓氏等文化元素，以及民族、方言、节庆、习俗、地方美食、少数民族特色美食和民族服饰等方面资料的挖掘、普查和整理，内容图文并茂。开展自然村落历史人文普查，是全面摸清基本村情、抢救与保护连山历史文化遗产的基础性文化工程，是一件前无古人后无来者的历史文化工程，在社会主义新农村建设中留住村貌、记住乡愁、延续历史文脉，功德无量。

2017年，连山形成深厚的文化底蕴，有吉田龟背山等4处新石器时代遗址，馆藏文物达1700多件（套），有太保西门楼、马头山摩崖石刻及城堡遗址、鹰扬关革命遗址等28个县级文物保护单位。其中被列入国家级非物质文化遗产1项（瑶族小长鼓舞），省级3项（瑶族八音、过山瑶婚礼、牛王诞），抢花炮、舞龟鹿鹤、舞木猫、装故事、壮族八音、舞火狮、舞香火龙、舞布龙、舞龙灯、壮族婚礼、春白糍等11项为市级。壮族"封脚印"、瑶族"串亲"婚俗和壮家"七月香"戏水节、炸火狮、抢花炮等丰富多彩的民间传统艺术和文化习俗闻名遐迩。村村实现通广播电视目标，镇镇实现光纤联网，彩色电视机进入千家万户，镇村基本建成文化室，广场歌舞遍及城乡，正是"妙曼舞姿转透县城山村，幸福歌声传遍壮乡瑶寨"！

二、创建全国体育先进县

连山各族人民喜爱各项体育运动。早在民国时期，武术、抢花炮、追天灯等项目已有开展，篮球、中国象棋、中长跑等在20世纪50年代初至70年代末风靡一时。改革开放后，县委、县政府努力发展体育事业，分别安排一名领导分管体育工作，健全了工作机构，并确保人员、经费的落实。体育管理部门分工明确，职责分明，各种规章制度日渐完善，确立"以县城带动镇场，以学校普及农村"的宗旨，积极开展工作。大力宣传、实施《中华人民共和国体育法》《全民健身计划纲要》，开展全民健身运动，活跃城乡体育生活。努力筹措资金，加强体育设施的建设。经过不断努力，全县的体育事业得到长足发展。

至2000年，全县体育工作成绩斐然：体育设施设备和场馆不断完善，先后投入1000多万元建成体育馆1座、游泳池2个、综合训练楼1幢、标准400米田径场2个、200至300米田径场21个、篮球场76个、羽毛球场38个、乒乓球室32间，人均体育活动场地面积1.77平方米。全县中小学体育场地、设施配备基本达标。群众体育运动逐渐普及。每年都举行全县性的中长跑比赛、职工篮球赛、乒乓球赛等，基本上做到天天有锻炼、周周有活动、月月有比赛，其中中长跑比赛在周边县市有一定影响力。学校体育蓬勃发展，县体育局与教育局每年举行全县中小学羽毛球、篮球、田径、乒乓球等各种赛事，中小学生体育达标率达到95%。业余体校训练项目不断丰富，先后开设有羽毛球、乒乓球、篮球、田径、陀螺、射弩、抢花炮、游泳等项目的训练班；成绩突出，一共培训各类运动员近1000人，向省体校等输送14名优秀人才，先后34次派出代表队参加市、省、全国性各项比赛，荣获第一名39人次、第二名41人次。2000年11月，连山被国家体育总局授予第七批"全国体育先进县"荣誉称号。

2001年起，连山巩固体育先进县成果，不断加强体育设施建设，广泛开展各项全民健身体育活动，竞技比赛佳绩频传。对县民族体育馆、综合训练楼进行了维修，机关事业单位大院基本建成灯光篮球场，住宅小区安装有健身器材，镇村一级建有体育活动场地。象棋、围棋、羽毛球、乒乓球、拔河等群众性体育比赛轮番举行；趣味性、乐趣性体育活动层出不穷。每年举办的职工篮球赛成为固定的比赛项目。

2005年，连山组团参加第三届市运会夺得9项第一名、22项第二名、24项第三名；县羽毛球女队代表市参加省少年羽毛球锦标赛，获女子团体甲组第一名；县射弩队代表广东省参加全国射弩邀请赛，取得1个第一名、1个第三名；县花炮队代表广东省参加全国花炮锦标赛取得第五名。

2007年，连山代表省参加第八届全国民族运动会抢花炮、陀螺项目，分获第三名和道德风尚奖。2008年，连山被省定为"少数民族传统体育花炮项目训练基地"。2009年，组团参加第五届市运会夺得团体总分第六名，获10个单项第一名、21项第二名、31项第三名。

2015年，连山举行喜德盛杯（连山）黑山山地自行车公路等比赛，有来自国外及国内清远、广州、佛山、韶关等地近200名选手参加角逐；建成县广山（金山社区）文化体育公园。2017年，金子山举行首届粤湘桂登山节，来自粤湘桂三省区的600多名运动员参加比赛，以此推动边城体育和旅游产业发展。

三、抢花炮运动走上全国民运会

抢花炮俗称"还炮"，是壮族在庙会上进行的传统体育比赛项目，历史渊源较长。一般每3年举行一次。参赛队可自由组合，每队8至10人。比赛时，用火炮将直径5厘米的花环送上天空。花环掉落，双方队员在规定时间内，进行抢夺，气氛紧张而热烈，抢到花环方为胜者，裁判员鸣锣或吹哨宣告比赛结束。胜者可获奖金、奖品和彩镜一面。彩镜和花环由胜方保管，3年后交回庙会进行比赛，故名"还炮"。

1980年，连山挖掘民族体育项目，重新组织抢花炮活动，逐步成为连山传统体育项目，除民间传统节日及庆典时节进行比赛外，还在中小学校设爱好小组开展训练。1981年尝新节，上帅陆屋举行抢花炮活动，围观群众达数千人。1982年在自治县成立20周年庆祝活动中，在县城进行抢花炮表演。

1986年，连山首次组织10人抢花炮队代表广东省参加全国第三届少数民族传统体育运动会夺得第四名。1991年参加全国第四届少数民族传统体育运动会获精神文明奖。1995年参加全国第五届少数民族传统体育运动会取得第七名。1999年在全国抢花炮邀请赛上夺得第二名，参加全国第六届少数民族传统体育运动会取得第五名。2002年参加广东省第二届少数民族传统体育运动会夺得金牌。2003年参加全国第七届少数民族传统体育运动会取得第六名。2005年参加全国花炮锦标赛取得第五名。2007年参加全国第八届少数民族传统体育运动会夺得第三名。

2008年，连山因为"抢花炮"活动开展普及，发展蓬勃，成绩斐然，被文化部授予"中国民间文化艺术之乡（抢花炮）"，被省民族宗教委、省体育局命名为"广东省少数民族传统体育抢花炮项目训练基地"。

连山抢花炮队十几次参加全省、全国少数民族传统体育运动会，其中七次进入全国民运会前八名，两次获得全省民运会第一名，有代表市、省参加全省、全国少数民族传统体育运动的在册运动员32人，教练员6人，裁判员6人。

第十二节 人民生活奔小康

一、改革开放前的人民生活

中华人民共和国成立前，连山境内有土地的农民口粮为年人均稻谷200公斤左右，基本上能保证每日两粥一饭。无地或缺少土地的佃户年人均口粮多在150公斤以下，每日维持一粥一饭。遇上荒年，则"七月无米过十四，十月无米过冬至"，要靠薯类、芋头等杂粮度日，或用野菜充饥。住屋多为泥砖瓦面房，少数住茅草春墙房。衣着多为自种棉花自纺自针的粗布衣，只有少数农民或富有人家有能力到市场购买机织"士林布"缝制衣服。

中华人民共和国成立后，1955年全县27个农业生产合作社社员年平均分配现金39.51元，口粮270公斤稻谷。由于农业合作社采取多劳多得政策，各业增产增收，1956年全县农民平均口粮稻谷增到350公斤。1959至1961年，3年经济困难，农民生活水平急剧下降，年人均口粮稻谷仅117公斤，年人均收入现金46.5元，其中小三江、加田、上帅3个公社，年人均口粮少至94.5公斤，加田公社年人均收入现金仅27元。全县发生饥荒，有的地方甚至饿死人。1962年国民经济调整和体制下放后，农民除集体分口粮外，加上自己开荒种粮，年人均口粮稻谷升到202.5公斤，人均收入现金仍为46.6元。1966年人均口粮增至212.5公斤，人均收入增到87元。以后十多年，农民年人均粮食在225至250公斤之间，最高年份为1974年，人均293公斤。人均收益分配都在70至90元之间徘徊。收入最高的年份是1971年，人均92元，其中吉田公社人均收入116元。

二、改革开放后的人民生活

县委、县政府坚持把不断改善人民生活水平作为发展社会生产力的根本出发点，城乡居民收入持续增长，生活水平不断提高，基本实现了贫困向温饱的跨越。

（一）城镇居民生活

1979年，全县城镇居民在岗职工年人均工资605元，其中集体单位职工610元，城镇居民人均储蓄存款64.6元，居民住屋基本为瓦面平房，人均面积不足10平方米。自行车、电风扇、缝纫机、收录机等耐用物品开始进入少数家庭。

1980年后，随着全县社会经济的发展，县内行政机关、事业单位先后3次提高工资标准，商业、工业企业实行承包经营、绩效挂钩，部分城镇居民从事个体商业经营，收入逐年增加。至1990年，全县城镇居民在岗职工年人均工资2701元，其中集体单位职工1997元，城镇居民人均储蓄存款1783元，较1979年分别增长3.5倍、2.3倍和26.6倍。近四成的居民住上水泥楼房，彩色电视机、电冰箱、录像机、电话等进入中等收入家庭。

1993年，县内机关事业单位工资改革，人均增加172元，商业贸易发展加快，城镇职工工资普遍提高。

根据县志记载，1991年至2000年城镇累计竣工房屋面积27.6万平方米，人均住房面积20.21平方米，其中居住面积人均50平方米以上家庭占全县城镇家庭的5.3%，居住面积人均20至29平方米的家庭占26.2%，居住面积人均13至16平方米的家庭占19.6%，居住面积人均8平方米以下的家庭占9.9%。

1996至2002年，县内进行国有工业企业和商业改革，下岗或自谋职业人员增多，部分人员收入下降，县内开始实行失业保险和城镇居民最低生活保障制度，向下岗失业人员发放失业保险金，给低收入者提供一定的生活救济。2000年，全县城镇在岗职工年人均工资7683元，其中集体单位职工5115元，城镇居民人均储蓄存款4766元。

2001至2005年，新建成房屋面积14.29万平方米，人均居住面积约30平方米，大部分居民住上钢筋混凝土结构楼房，彩色电视机、电冰箱、摩托车、电脑、电话等进入大众家庭，有少数富裕家庭开始购买私人小轿车或到连州、清远等地购置第二套、第三套房屋。2005年底，全县在岗职工年人均工资15410元，其中集体单位职工11691元，城镇居民人均储蓄存款10389元，分别是1979年的25倍、19倍和160倍。

2010年，在岗职工年平均工资32219元，比2006年增加84.2%，年均增长16.4%。2011年，城镇居民可支配收入达13389元，在岗职工平均工资达35443元。2017年，城镇居民人均可支配收入达22051元。

（二）农村居民生活

1978年，全县农村居民年人均纯收入86元。1979年，全县农村居民年平均粮食280公斤。

1980年后，随着落实农业联产承包责任制，部分农民开始由单一水稻生产转向多种经济作物商品生产，人均收入明显比20世纪70年代提高。1981年，人均收入已上升为181.5元，人均粮食350公斤，其中大富新庆村、太保沙坪村、上帅班翁村的部分农民人均收入达375元。1987年，全县农民的人均收入增到439.8元，人均粮食494公斤。1989年人均收入512元，是1962年人均收入58.5元的8.8倍。随着农村居民经济收入逐年增多，高档电器已进入农家。是年全县农户已拥有各种型号黑白、彩色电视机3000台，九成以上农户建了新房，住茅棚已成为历史，并有160多户住上了混合结构的楼房。

1990年，县内农村居民年人均收入798.8元，年人均纯收入551.4元。其中，家庭经营收入705.8元，占人均收入的88.4%；工资性收入27.4元，占3.4%；其他非生产性收入65.6元，占8.2%。家庭经营收入和其他非生产性收入比重分别比1981年上升37.9%、3.3%。全年人均消费支出794.8元。其中，家庭经营支出218.5元，占总支出的27.5%；食品支出349.7元，占44%；衣着支出35.7元，占4.5%；医疗卫生保健支出13.8元，占1.7%；文化娱乐支出55.5元，占6.98%。家庭经营支出所占比重较1981年上升16.6%，食品支出下降15.7%，衣着支出下降3.8%，文化娱乐支出上升5.5%。每百人拥有自行车18.2辆，缝纫机12.8台，手表27.9只，分别比1981年增加11.3辆、5.3台、14只，电视机拥有量为每百人5.58台，电冰箱、洗衣机开始进入农村家庭，部分农民建成钢筋水泥楼房。

2005年，县内农村居民年人均收入3546.7元，年人均纯收入2750元。其中，家庭经营收入2578.7元，占人均收入的72.7%；工资性收入763.07元，占21.5%；其他非生产性收入204.93元，占5.8%。年人均纯收入为1981年的8倍，家庭经营收入和其他非生产性收入比重分别比1981年上升22.3%和1.8%，工资性收入下降24.1%。全年人均支出3115.82元。其中，家庭经营支出742.86元，占总支出的23.84%；食品支出1050.57元，占33.72%；衣着支出141.91元，占4.6%；医疗卫生保健支出112.45元，占3.6%；文化娱乐支出101.54元，占3.3%；交通通信支出173.97元，占5.6%；居住支出620.24元，占19.9%。家庭经营支出所占比重较1981年上升12.94%，食品支出下降26%，衣着支出下降3.7%，文化娱乐支出上升1.9%。每百户人家拥有电冰箱20台，电话机16部，洗衣机8部，影碟机14台，60%以上的家庭拥有电视机，摩托车、组合音响等进入大部分家庭。100%的自然村实现通电、通路，镇通行政村道路实现硬底化，77.8%的居民饮用自来水，38%的居民使用卫生厕，30%的家庭建成有钢筋水泥楼房，农村住房居住面积人均达25.96平方米。实行农村合作医疗，对贫困户实行救济及最低生活保障，基本解决农村居民看病贵和低收入者的生活问题。

2010年，农民人均纯收入4801元，比2006年增加60.3%，年均增长11.8%。2011年，农村居民人均纯收入达5540元。2017年，农村居民人均纯收入达12005元。

谱写美丽连山新篇章

为加快推进连山经济社会的发展，提高民族旅游品位，挖掘民间民俗文化，宣传、推介连山，连山先后举办自治县成立庆祝活动、"七月香"壮家戏水节、置县1500周年纪念活动、上帅四月八牛王诞、瑶族盘王节等一系列节庆活动。

一、庆祝自治县成立活动

连山分别于1982年、1992年、2002年、2012年举行自治县成立20、30、40、50周年庆祝活动，展现自治县在党和国家的民族政策照耀下取得的骄人成绩。

1982年9月26日，举行自治县成立20周年庆祝活动。县长黄开暠在《为建设团结富裕文明的新连山而努力奋斗》报告中总结自治县成立20年来在各方面都取得的成绩：农业生产有较大幅度的发展；工业生产从无到有，从小到大；公路交通邮电事业发展很快；少数民族干部队伍茁壮成长；财政收入比1962年增长7.2倍。在此期间，举办专场文艺演出晚会，省民族歌舞团特来公演，晚会上首次播放由县录制的黑白纪录片《今日壮乡瑶寨》。

1992年9月26日，举行自治县成立30周年庆祝大会。邀请全国人大民族委员会和国家民族事务委员会的领导，省、市及有关部门领导，省内和港、澳地区部分全国人大代表与文艺界、工商界的知名人士，周边省（区）、市县和云南文山壮族苗族自治州

2002年9月26日，连山举办自治县成立40周年庆典活动（县史志办供）

的领导，兄弟县（区）的领导前来参加庆祝大会。县长莫新银在庆祝自治县成立30周年大会上作《加快步伐开拓进取，团结奋斗建设连山》的讲话。在此期间，举行国道323线连山鹿鸣关至永和路面改造竣工，广山公园、沿江公园、县民族博物馆等重点项目建成使用仪式；邀请连山籍在外地工作的副科级以上干部、曾在连山工作过的副科级以上外籍干部和历年省、市到连山扶贫挂钩的单位领导，以及省、市曾经到连山挂职的领导回连山座谈游览。

2002年9月26日，举行自治县成立40周年庆典暨连山首届旅游文化艺术节开幕仪式。中共广东省委常委刘国裕、广东省副省长李兰芳、国家民委政法司副司长黄凤祥、中共广东省委统战部部长朱小丹、广东省民族宗教委主任温兰子、中共清远市委书记陈用志等率国家、省、市慰问团共500多人出席庆典活动。原籍连山或曾在连山工作过的领导干部、企业家以及港澳台人士也受邀参加。著名演员黄婉秋、著名歌唱家朱明瑛等为自治县成立40周年庆典表演精彩节目。期间，县委、县政府举办金山文化广场，金山商贸城，县城东、西出口环形岛工程，县城吉田河道的全面整治工程，县城沿河两岸的景观改造工程，县城沿河两岸的亮化工程，县城民中桥加宽工程，县政府1号楼统一装修工程等10项重点工程竣工仪式。

2012年9月26日，举行自治县成立50周年纪念暨民族团结进步表彰大会。国家民委政策法规司司长孙青友，全国人大民委办公室副主任彭建华，省人民政府副秘书长江海燕，省委统战部副部长、省民族宗教委主任陈小山，清远市市委书记、市人大常委会主任葛长伟等国家、省、市有关部门领导出席大会。县长蒙家林在大会上回顾了自治县成立50年来的发展历程：市政、交通、水电、通信等基础设施不断改善，城乡面貌焕然一新；教育卫生水平不断提升，社会保障体系进一步健全，社会各项事业长足发展；县域经济发展步伐进一步加快，各民族团结和谐，人民生活水平不断提高。2011年与1962年相比，全县工业产值增长23倍，农业产值增长16倍，财政收入增长155倍，农民人均纯收入增长118倍，在岗职工人均工资增长80倍。大会对民族团结进步先进单位和先进个人进行了颁奖，表彰他们为自治县民族和睦团结和经济社会发展所作的贡献。在纪念活动中，连山向全县70岁以上老人、残疾人、低保户、五保户、城镇孤老、重点优抚对象等1.8万人赠送了慰问金共100多万元，让他们共享经济社会发展的成果；举行了《天南地北连山人》的赠书仪式，对在天南地北创业干事的连山人进行了宣传推介。此外，还举办了壮瑶风情文艺晚会，二广高速连山段、华润风能发电等31项重点项目奠基动工剪彩仪式，合同总投资额达46亿元。

二、"七月香"壮家戏水节

相传，每逢农历七月初七，天上的"七仙女"姐妹都在银河里沐浴嬉戏，午时前后，银河水与人间溪河水汇流。这天壮乡河里的水会变得特别清凉、干净，在河中沐浴后，有消灾、除毒、驱邪、润肤、少生疾病、延年益寿等好处。每逢此日，壮家人不分男女老幼，集聚河里洗头、沐浴、耍水、嬉戏，祈求健康长寿、平安吉祥。在这一天取水制醋，醋香醇厚，经久耐放，故称"七月香"。

2006年9月23日，广东（连山）首届"七月香"壮家戏水节在县城上吉河举办。来自珠江三角洲等地的游客和连山的壮族姑娘、小伙子，纵情狂欢戏水，祈求驱邪消灾，迎来健康。该活动作为2006年广东省旅游文化艺术节系列活动之一，以壮观的场面、热烈的气氛、浓郁的风情，吸引了县内外2万多名观众前往观看。广东电视台、《羊城晚报》、《香港商报》等30多家媒体进行采访报道。

2009年8月26日，戏水节在新建成的县城亲水广场举办。大型山水实景表演《活力连山·水舞壮乡》通过鼓舞壮家、祭水祈福、竹排情歌、耍水歌女等片段，将昔日隐藏在壮族民间的民俗戏水活动悉数展现在戏水主场，引领万人戏水狂欢，同乐、同吉祥。其间，举办一批重点项目签约、奠基、剪彩仪式活动，涉及项目30个，计划总投资20亿元；组织"国际旅游小姐中国赛区佳丽和记者媒体巡游连山""百车自驾游连山"等活动。

2011年8月5日至7日，戏水节暨壮瑶民族民间艺术节举办。此次活动新增加民族民间艺术精品展演、走进壮乡瑶寨摄影展、旅游宣传推介和非物质文化遗产项目展等内容。吸引了来自广州、深圳、东莞和香港等地的旅游团体102个，自驾车游1000多辆，游客6万多人前来观光，场面热闹。《人民日报》、新华社、《南方日报》、凤凰网、搜狐网等主流媒体宣传报道了连山的资源优势、发展潜力、经济社会发展成就和节庆活动的盛况。

2015年8月20日，戏水节以"欢乐嘉年华"为主题再次举办，有祭水祈福、戏水狂欢、歌舞表演、民族民间艺术展演、"连山味道"民族特色美食、老式电影夜等活动。在福林苑开展的户外帐篷欢乐嘉年华，吸引了来自珠三角地区家庭组团报名参加；"相聚连山·萤火虫之夜"的众筹策划，让远自香港的网友慷慨解囊，为连山众筹一个绿色的发展可能性——萤火虫保育试验基地。

2017年8月28日，戏水节以"山水欢笑·氧吧之城"为主题再次举办。此次活动以"体验、共享、欢乐"为主线，突出体验旅游、欢乐共享，组织戏水连山、欢乐连山等6大版块共15项活动，包括以自然生态为主，彰显绿色可持续发展的理念推出"走进七月香"文艺晚会、民间艺术巡游展演、民族特色美食展销、名优特产展销、户外露营与徒步粤桂古道等。"七月香"壮家戏水节获得全国"2017最具影响力特色节庆"称号。

戏水搭台，经济唱戏。"七月香"壮家戏水节迄今为止成功举办11届，发展成为连山固定的民族盛大节庆、民族旅游的品牌，使更多的群体认识连山、了解连山，前来观光旅游人数如芝麻开花般——节节高，强劲有力地促进连山旅游业的发展。2013年全县接待游客28万人次，带动旅游消费1.34亿元；2016年全县接待游客59.76万人次，带动旅游消费3.14亿元；2017年全县接待游客100.15万人次，带动旅游消费5.25亿元。

三、置县1500周年纪念活动

为了纪念置县1500周年这个极富意义的日子，回顾历史，总结成绩，展望未来，2007年1月29日至30日，连山隆重举行置县1500周年纪念活动暨第二届壮瑶民族民间旅游文化艺术节。省民族宗教委副主任李秀英，市领导霍勇、梁志强等以及港澳热心人士和市直有关部门，兄弟县（市）的负责人，全县各界人士出席了纪念大会。

在此期间，连山先后举办特色民族民间艺术环城大巡游、奇石展览、县民族歌舞团表演、中央民族歌舞团表演、上吉河畔山歌会、文艺丛书发行仪式、烟花晚会、炸火狮表演，以及连山文化广场、沿江东路、鹿鸣大道、吉田河拦河筑坝、马路滩防洪拦河坝、第二水厂蓄水拦河坝、安居工程首期解困房、连山青少年宫、连山高级中学等16项工程剪彩、奠基的一系列庆祝活动。

表演晚会上，国家一级演员曲比阿乌（彝族）、腾格尔（蒙古族）、蒋大为等先后登台演唱，众多国际级明星的表演让观众喝彩连连，难以忘怀。舞醒狮、舞火龙、舞火蛇、壮族八音、瑶族八音、炸舞火狮等具有浓郁民族风情的民间艺术表演令观众流连忘返。吉田河两岸，连山山歌对唱高潮迭起，三句吟、四句撑、十二衬五句板……山歌手们嘹亮的歌声唱出了连山人的勤劳勇敢。《连山文艺丛书》的《连山小说选》《散文选》《诗词选》《民间文学》等6部著作首发，展示了连山千百年来的文化积淀与文艺创作成果。152件连山奇石精品以"奇趣横生，天然无雕饰；石纹幻变，岩壑现斑斓"，获得了广东省赏石文化专业委员会常务副会长梁亦淦等9位赏石家的一致好评。

庆典活动期间全城彩旗飘扬、锣鼓喧天、灯笼高照、车水马龙，在社会各界和周边兄弟县（市）引起了极大的反响，进一步提升了连山的整体形象和知名度。

四、四月八牛王诞

农历四月八日是连山壮族风俗节令中除除夕之外较大的一个节日，古称龙华会，俗称"牛王诞"。在连山过牛王诞已有370多年的历史。全县7个镇共约250个自然村都过这个节。为了使这个传统节日得到延续和过得更有意义,《广东省连山壮族瑶族自治条例》(2009年修订)第六十五条规定,每年农历四月初八日为壮族的传统节日牛王诞,机关事业单位放假一天。为了挖掘传承壮族传统节日的内涵,彰显民族节日文化特色,打造良好节日氛围,连山从2013年开始, 每年由上帅镇政府联合相关单位举办牛王诞节庆活动,到2017年共举办五届。活动内容主要有祭拜牛神、喂养耕牛、洗牛、民间艺术队巡游、民族表演等。牛王诞的当天,村民都大摆宴席,以鸡、鸭和壮族特色菜——鱼生、肉生等宴请亲朋戚友。同时,还制作粽子、白糍、粽糍、黄糍等糯米制品,馈赠亲友。浓郁的民族风情、原生态的歌舞表演、可口的壮家美食令游客赞叹不已、流连忘返。近年来,上帅镇借助农村

上帅牛王诞之装古事(陈承奇2015年摄)

综合改革，农村越来越美丽，群众生活更加幸福。通过牛王诞这个富有特色的传统节日，弘扬传统文化，寻觅乡愁，将传统节日和旅游结合起来，吸引更多的人士前往观光旅游、投资，促进当地经济社会的发展。

2013年农历四月初八，首届牛王诞由县民族研究学会、上帅镇政府举办。大水牛牛头披红、洗澡、吃糯米油糍等传统有趣的爱牛护牛工作，吸引众多摄影发烧友、游客和媒体记者的"长枪短炮"。村民家家宰鸡鸭、户户舂糍粑，邀亲请友前来过节。惟妙惟肖、精彩绝伦的壮族八音、山歌对唱等民族民间传统艺术表演更是让来宾目不转睛。

2017年农历四月初八，牛王诞由县委宣传部、广东广播电视台珠江经济台主办。活动内容有市级非遗项目"装古事"巡游、"祭牛—洗牛—梳牛—喂牛"仪式，舞马、采茶戏、壮族歌舞、醒狮表演等，现场一派热闹景象。广东电视台节目主持人郑达、李嘉现场生动的主持，让活动现场的气氛更加热烈。省文化馆馆长王惠君、副馆长郑小阳、珠江经济台总监陆敏华、副总监何新仕和张靖华，县领导冯红云、唐庆卫、董儒坚等县四套班子成员参加活动，八方来客齐聚东君村。

五、实施"4483"发展战略

2011年，连山提出建设"生态文明、经济发展、民族和谐、宜居宜游的幸福美丽连山"这个统揽全局、思路更加清晰的总体定位和奋斗目标，形成全县上下凝心聚力、加速发展的局面。

2012年，连山以邓小平理论、"三个代表"重要思想、科学发展观为指导，认真学习贯彻党的十八大、习近平总书记系列重要讲话精神，全面贯彻落实市委、市政府区域协调发展战略和主体功能区规划，结合实际，科学制定主体功能区规划实施方案，努力把连山打造成广东省西北部生态屏障，全省重要的水源涵养区、重要的生态旅游示范区、人与自然和谐相处的示范区。

2015年，连山初步形成以小水电、农林产品加工、矿产资源开发为主的工业体系；初步建成有机稻、有机茶、有机油茶等一批生态农业基地，创建一批优质农产品品牌；初步建成一批连山旅游品牌，带动第三产业繁荣发展。扎实推进平安连山建设，公众安全感和政法工作群众满意度连续多年排在全市前列；建成一批教育、卫生、文体等社会民生项目。聚焦宜居宜游，基础设施与城乡建设面貌明显改善，初步建成"一河两岸"休闲景观和环城生态景观带；美丽乡村、特色城镇建设和中小河流整治稳步推进，城乡面貌明显改观。社会综合服务平台、电子政务中心、网上办事大厅不断优化，信息服务水平不断提升。强化管理创新，推进经济、行政管理、生态文明和党的建设等八个重点领域改革，农村综合改革实现新突破，农村基层治理体系进一步完善，全县村级基层党组织实现全覆盖，农村土地、涉农资金、涉农服务平台"三个整合"有效推进，激发了农村经济活力。

2016年10月17日至19日，连山第十三次党员代表大会召开。大会为连山"十三五"发展描绘了蓝图，指出了预期目标，有了具体的工作任务。所谓"4483"发展思路，第一个"4"是指坚持"生态文明、经济发展、民族和谐、宜居宜游"四个发展定位；第二个"4"是指实行"生态立县、旅游富县、农业稳县、文化兴县"四大发展路径；"8"是指实施"全域性旅游发展计划、特色农业发展计划、生态建设提质增效计划、基础设施大投入计划、城乡面貌大变样计划、民生改善大提升计划、文化产业发展计划、创新驱动计划"八大发展计划；"3"是指实现"小而美、小而富、小而强"三大发展目标。

为此，连山牢牢把握省促进粤东西北和扶持民族地区振兴发展以及清远市实施北部地区全面建成小康社会行动计划等重大政策机遇，借助广州市天河区对口帮扶等有利契机，立足生态谋发展走绿色发展之路，全力促进经济社会快速健康发展。

经济持续平稳增长，民生投入力度加大。2017年全县实现生产总值31.45亿元，比上年增长0.1%。农村居民人均纯收入12005元，城镇居民人均可支配收入22051元，分别比上年增长8.6%、10.3%。全社会固定资产投资完成5.57亿元，消费品零售总额6.78亿元，分别比上年增长8.5%、8.7%。全年投入民生经费8.28亿元，其中公共教育2.48亿元、公共卫生1.53亿元、社会保障和就业1.65亿元、文化体育1143万元、公共交通6004万元、农林水1.3亿元。

重点项目有力推进，发展基础不断夯实。国道323线连山县城段改建工程建设，完成投资6840万元，占总投资的74.5%；完成13.73千米县道烂路改造和4.37千米新农村公路建设。太保至欧家等4条景区公路前期工作扎实推进。总投资3.18亿元的德建水库工程加紧施工，完成投资2.4亿元。总投资3.18亿元的中小河流治理工程2015至2017年建设任务全面完成，其中2017年度一期治理项目共37.57千米，完成年度投资7840万元；2017年度二期加田河治理工程正在抓紧建设。2017年度村村通自来水工程、7115亩高标准基本农田项目有条不紊地建设。

生态产业稳步发展，综合效益全面提升。全面启动"省级全域旅游示范县"创建工作，建设"中国氧吧之城""岭南避暑胜地""壮瑶风情之都"三大品牌。乡村旅游、梯田旅游、民宿和农家乐蓬勃发展，到连山旅游人数逐年增长。开展"国家有机产品认证示范县"创建工作，县级现代农业示范区和7个镇级现代农业示范点建设加快推进，建成家庭农场247个、专业合作社233个、市（县）级农业龙头企业7家。有机稻、高山茶、油茶、大肉姜、无公害果蔬等特色农产品种植初具规模，其中优质稻种植达到全县水田面积的90.5%，有机稻继续保持在3.5万亩左右。农村电商加快发展，举办2017年广东（连山）农村电商发展论坛暨连山名特优产品推介会，引进了清远蚂蚁电商，建成了农业众创空间、创新创业中心和丽水创业孵化基地。产业招商取得新成效，引进项目6个，其中工业项目3个、农业项目1个、旅游项目2个；成功引入总部经济18家。

生态建设步伐加快，城乡面貌不断改善。围绕创建"国家生态文明建设示范县"为目标，以四大重点工程为抓手，加强造林绿化和森林保护，完成植树造林1.4万亩，启动省级森林公园创建工作，禾洞镇皇后山、小三江镇爱竹、上帅镇甲龙山、永和镇蒙洞4个镇级森林公园建设。开展太保镇大塘基村、禾洞农林场、永和镇雷古村、上帅镇班翁村、福堂镇坡头村、小三江镇冯屋村等6个乡村绿化美化建设项目。评选"铁冬青"（连山土语俗称"雀儿籽"）为县树，杜鹃花（又名"映山红"）为县花。实施河长制，建设西牛塘、鸡爪冲饮用水源保护设施，开展农村环境卫生整治，全县空气质量优良率达98%。2017年，连山被评为"全国生态文明建设典范城市"。以创建"全国县级文明城市"为契机，开展县城少数民族特色改造工程建设，完成县城滨江路、沿江路、鹿鸣东路等临街建筑外立面一、二期5万平方米改造建设；开展沿江公园绿地、滨江路等绿化改造、美化工程，沿江西路道路黑底化、滨江西路道路扩建工程等10条内街小巷改造工程建设。启动县城管道燃气工程建设。美丽乡村建设如火如荼推进，村民建设美丽乡村热情高涨，全县完成申报创建美丽乡村117个，其中特色村2个、示范村12个、整洁村103个。涌现出以禾洞镇政岐，上帅镇加尤、七里等村为代表，起到示范带动作用的楷模。开展以小三江、福堂、太保镇为重点的城乡人居环境综合整治，稳步推进"三清三拆三整治"工作。启动平安村、卫生村、文明村和美丽乡村"四村"创建，农村生产生活条件不断改善，城乡人居环境质量明显提升。

改革举措落实到位，发展活力显著增强。推进供给侧结构性改革，落实"去降补"工作任务，化解落后钢铁产能25万吨，为企业降成本900万元，并给予企业用电用水优惠政策；交通、水利、电网、通信、教育、医疗卫生等各类问题进一步缓解。累计整合耕地面积3.52万亩，整合非普惠性涉农资金1.44亿元，整合普惠性涉农资金1776.62万元。农村土地承包经营权确权登记颁证工作完成外业实测耕地面积15.34万亩，占国土"二调"耕地面积数的104.51%；颁发承包经营权证书20380份，占二轮承包农户数的106.77%。信用村、农村金融服务站100%覆盖48个行政村。开展商事制度改革，推进"多证合一"；推进"放管服"改革，推动"一门式一网式"政府服务模式改革；推进网上办事大厅行政许可事项、公共服务事项的标准化建设，完成行政许可事项600项、公共服务事项383项的标准化编制。县、镇、村三级网上服务平台共办结业务5306件。

各项事业有序发展，民生得到保障改善。推进基本公共服务均等化，促进民生各项事业均衡发展。启动"广东省推进教育现代化先进县"创建工作，建成小三江中学、中心小学，福堂中心小学教学楼，民族中学学生宿舍楼和连山中学体艺中心主体工程。"三馆一站"管理得到加强，建成太保石碧、小三江省大寨等一批乡村文化室、文化广场等。民族文化和非物质文化遗产项目得到有效传承和发展，《连山大哥》《瑶妃忆》等一批文艺精品先后在国家和省级比赛中获奖。举办粤湘桂三省区登山节、全县"农信杯"篮球赛等一系列比赛。开展卫生强县创建工作，县人民医院完成易地改扩建工程并实现整体搬迁，添置一批重点先进医疗设备，县级医院服务能力全面得到提升。对上帅、永丰卫生院进行升级改造，医疗卫生基础设施不断完善。全力做好天河区对口帮扶对接工作，近年落实帮扶资金累计4500万元。新时期精准扶贫年度任务顺利完成，1796人实现脱贫，完成三年脱贫任务的73%。完成430户农村危房改造任务，发放公共租赁住房补贴120户23.4万元，建成县职业技能公共实训基地，城乡低保补助、"五保"和孤儿供养补助、残疾人补贴标准逐渐提高。

政府效能明显提高，社会大局和谐稳定。认真落实县人大及其常委会各项决定，自觉接受县政协的民主监督，定期向县人大及其常委会报告工作和向县政协通报情况，按期办理人大代表建议199件、政协提案60件，办复率为100%。深入推进法治政府建设，牢固树立法治理念，坚持依法行政。落实党风廉政建设责任制，反腐倡廉各项措施落到实处。严格执行中央"八项规定"，狠抓"四风"整治，推动"两学一做"学习教育常态化制度化。开展"正风"行动和"公述民评"活动，机关作风明显改善。依法治县和"七五"普法工作深入推进，平安连山建设扎实开展，社会大局和谐稳定。安全生产形势总体良好，应急管理、食品药品监管、"两建"、打假、打传、打私等工作取得新成效。

六、启动全域旅游工作

连山是广东省的一块净土，是"岭南屋脊"，是湘江、西江、北江"三江源头"；森林覆盖率达86.2%，为全省最高，是省内少有的"氧吧之城"；地理位置独特，是"三省边城"，是全国唯一的壮瑶民族聚居地，发展民族生态旅游业得天独厚。连山民族生态旅游业自1999年推出"淘金之旅"以来，起步发展势头良好。2002年底，建成大旭山瀑布群、鹰扬关、福林苑、瑶家两广界河竹排游、鹰扬关漂流、大旭山漂流、淘金游共7个旅游景区及项目，其中大旭山景区以清新的空气、连接紧凑的瀑布群、完好的生态植被、众多的珍稀物种被游客誉为"广东九寨沟"，成为连山旅游的王牌。是年接待游客10多万人次。

2003年以后，因受国道323线连山至连南路段的改扩建施工、国道107升级改造为高速公路等种种因素的影响，连山旅游业一度停滞不前，接待游客人数逐年下降。2014年，随着乡村旅游、梯田旅游的异军突起，壮族牛王诞、"七月香"壮家戏水节、瑶族盘王节等节庆品牌的吸引，二广高速公路连山段的开通，连山旅游业发展重获生机。是年接待游客33.5万人次，带动旅游消费1.77亿元。

实行"生态立县，旅游富县"，是贯彻落实县委"4483"发展思路的重要抓手，是践行绿色发展理念，建设"美丽边城"的战略选择。发展全域旅游，是推动连山旅游业转型升级，带动更多的群众，建设"小康连山"，实现富民强县的重要途径。2017年，连山成立县旅游发展委员会、创建省级全域旅游工作领导小组，举行万人誓师签名活动暨动员大会，举全县之力推进全域旅游工作，目标是力争用两年时间，创建"省级全域旅游示范县"成功。为此，连山着眼创建目标要求，围绕"中国氧吧之城""岭南避暑胜地""壮瑶风情之都"三大品牌建设，树立四个新理念，即"全景"理念、"全时"理念、"全民"理念、"全业"理念。制订方案，扎实有力、卓有成效地推进创建工作，加大营造宣传氛围，完善配套公共服务体系，做好旅游交通网络建设；加大投入实施精品战略，重点推进金子山扩建工程等项目的建设，创国家4A级景区工作；加强鹰扬关、大旭山景区配套设施、基础设施的建设；全面进行城乡人居环境整治，建设特色城镇、美丽乡村。

2017年，创建省级全域旅游示范县工作如火如荼地进行，民族生态旅游业发展成效显著：建成有大旭山、金子山、鹰扬关、雾山梯田、蒙洞、皇后山茶庄园等景区景点；可用于旅游接待的酒店宾馆6家；乡村民宿近千个床位；旅游从业机构3家、从业人员600余人。连山与广西八步区、湖南江华县签署旅游区域合作协议，抱团拓展旅游，形成三省边城旅游线路，实现资源共享、渠道共享、平台共享、客源互送。引进龙骏家园康养、大风坑温泉旅游度假区等一批重点旅游项目，金子山扩建工程、三江花海温泉小镇项目正在抓紧建设，县城城景合一建设项目——民族特色化改造工程初现雏形。皇后山茶庄园景区完成特色酒店、原生态别墅、茶园采摘制作体验区、停车场、游客中心等配套建设，并投入运营。连山以绿色、低碳、负离子含量高的生态优势再获全国"百佳深呼吸小城榜"第九位，"七月香"壮家戏水节获得由新华网主办的"最具影响力特色节庆"荣誉。全年接待游客由2016年的59.76万人次上升到100.15万人次，增长67.59%；带动旅游消费由2016年的3.14亿元上升到5.25亿元，增长67.2%。

附　录

附录一 革命遗址

2010年，连山根据中央党史研究室的部署，对全县的革命遗址进行普查，范围是在党领导下进行反帝反封建的新民主主义革命时期（1919—1949年）所产生的重要的革命历史文化遗址，包括党的重要机构旧址，重要党史人物的故居、旧居、活动地，重要事件、重大战役战斗遗址，具有重要影响的革命烈士事迹发生地或墓地，以及能够反映党的重要历史活动、进程、思想、文化的各种遗迹等。经查，全县共有七处革命遗址。

一、红七军进入连山上草鹰扬关遗址

位于永和镇上草村往西方向，距县城约23千米，是粤桂两省（区）的交界点。建筑面积约12000平方米。1931年1月17日，实行战略转移的红七军部分队伍经板冲、芦冲口进入连山上草鹰扬关。到鹰扬关的时候，部队派黄一平与国民党连山当局联系，并在黑夜里将一部分带不走的武器埋掉。埋的武器有小炮（山炮）和步枪，分开几个地方埋，在桂岭方向埋山炮，在上草方向把步枪放进棺材埋入地下。然后向北行，沿上草的万里坪、铜罗塘、小眼、大眼、芙蓉山向禾洞白石关等地进发，到湖南江华与红军大部队会合。此为最早进入粤境的红七军，也是最早抵达连山境内的中共武装。2010年，鹰扬关遗址部分建成防护墙，主要文物

红七军进入连山鹰扬关遗址（李凯2010年摄）

遗迹有古城墙、古战壕、古堡垒等景点，以及当年亲历者覃应机的亲笔题字"红七军路过此关"。

二、红七军在连山禾洞活动遗址

活动遗址位于禾洞镇大王庙、满村、茶洞、黄柏岭、铺头街等村。大王庙遗址系当地村民旧时奉神、打醮的庙宇。满村的厅

大王庙遗址（李凯2010年摄）

黄氏宗祠遗址（李凯2010年摄）

张良奎祖屋遗址（李凯2010年摄）

黄柏岭张龙真鱼塘遗址

铺头街遗址（李凯2010年摄）

屋遗址系该村旧时黄氏的祖宗祠。茶洞村内的遗址系该村张良奎旧时祖屋。黄柏岭村内的遗址系该村张龙真旧时祖屋、鱼塘。铺头街遗址系当地村民旧时的集市。1931年，红七军首次经过连山的时间虽然很短暂，但在此后三四年间，前往苏区过程中与大部队失去联系的红七军，在按原路返回广西或寻找大部队时，曾经有多批红军从广西、湖南等地，经白石关到粤桂湘三省交界处的连山禾洞一带休整，驻扎在大王庙、满村、铺头街、黄柏岭等村，人数少的几十人，多则上百人。红七军纪律严明，买卖公平，不取村民一针一钱；在想方设法与主力部队联系时，就地休整、操练，开展革命宣传活动，使革命的种子在禾洞播下。

1965年，大王庙、满村厅屋等遗址砖、瓦、木料被拆毁，搬运到异地建村小学校及集体猪栏。2010年，遗址有的已损坏，有的变为荒草坪。

三、中共连山油桐垦殖场中心支部遗址

遗址位于吉田镇沙田村委会井头村虎庙（原连山沙田工区虎庙），建筑面积80平方米，现井头村的西侧山边，国道323线旁。该遗址系当地村民旧时奉神、打醮的庙宇。1965年，此遗址的砖、瓦、木材被拆毁，搬运到他

中共连山油桐垦殖场中心支部遗址（李凯2010年摄）

处建集体榨油厂。2010年，全国革命遗址普查时，墙体原形完全毁坏，变为荒草坪。

中共连山中学直属支部遗址（李凯2010年摄）

四、中共连山中学直属支部遗址

遗址位于太保镇保城村委会旧城村（旧城村对面原象山书院）。该遗址系民国期间连山县中学，也是当时连山县的最高学府。建筑面积200平方米。1965年

期间，此遗址的砖、瓦、木材被拆毁，搬运到太保公社建礼堂。2010年，全国革命遗址普查时，墙体原形完全毁坏，变为荒草坪。

五、贺连人民解放军大队连山中队遗址

遗址位于禾洞镇石砍亩。建筑面积100平方米。该遗址系当地村民旧时奉神、打醮的庙宇。现墙体原形完全毁坏，变为荒草坪。

贺连人民解放军大队连山中队遗址（李凯2010年摄）

六、连山上帅特编连活动遗址

上帅特编连活动遗址包括有陈屋、陆屋、陆荫冲等地。其中陆屋陆如驰故居建筑面积180平方米。2010年，全国革命遗址普查时，墙体陈旧，屋顶有些

2010年8月5日，原上帅特编连副连长陆如驰在特编连活动遗址之一——陆荫冲讲述活动历程（李凯摄）

264

漏水。

七、连山永丰农民协会遗址

遗址位于福堂镇永丰圩致生堂中药铺，土木结构，建筑面积120平方米。2010年，全国革命遗址普查时，已拆旧建新。

永丰农民协会致生堂中药铺遗址（李凯2010年摄）

附录二 纪念场所

一、县革命烈士纪念碑

纪念碑位于吉田镇高连村委会委阳和田村,国道323线南面。2006年11月开始建设,2008年4月投入使用。总占地面积3000多平方米,广场面积2500平方米,可一次性容纳2000多人开展拜祭活动。纪念碑雕塑宽3米,高12.8米。县革命烈士纪念碑下方铭刻着连山县解放战争、抗美援朝以及在社会主义建设中对敌斗争和因公牺牲的革命烈士的基本情况。

2008年清明节,县委、县政府首次组织县城机关干部职工、学校师生、青年团员、人民警察和驻地部队官兵等2000多人,在县革命烈士纪念碑开展大型而庄重的纪念活动。自此,在每年的清明节革命烈士纪念日等时节,县委、县政府均组织县直机关单位干部职工、各界群众、学校师生等开展祭奠活动,缅怀英

县革命烈士纪念碑(县民政局2013年供)

烈。此外，共青团、学校等组织亦利用该场所开展国防和爱国主义教育。

二、鹰扬关党史教育基地

基地位于永和镇上草村国道323线边鹰扬关景区内。鹰扬关地处粤桂湘三省交界点，历史上是岭南重要关隘之一，是兵家必争之地。1996年被县人民政府公布为第二批县级文物保护单位。因其独特的地理位置和厚实的历史人文内涵，1999年连山县委、县政府将鹰扬关打造成红色旅游景区，修复古城楼、城墙、战壕、堡垒等遗址；是年被广东省旅游局确定为红色旅游景区。2002年，被县精神文明建设委员会、县委宣传部公布为县级爱国主义教育基地。2004年被清远市精神文明建设委员会、清远市委宣传部公布为清远市第一批爱国主义教育基地。2012年被中共清

鹰扬关党史教育基地之红七军纪念馆（李凯2018年摄）

鹰扬关党史教育基地之红七军广场（李凯2018年摄）

远市委确定为清远市党史教育基地。2013年被中共广东省委党史研究室评定为广东省中共党史教育基地，修复有古城楼、城墙、战壕、堡垒等遗址，内设有红七军纪念馆、红七军广场、红军战士浮雕、廉政警句格言矗石等。展示了邓小平、张云逸等创建的中国工农红军第七军实行战略转移时，一小部分部队从广西壮族自治区贺县（州）桂岭圩进入连山鹰扬关，播下革命种子，然后沿上草的万里坪、铜罗塘、大小眼、芙蓉山走向禾洞白石关等地，到湖南省江华县与红军大部队会合的革命历程。连山县每年都组织相关部门在清明、五四、七一、国庆和国家公祭日等重大节日前往该基地开展重走红军路、重温入党誓词、重新学习党章等党性教育和爱国主义教育。

三、连山红色教育基地思源室

连山红色教育基地思源室位于连山中学内，面积85平方米，2012年9月18日建成开馆。该室运用大量的文字和图片展现了邓小平领导的红七军进入连山，在禾洞驻扎休整，播下红色火种的革命历史；记述抗日战争时期中共连山地方组织的活动史实；描述解放战争时期，粤桂湘边纵队桂东人民解放总队贺信怀边区总队上帅特编连、贺连人民解放大队禾洞（连山）中队开展武装斗争，

连山红色教育基地思源室（李凯2018年摄）

连山红色教育基地思源室（李凯2018年摄）

为中华人民共和国的成立和连山的解放事业所做出的历史性贡献。该室记录党和政府对老区人民的关心支持，展现各级党委、政府，各级领导情系老区、建设老区，为老区解决"行路难、读书难、灌溉难、饮水难、看病难"等问题所取得的骄人成就，彰显老区新貌、美丽家园、民族风情以及壮瑶汉各族人民和谐相处的风貌。

四、禾洞（连山）中队纪念馆

纪念馆位于禾洞镇中心学校内，面积80平方米，2013年6月26日建成使用。馆展内容有前言、红色火种、禾洞（连山）中队、老区新貌、民族风情等内容。

禾洞中队纪念馆（李凯2018年摄）

五、上帅特编连纪念馆

纪念馆位于上帅镇中心学校内，面积80平方米，2013年6月24日建成使用，馆展内容有前言、历史事迹、领导关心照片、上帅镇容村貌变化、上帅特编连、民族风情等。

上帅特编连纪念馆（李凯2018年摄）

六、陈贤才故居

故居位于上帅镇陈屋村，是上帅特编连创建者陈贤才生活、工作的地方，县境内在解放战争时期中共地下党员到此传达党的七届二中全会精神、开展革命活动、组建革命武装，多批次党员在此居住过，是不可多得的不可移动革命文物，具有历史价值和革命意义。2014年8月11日，经县政府工作会议决定为县级文物保护单位。

陈贤才故居（李凯2018年摄）

附录三 **大事记**

1927年

2月，黄玉堂等14名进步青年前往韶关"南韶连政治讲习所"学习，接受马列主义教育。

1931年

1月17日，邓小平领导的红七军，小部分部队从鹰扬关入境，经过上草万里坪、铜锣塘、大眼、小眼等村至巾子，入禾洞，然后到湖南江华与大部队会合。

1931年1月至1934年12月，前往苏区过程中与大部队失去联系的红七军，在按原路返回广西或寻找大部队时，陆续有多批红军战士从广西、湖南等地，经白石关到禾洞一带休整，驻扎在大王庙、满村、铺头街、黄柏岭等村，少则几十人，多则上百人。

1935年

年初，红军长征后留在南方的游击队红二十四师七十一团到湘南和粤北收编失散红军，在禾洞一带休整的红军才离开。

1937年

秋，邓如淼等进步青年，以"中华民众教育促进社"名义，到连山县共和乡（于1951年7月划归连县辖），办起抗日小学和民众夜校，开展抗日宣传。

冬，因国民党连山县县长陈湘南下令罗耘夫等人停止办学，他们被迫离开共和乡。

1938年

8月后，罗耘夫、邓如淼等人多次来到连山共和乡活动，发动进步青年邓国英、黄云波奔赴延安，走上革命道路。

10月，邓国英、黄云波在中国人民抗日军事政治大学学习时加入中国共产党，是连山最早的中共党员。

10月，彭厚望在广州第一中学读高中，虞泽甫在广东省立勤勤大学教育学院读书，广州被日军占领后，他俩参加中国青年抗日先锋队，开展抗日救亡活动。

11月初，成立中共连阳特别支部，王炎光任特支书记，归广东省委领导，负责开辟连县、阳山、连山三县的党组织工作。

年底，邓炎汉（共和乡人）在连县加入中国共产党。

是年，因抗日战争的需要，修筑连县至贺县公路，经连山路段（鹿鸣关至鹰扬关）全长为58.8千米。

1939年

1月，中共党员吴奇勋、徐桃龄以教师身份为掩护到连山乡村小学开展抗日救亡工作。

9月，成立中共连（县）连（山）阳（山）乳（源）四属县工作委员会，徐沂任书记，加大对连山的工作力度。

冬初，中共党员邓如淼、罗耘夫、丘学澄、雷广权（又名雷炜真、雷元清）、骆步远等先后到连山连县相互交错的山区农村活动。

是年，广东省银行开发县内荒山种植油桐400万株，曾为世界三大油桐基地之一。

1940年

2月，连阳四属县工委派罗耘夫为连山特派员，成立中共连山油桐垦殖场中心支部，罗耘夫任支部书记，雷广权为组织委员，丘学澄为宣传委员，支部设在沙田工区办事处（现沙田村虎庙）。此为在县内成立的第一个中共党组织。

8月，虞泽甫在韶州师范学院任教，由李仲才介绍加入中国共产党。

冬，小三江群众暴发反征兵斗争，区长梁励才、区员丘玉煌被击毙。

1941年

春，罗耘夫、雷广权、丘学澄先后调离连山。

是年，连山两个林场和连县流沙垦殖场合并，称连山垦殖场。

1942年

5月，邓国英在山西辽县（今左权县）与左权将军等一起，在抗击日军大"扫荡"的战斗中不幸牺牲，年仅25岁。

夏，发生"粤北省委事件"，连阳地区党组织暂停活动。

是年，虞泽甫转到连县东陂文理学院附中——粤秀中学任教，以教师为掩护，秘密组织学生参加革命。

1943年

9月，太保虎叉塘工区党小组组长周兆鸿调离连山，连山油桐垦殖场中心支部的活动基本上停止。

1944年

10月23日，日本侵略军出动三架飞机跟踪追击国民党广东省国民政府主席李汉魂（一说第十二集团军总司令余汉谋）的汽车，在吉田上空4次俯冲扫射，三辆汽车中弹，造成一人死亡，两人受伤，路旁民房商铺受损。

11月2日，加田李信之、谢毓山等人在加田、小三江、福堂、永丰发起"新中华暴动"，数千名壮民起来进行"反蒋抗征"斗争。

11月8日，暴动队伍在太保虎叉塘被国民党军警伏击，连夜退回永丰。

11月25日，国民党连阳保安部队开进小三江、加田，暴动失败。

冬，国民政府将连贺公路桥梁炸毁。

1945年

2月，彭厚望从中山大学赴东江游击队，3月由黄萍介绍加入中国共产党，在广州郊区收集情报，派发传单，从事敌后抗战工作。

4月，李力参加东江游击队，经过训练后任东纵司令部机要科译电员。10月经杜襟南介绍加入中国共产党。

5月，东江纵队西北支队政工队长李信奉命带领连阳籍共产党员返回连阳重建中共连阳中心县委，逐步恢复连阳的党组织活动。

年底，小三江群众发起"三抗"（抗征兵、抗征粮、抗征税）斗争。

1946年

春，钟文靖、郑江涬、陈持平三人奉连阳中心县委指示，到连山中学（现址在太保旧城）任教，成立中共连山中学直属支部，钟文靖任支部书记，郑江萍任组织委员，陈持平任宣传委员。

夏，连山中学支部培养李碧玲、贤英好、邓昌楠、邓大柏、莫祖兴等加入党的外围组织青年民主同盟。

秋，钟文靖、郑江萍调离连山中学。

10月，陈持平调离连山中学，党支部的活动基本停止。

1947年

9月，中共党员林华从连县转移到石鼓小学任教，到次年初离开连山。

1949年

2月，武工队队长杨青山到太保活动，计划把游击队的活动扩大到广西边界。

4月，杨青山等到加田、禾洞等地活动。

5月，吴凡带领武工队到共和乡、大龙山活动，准备深入禾洞、太保等地，开展武装斗争，建立革命根据地。

9月，武工队队长杨青山带李家琳深入连山县监狱活动，准备策反看守人员李金良，参加游击队。

9月中旬，在桂岭中学任教的单昌辉参加革命，奉命在家乡禾洞与湖南黄石等地活动，积极组建革命武装。

10月16日，单昌辉由吴凡、陈鸿介绍加入中国共产党。

10月17日，正式对外宣布中共桂岭区工委和贺连人民解放大队连山中队成立，罗斌任中队长，陈怀群任指导员，覃建德任文书，陶启用、黄仁慰等任排长。

11月15日，贺（县）信（都）怀（集）边游击大队指导员何畏（何子科）、南乡游击中队指导员吴望鸿和游击队员潘庆林到上帅乡与陈贤才商讨组织武装队伍等事项。

11月17日，何畏等三人回南乡途中在上帅与福堂交界处的大勃坳被捕。

11月下旬，受南乡游击队影响的覃克平、唐德生等，成立"永丰乡农民协会"，有会员13人。陈贤才与中国人民解放军贺信怀边区总队怀北营取得联系，组成怀北营第二连（下帅连）上帅排。

12月4日，经贺信怀边总队北营批准，上帅排升为上帅特编连，陈存衡任连长，陆如驰任副连长，陈贤才任政治指导员，黄亿兰任副政治指导员，黄万珍任事务长，陈光星、韦桃树、黄千洲分别任各排排长。

12月8日，中国人民解放军四十八军一四三师四二八团团长李洪元带领该团三营在彭厚望与连江支队七团一部的配合下，从连南三江挺进连山，当晚10时解放太保圩和旧县城。

12月10日，解放军分两路向永和进发，于下午4时左右到达县城永和圩，接受国民党连山党政军的无条件投降，宣告连山解放。

后记

　　根据中国老区建设促进会《关于编纂全国1599个革命老区县发展史的安排意见》，以及省老促会、省老区建设办公室《关于印发编纂〈革命老区县发展史〉丛书有关文件的通知》，2018年3月，县老促会向县委报送了《关于编纂〈革命老区县发展史〉的工作方案》，得到及时的批示，成立了县编纂丛书委员会，设立办公室和编辑部，由县老促会牵头，县史志办、县扶贫办协助本书的编纂工作。编著工作分为编写提纲、收集资料、编纂资料、征求意见修改、审定稿、印刷出版六个阶段进行。

　　在编纂工作过程中，明确分工，金荣富、植成业、李秀红、谭智杰、陈代州负责建设发展有关资料收集，植成业、陈承群、李凯负责大革命时期和土地革命战争时期、全面抗日战争时期、解放战争时期有关资料收集，蒋振坤、李凯负责区域和革命老区概况、革命遗址、文物、纪念场馆、革命历史文献等有关资料收集，植成业、李凯负责改革开放时期有关资料收集，李凯负责图片拍摄、收集和整理，陈承群、蒋振坤负责文稿校对，金荣富、植成业负责文稿内容初审。县老促会、县史志办组织人员深入禾洞、上帅两个革命老区镇调查研究，做好亲历、亲见、亲闻的"三亲"人员的采访和资料收集整理工作。特别是县史志办植成业、李凯对编纂工作给予悉心的业务指导，提出中肯的编纂意见，并对出版和印刷此书进行细致的校核。

　　在编纂工作过程中，县委高度重视，县委副书记唐庆卫多次听取编纂工作汇报，强调把好政治关、史实关、质量关、进度关，把革命老区县的革命史、建设史、改革史写实写好，为当代和后人留下一笔不可磨灭的宝贵财富。县委常委、组织部部长林树乔也多次到县史志办了解工作进展情况，提出要求和希望。

《连山壮族瑶族自治县革命老区发展史》资料，上溯到南朝梁天监五年（506年），下限至2017年底。全书设6章35节，正文前列县编委机构及名单、序言、图片，正文后设附录、后记。数易其稿后，2019年1月18日在县行政办公大楼908室召开县编委会议进行审定。2019年3月，经县委批准交广东人民出版社出版。

编纂《连山壮族瑶族自治县革命老区发展史》，参考和借鉴了《中国共产党连山地方史》第一、二卷，《连山壮族瑶族自治县志》（1997年出版），《连山壮族瑶族自治县志》（1979—2005）（2010年出版），《中共连山历史资料汇编》第一至五辑，《连山年鉴》，《最早抵达连山中共武装——红七军纪事》，《红色足迹》，《中国共产党连山历史》三卷（稿），《全粤村情·连山卷》（稿）等大量的史籍资料，引经据典，大大地丰富了本书的史实内容。

编纂《连山壮族瑶族自治县革命老区发展史》，县老促会、县史志办、县扶贫办通力合作，特别是县史志办克服了人手少、工作任务繁重的困难，指导好编纂工作的进行。禾洞镇、上帅镇党委和政府热情支持，市老促会、市史志办和县编委会成员认真审稿把关，以及"三亲"者热心配合，使编纂工作得以顺利进行。在此，对所有关心、支持编纂工作的单位和领导以及同志们表示衷心的感谢。因编纂工作紧，错漏在所难免，敬请读者批评指正。

编辑部

2019年3月